高等院校“十三五”应用型规划教材·财会专业系列

基础会计学

（第二版）

主　编　杨明海　夏　喆
副主编　邓　青　林勇军　胡　丹

南京大学出版社

前　言

《基础会计学》既是会计专业各层次学生学习与掌握会计基本理论、会计基本核算方法和会计的基本操作技能的一门核心主干课程，也是经济与管理类专业学生基础课程之一，还是从事相关经济管理工作人士了解会计基础知识的重要途径。

本书以财政部颁布的《企业会计准则》、《企业会计准则——应用指南》和《企业会计准则讲解》为依据，系统地阐述了会计的基本原理，包括会计的基本理论、基本方法和基本的操作技能，以便给会计初学者一把有用的入门钥匙。本书保持了原有教材的基本风格，按照循序渐进的认识规律来安排总体结构和各章内容，尽量用通俗易懂的语言来阐述会计的基本理论、基本方法和操作技能。在对会计的基本理论阐述方面，我们吸收了一些经典教材的理论成果。

在广大读者的大力支持下，本书得到了修订再版，再次向读者表示真诚的感谢。

本书修订的思路是：首先，为了保证历史的连续性，没有对本书各章节的结构做根本性修改。其次，根据最新会计制度的规定和要求，对部分内容进行删除和更新。

在教材编写过程中以我国会计规范和实务为蓝本，充分考虑学生的接受能力，精心安排章节结构。本教材按照会计基础知识的规律，围绕会计确认、会计计量、会计记录和会计报告四个方面进行阐述。

本书共有十二章。第一章总论；第二章会计要素与会计等式；第三章会计核算基础；第四章账户与复式记账；第五章制造企业主要经济业务核算；第六章账户的分类；第七章会计凭证；第八章会计账簿；第九章财产清查；第十章财务会计报告；第十一章会计核算的账务处理程序；第十二章会计规范。

本书由杨明海、夏喆任主编，负责全书写作大纲的拟定和编写的组织工作，邓青、林勇军、胡丹为副主编。其中，第一章由杨明海编写，第二章由胡莉铭编写，第三章和第四章由夏喆编写，第五章由杨明海和胡丹编写，第六章由罗秀娟编写，第七章由张茜编写，第八章由邓青编写，第九章由林勇军编写，第十章由马晶编写，第十一章由黄约编写，第十二章由李晓燕编写。

由于作者水平有限，书中难免存在不足之处，敬请阅读到本书的专家、学者及广大的读者给予批评指正，以便再版时修正。

编　者

2016 年 12 月

目　录

第一章　总　论

【学习目标】

通过本章学习，了解会计的产生和发展，会计核算的基本方法，熟悉会计核算与会计监督的关系，掌握会计定义、会计特点、会计基本职能和会计目标。

第一节　会计的产生和发展

一、会计是基于经济管理的需要而产生的

在人类社会中，物质生产是最基本的实践活动，也是人类赖以生存和发展的基础，它决定着人类所进行的其他一切活动。在漫长的演进过程中，人类要生存，社会要发展，就必须依靠生产活动来创造衣食住行所需要的物质生产资料。如果生产的物品在消耗后仍有剩余，人类便可以扩大生产规模，创造出更多的物质生活资料，社会便不断地向前发展。因此，人类在从事创造物质生活资料的生产活动过程中，必然要关心自己的生产成果和劳动耗费，并对它们进行比较，力求以最少的劳动耗费来取得最大的劳动成果，提高经济效益。为了达到这一目的，人们除了采用新工具、新技术、新工艺以外，还必须加强经济管理，于是产生了原始的计量、计算和记录行为。这种原始的计量、计算、记录行为中蕴涵着会计思想、会计行为的萌芽。

会计在其产生的初期只是生产职能的附加部分，是人们在生产过程中抽出一部分时间附带地进行计量和记录，当时会计还不是一项独立的工作。这时的记录方式主要是生产者凭借大脑的记忆或是简单的记录，如刻石记事等。后来，随着生产规模的扩大和生产过程的复杂化，需要记录的生产成果和劳动耗费逐渐增多，会计逐渐从生产职能中分离出来，成为一种独立的、特殊的、由专门人员从事的工作。可见，会计是适应生产活动的发展和基于经济管理的需要而产生的。这也是会计产生的根本动因。

二、会计是生产活动发展到一定阶段的产物

生产活动的发展是会计产生的前提条件。如果没有生产活动的发生，便不会有会计思想、会计行为的产生。随着生产力的发展，人类的劳动成果在满足其基本生存后出现剩余时，原始的计量、记录行为才具备了产生的条件，会计也因此进入了萌芽时期。早期的会计与现代会计相比是极其简单的，只是局限于对财务收支进行实务数量的记录与计算。随着社会生产的日益发展和生产规模的日益社会化，会计也经历了一个由简单到复杂、由低级到高级、由不完善到完善的发展过程。它从早期的实务数量的简单记录、计算逐步发展成为连续、系统、完整地记录和监督经济活动的过程。在此过程中，会计的技术和方法也逐渐地完善和丰富起来。经过数几千年的发展历程，会计大致经历了以下几个发展阶段：

(一) 会计的产生及形成阶段(15 世纪前)

这个阶段会计的主要特点就是会计从生产职能中分离出来，成为专门的、独立的工作。但此时不论是会计理论或是会计方法等都很不成熟。

早在原始社会，随着社会生产力水平的提高，人们捕获的猎物及生产的谷物等便有了剩余，人们就要筹划着食用或进行交换，这样就需要进行简单的记录和计算。但由于文字没有出现，所以只好“绘图记事”，后来发展到“结绳记事”、“刻石记事”等方法。这些原始的简单记录，就是会计的萌芽。随着社会生产的进一步发展、科技的进步，劳动消耗和劳动成果的种类不断增多，出现了大量的剩余产品，会计逐渐“从生产职能中分离出来，成为特殊的、专门委托当事人的独立的职能”。据马克思的考证，在原始的规模小的印度公社已经有了一个记账员，登记农业项目，登记和记录与此有关的一切事项，这便是早期的古代会计。

在我国，会计有着悠久的历史。早在公元前 1100 年到公元前 770 年之间的西周时期，就已经产生了“会计”这一概念。西周时期是我国奴隶社会的鼎盛时期，设“司会”主管王朝财政经济收支的核算。在这一时期同时出现了“会计”二字连用，除了有计算和记录的含义外，还有管理和考核之意。在当时，其他文明古国的情况也大致如此。这一时期单式簿记产生并发展起来。

到了封建社会，由于生产过程的日趋复杂和商品经济的发展，会计的社会地位与方法技术也有了很大发展。秦汉时期出现的“簿书”、南北朝出现的“账簿”等会计账册、唐宋两代出现的“流水账”和“誊清账”组成的账务体系，均为现代会计账簿的雏形。特别是唐宋时期，其农业、手工业和商业都呈现出空前的繁荣，会计也得到了较快的发展，其突出成就是发明了“四柱清册”的结账与报账方法。“四柱”是指“旧管”、“新收”、“开除”、“实在”，相当于现代会计的期初结存、本期收入、本期支出和期末结存，其间存在“旧管＋新收＝开除＋实在”的恒等关系。

到了明末清初，随着手工业、商业的进一步发达和资本主义经济关系的萌芽，我国商人进一步设计了“龙门账”，把会计科目划分为“进(各项收入)”、“缴(各项支出)”、“存(各项资产)”、“该(各项负债，包括业主权益)”，其相互关系为“进－缴＝存－该”，分别编制“进缴表”和“存该表”，双轨计算盈亏，并在办理结算时验证两方差额是否相等，这种检查账目平衡的方法被形象地称为“合龙门”。“龙门账”也由此而来。

清末，资本主义经济关系逐步萌芽，又出现了“天地合账”。在这种方法下，一切账项都要在“来”账和“去”账上分别登记，以反映账项的来龙去脉。账簿采用垂直书写，分上、下两格，上格记收，为“天”，下格记付，为“地”，上、下两格所记金额必须相等，称之为“天地合”。“四柱清册”、“龙门账”、“天地合账”反映了我国历史上传统中式簿记的特色。

与中国官厅会计不同，欧洲的会计在产生时就是生产过程中的一个组成部分。在 14 世纪，一些城市的商业、高利贷业和金融业发展迅速，便开始采用复式簿记方法记录经济业务。1494 年，在意大利北方城市产生的借贷记账法基本定型，并由数学家卢卡·巴其阿勒(Luca Paciolio，或译为卢卡·帕乔利)在《算术·几何·比及比例概要》一书的“计算与记录详论”一章中对复式记账方法进行了详尽的介绍和理论总结，使复式记账在欧洲迅速传播，后又传遍世界各国，复式记账方法在 300 多年的发展过程中不断完备、丰富，直至现在，大多数国家仍然采用复式记账方法。

虽然中国和欧洲国家的会计从不同的起点以不同的方式产生，但从总体上看，欧洲的古代会计要比我国落后，另外，就会计在生产中的经济意义而言，欧洲的会计则要比我国的官厅会计领先。

（二）会计的发展与成熟阶段（15世纪末—20世纪初）

复式记账法的建立，使以平衡表的形式反映资本循环的相对静止状态和显著变动状态成为可能。在长期的生产实践中，复式记账法在反映经济活动收支的基础上，确立了经营成果的核算制度。如1803年的法国商法，1854年的英国公司法和1871年的德国商业法，都规定了企业必须每年编制资产负债表。这就使会计制度逐步得以确立，并不断趋向完善。

18世纪末叶，欧洲进入工业资本主义时期，为适应工业社会控制生产消耗和正确计算损益的需要，以复式记账为基础，成本会计得到了飞速发展，并于20世纪初总结出成套的成本计算方法，形成了一定的成本会计理论。于是，伴随着经济的发展，现代会计核算方法最终在西方形成和确立。

（三）会计职能的扩大化阶段（20世纪初—20世纪70年代）

20世纪初期，随着生产的发展，企业规模的扩大，资本的高度集中，使市场竞争更加激烈，产生了现代科学管理理论，并在经济领域中得到迅速地运用和发展。1919年，美国成立了成本会计师协会，推行标准成本；1921年，美国国会公布了《预算和会计法》，在此基础上，一批新的会计学科应运而生，如1922年奎因坦斯出版了《管理会计：财务管理入门》，1924年麦瑟出版了《管理会计》等等。这使现代管理科学的理论在会计领域中得到了广泛的运用。

20世纪30年代后，企业组织形式发生了革命性的变革，股份制公司数量的激增，投资者和债权人迫切要求公司公开财务报表，西方各国先后研究制定了会计准则，进一步把会计理论及其方法提高到了一个新的水平。

50年代以后，会计领域又吸收了现代数学和管理科学的优秀成果，以财务会计资料为基础，进行CVP分析、销售预测、存货控制、经营决策、编制弹性预算、零基预算、滚动预算等，实行责任会计，使会计工作更有效地服务于现代企业的内部管理。此时，管理会计从传统财务会计中分离出来，成为与财务会计并列的一门独立的会计分支学科。

（四）会计技术手段的完备化阶段（20世纪70年代以后）

伴随着市场经济的高度发展，会计的方法也达到了更加完备的程度。自1946年电子计算机问世以后，其在会计数据处理中的应用，使会计工作的效能发生了很大变化，它扩大了会计信息的范围，提高了会计信息的精确性和及时性。目前，手工记账已逐步被电算化会计所取代，会计信息的收集、分类、处理、反馈等操作程序都已实现了自动化、电子化。20世纪中后期以来，IT技术的飞速发展及其广泛应用，迎接我们的是一个全球化、信息化、网络化和以知识驱动为基本特征的崭新经济时代。面对整个经济环境的变化，为了更好地发挥会计职能的作用，无论是会计实践还是会计理论都将进入一个新的、更快的发展阶段。

总之，从会计产生和发展的历史可以看出，随着生产的日益发展和生产规模的扩大，生产、分配、交换、消费活动的日益复杂，对管理的要求日趋提高，会计由简单地记录和计算财政财务收支，发展到利用货币计量来综合地核算和监督经济过程；会计的方法和技术从手工操作，发展到部分或全部电子计算机化。同时，会计在中国和国外的不同发展实践表明，在不同的社会环境里，会计理论及其方法所受到的经济、政治、法律、文化及日益发展的科学技术的影响不同，从而表现为不同的特色。一方面，会计是在社会环境诸多因素的影响下产生和发展起来的；另一方面，也应该看到，在会计的发展过程中，利用会计管理经济的作用日益显著，日益为人们所重视。会计将经济信息反馈到有关方面，积极地影响并参与决策，从而反过来影响社会环境，为社会发展发挥一定的促进作用。

第二节　会计的含义

一、会计的本质

什么是会计？对于这个问题，会计理论界一直没有一个明确、统一的说法。究其原因，关键是人们对会计本质的认识存在着不同的看法。

会计本身是一个不断发展的概念。在其漫长的发展过程中，会计的内涵与外延也在不断丰富和完善。综观各种会计定义，大致有“会计工具论”、“会计信息系统论”、“会计管理活动论”等观点。这些观点都有一个共同点，那就是都把会计界定为会计工作。会计工作借助于凭证、账簿、报表的资料，收集输入、加工整理、传播输出经济信息，表现为一个信息系统，也是无须争辩的。这些论点为概括现代会计的特征提供了理论依据。

为此，我们把会计定义为，会计是以货币为主要计量单位，采用专门的会计方法，对企业的经济活动进行核算和监督，旨在向企业内、外部的会计信息使用者提供反映企业财务状况、经营成果和现金流量相关信息，促使单位提高经济效益的一项经济信息管理活动。

二、会计的特点

会计的特点可以从会计的核算方法中得以体现，具体表现为以下几点：

(一) 以货币为主要计量单位

会计是从数量方面来反映经济活动的。经济活动的数量方面可以用实物、货币和劳动三种尺度来度量，但各种不同的衡量尺度无法相加汇总，只有充当一般等价物的货币，才能将经济活动的数量变化转化为统一的价值标准并予以综合，以反映企业经营活动全貌。在实际工作中，会计核算有时也需用到实物和劳动度量，如千克、件、小时等，但最后都必须利用货币计量单位作为统一尺度对经济活动进行综合核算和监督。

(二) 以凭证为依据，具有完整的价值核算体系

会计的任何记录和计量都必须以会计凭证为依据，这就使会计信息具有真实性和可验证性。只有经过审核无误的原始凭证才能据以编制记账凭证、登记账簿进行加工处理。这一特征也是其他经济管理活动，如质量管理、人事管理等所不具备的。

(三) 采用一系列会计专门方法

在长期的会计实践中，为适应生产的发展和经济管理的需要，会计形成了一套系统、科学的专门方法，包括会计核算、会计分析、会计考核、会计预测、会计决策和会计控制等。

(四) 会计管理活动具有连续性、系统性、全面性和综合性

会计采用专门的核算方法，连续、系统、全面、综合地核算和监督经济活动过程。其连续性表现在对各项经济活动按其发生的时间顺序不间断地进行核算和监督；系统性表现在对各项经济活动既要相互联系地核算和监督，又要采用科学的方法进行分类，以便对比；全面性表现在对所有发生的经济活动一一进行反映和监督，使管理资料建立在完整客观的基础之上；综合性表现在用货币量度总括反映各项经济活动，以便提供各种总括的指标。

第三节　会计的目标与职能

一、会计的目标

会计目标是指会计工作所要达到的预期目的，是会计职能的具体化。会计目标的完整含义包括两个方面：一是会计的终极目标，即优化企业资源配置，实现企业价值最大化；二是会计的直接目标，即为信息使用者提供对其经济决策有用的信息。会计目标是会计理论研究所面临的重大问题，而现代财务会计理论体系的构建往往以会计目标为起点。

我国财政部在 2006 年 2 月发布的《企业会计准则——基本准则》中所确定的会计目标是："向财务会计报告使用者提供与企业财务状况、经营成果和现金流量等有关的会计信息，反映企业管理层受托责任履行情况，有助于财务会计报告使用者做出经济决策。"

关于会计的目标，目前有以下两种学术观点：

(一) 决策有用观

持这种观点的人认为，会计的目标是为了向决策者提供对其决策有用的信息，来帮助他们做出合理的决策。这种信息主要包括两个方面的内容：一是关于企业现金流量的信息；二是关于经营业绩和资源变动的信息。人们在参与生产、交换、分配和消费的活动中不可避免地需要做出各种决策，但任何一项决策都需要信息的支持，决策者只有在详细了解所面临的各种方案后，才能通过比较分析找到最佳的方案。在现代商品经济社会中，会计为决策者提供会计信息的例子不胜枚举。如通过对被投资者的经营能力和获利能力的分析决定是否投资或撤资；贷款人需要了解贷款对象的偿债能力以便进行贷款等等。

会计为会计信息使用者提供有用会计信息的主要方式是财务报告。会计信息的使用者可以通过阅读和分析财务报告来获取会计信息，以达到正确决策的目的。

(二) 受托责任观

持这种观点的人认为，会计的目标是受托人为了向委托人报告受托责任的履行情况。在经济活动中，经常存在着委托人和代理人之间的关系。委托人将某些责任交付给代理人承担，由代理人具体开展经济活动，然后再将经济活动的过程和结果向委托人报告。由此可见，受托责任产生的原因在于所有权与经营权的分离，而且必须有明确的受托委托关系存在。

现代企业制度强调企业所有权和经营权相分离，企业管理层是受委托人委托，经营管理其企业及其各项资产，负有受托责任。即企业经营者受托经营和管理各项资产，而作为投资者和债权人有权了解企业管理者保管、使用资产的情况，以便评价企业管理者的责任情况和业绩情况。

可以看出，两种会计目标的观点并不完全排斥。如实反映履约责任的会计信息与决策有用的会计信息是互相交叉的，但是不能完全相互代替。不同会计目标引导下的会计工作，在某些会计方法的使用上可能会存在差异。

二、会计的职能

会计的职能是指会计在经济管理中所具有的功能，即人们在经济管理工作中用会计干什么。马克思在《资本论》中关于会计的基本职能有过精辟的论述。他指出："生产过程越是按照社会的规模进行，越是失去纯粹个人性质，作为对过程进行控制和观念总结的簿记就越是必要。”可见，马克思把会计的基本职能归纳为观念总结（核算）和过程控制（监督）。

我国《会计法》第三条亦规定：“会计机构、会计人员必须遵守法律、法规，按照本法规定办理会计事务，进行会计核算，实行会计监督。”随着会计的发展，会计的职能也在不断变化。

（一）核算职能

会计的核算职能是指会计能以货币为计量单位，连续、系统和完整地记录、计算和报告企业的经济活动情况，为经营管理提供会计信息。核算职能是会计最基本的职能，也称反映职能，是会计发挥其他职能的基础。通常所说的记账、算账、报账等会计工作，就是会计核算职能的具体体现。

记账就是把一个企事业单位所发生的全部经济业务，运用一定的记账方法在账簿上进行记载。算账是在记账的基础上，计算企业在生产经营过程中的资产、负债、所有者权益、成本和经营成果，以及行政事业单位预算资金的收入、支出和结余情况。报账就是在记账、算账的基础上，把企业的财务状况、经营成果或事业单位的资金收支情况，通过编制会计报表的方式向企业内部和外部的有关各方通报。会计的核算职能具有以下明显的特征：

1. 会计主要是利用货币计量

会计从数量方面核算企业经济活动情况时主要采用货币度量，实物度量、劳动度量、其他指标及其文字说明等都处于附属地位。在商品经济条件下，企业的经济活动情况，如企业的资产数量、劳动耗费、营业收入及其分配、资本金的数额等，都要通过货币计价进行核算。也就是说，会计核算只限于那些能够用货币计量的经济活动。凡不能用货币计量的经济活动均不在会计核算范围之内，如企业之间签订的供销合同等。会计有时也使用劳动度量和实物度量，如生产工时、存货数量等，目的是改善货币度量的效果，或者是扩大和丰富会计核算提供的信息。

2. 会计主要核算过去已经发生或已经完成的经济活动

已经发生或已经完成的经济活动，是已经形成的不可改变的既成事实，具有客观真实性，是可以验证的。会计通过一系列的专门核算方法，将已经发生或完成的经济活动情况记录下来，并对记录下来的数据进行整理、加工，最终报告给会计信息的需求者，这些必须符合会计准则和会计制度的要求，也为事后的监督提供了可能，当然也使得会计信息的可靠性得以公认。

至于利用历史的和估算的数据来预测和计划未来的经营决策，虽然已成为现代会计越来越重要的工作，但一般认为对未来经济活动的预测和计划属于管理会计的范畴，它是不同于会计核算这一基本职能的。并且，准确合理的预测一定是建立在过去会计核算资料的基础上的，与之关系密切。

3. 会计核算具有连续性、系统性和完整性

会计要反映经济活动的整个过程，应具有连续性、系统性和完整性。连续性是指必须按照经济业务发生的时间先后顺序，不间断地进行记录和计算。系统性是指会计核算必须按照经济管理的要求，采用一定的方法，对会计核算资料进行加工整理、分类汇总，使之系统化，提供分类、汇总和相互联系的系统信息。完整性是指应由会计进行核算的经济业务，都必须毫无遗漏地加以记录和计算，不能任意取舍。只有符合这三个方面的要求，会计核算最终所提供的信息才能全面地反映出企业组织的经济活动情况。

（二）监督职能

会计的监督职能主要是指会计按照一定的目的和要求，对企业经济活动全过程的合法性、

合理性和有效性进行控制,使之达到预期目标的功能,也称之为控制职能。会计监督职能具有以下显著的特征:

1. 会计是对经济活动的全过程进行监督

会计监督,主要是利用货币计价对企业经济活动的全过程进行事前、事中和事后的监督。会计事前监督是指会计在参与编制计划和预算时,根据有关的法规、政策、制度,审查经济活动的计划和方案的合理性,并参与经济决策。会计事中监督是指在进行经济活动时,审查各项经济活动是否符合国家有关政策、法规和制度的规定以及有关计划、预算的要求。在经济活动的过程中,监督资金的合理使用,及时调整实际经济活动与计划的偏差,加强资金周转,以求经济活动达到预期的目标。会计事后监督是指对已经完成的经济活动进行检查分析,利用系统的会计信息进行反馈控制,加强事后的检查、分析与评价,总结经验,发现问题,提出改进措施,使下一期的计划和方案更具合理性。

2. 会计以货币计量监督为主,辅之以实物监督

会计主要使用货币度量,计算资产、负债、所有者权益、收入、费用和利润等价值指标,综合反映经济活动的过程和结果。除了利用货币计量进行监督以外,还辅之以实物监督。例如,对某些具有实物形态的财产物质的收、发、存,要以凭证为依据,在账簿中登记其收、发、存的数量,并定期进行清查盘点,检查账实是否相符,以监督财产物质的安全与完整。

会计的核算和监督职能是相辅相成、密切联系的。会计核算是会计监督的前提,没有会计核算所提供的信息,就不可能进行会计监督;会计核算必须以会计监督为保证,才能为经济管理者提供真实可靠的会计信息,否则,如果会计信息不真实,就不能发挥其应有的作用。因此,可以说会计监督是会计核算的继续和发展。

随着经济的发展,会计的职能也在不断地拓展,在核算和监督经济活动的基础上,会计还具有分析经济情况、预测经济前景、参与经济决策等其他职能。

第四节　会计方法

一、会计方法的体系

会计方法是指用来核算和监督会计对象,执行会计职能,实现会计目标的手段。会计方法是人们在长期的会计工作实践中总结创立的,并随着生产的发展和会计管理活动的复杂化而逐渐地完善和提高。由于会计对象多种多样、错综复杂,从而决定了预测、反映、监督、检查和分析会计对象的手段不是单一的方法,而是由一个方法体系构成的。会计方法体系一般由会计核算、会计分析和会计监督三个部分构成。

会计核算是会计方法中最基本、最主要的方法,是其他各种方法的基础。在社会再生产过程中,它将会产生大量的经济信息。将经济信息依照会计准则等规定进行确认、计量、记录、计算、分析、汇总、加工处理,就会成为会计信息。这个信息转换的过程就是会计核算,它又包括了一系列具体的方法。

会计分析是利用会计核算提供的信息资料,结合其他有关信息,对企业财务状况和经营成果进行的分析研究。一般按以下程序进行:选定项目,明确对象;了解情况,收集资料;整理资料,分析研究;抓住关键,提出结论。常用的分析方法有指标对比法、因素对比法、比率分析法、趋势分析法等。

会计监督是通过会计核算及会计分析所提供的资料，以检查企业的生产经营过程或其经济业务是否合理合法，以及会计资料是否完整正确。它可通过核对、审阅、分析性复核等方法进行。

由此可见，上述各种会计方法紧密联系、相互依存，形成了一个完整的会计方法体系。其中，会计核算方法是基础，会计分析方法是会计核算方法的继续和发展，会计监督方法是会计核算方法和会计分析方法的保证。

二、会计核算方法

会计核算方法是会计管理方法的基础。它是指对企业会计主体（企业）的交易、事项按照会计确认、计量、记录和报告的标准，进行组织加工并表述财务会计信息的一系列手段。会计核算方法由设置账户、复式记账、填制和审核会计凭证、登记会计账簿、成本计算、财产清查和编制财务报告等具体方法构成。这七种方法构成了一个完整、科学的会计方法体系。

（一）设置账户

设置账户就是对会计对象的具体内容（会计要素），规定分类核算的会计科目，以便于在账簿中据以开设账户，进行会计核算的一种专门方法。账户则是根据会计科目开设的，并具有一定结构的账页，用来分门别类地记录交易或事项的发生情况，以及由此引起的会计要素内容在数量上的增减变化及其结果的载体，是对会计要素进一步分类核算的工具。设置了账户，就可对再生产过程中各会计要素的增减变动情况及其结果做出分类的记录，进行全面、系统的核算与监督。

（二）复式记账

复式记账是记录经济业务的一种专门方法。其特点是对每一项经济业务，都要在两个或两个以上相互联系的账户中以相同的金额同时进行登记的一种专门方法。采用这一方法，可以全面、真实地反映每项经济业务的内容及其来龙去脉，同时在对应的账户上以相等的金额进行记录，自然形成了双方平衡的关系，通过这种平衡关系，既可保证每项经济业务记录的正确性，又便于发现账簿中的记录差错。

（三）填制和审核会计凭证

填制和审核会计凭证是为了审核经济业务是否合理、合法，保证账簿记录正确、完整而采用的一种专门方法。会计凭证是记录经济业务和明确经济责任的书面证明，是登记账簿的依据。会计凭证分为原始凭证和记账凭证。任何企业单位对于已经发生的经济业务，都必须由经办人或单位填制原始凭证，并签名盖章。所有原始凭证都要经过会计部门和会计人员的严格审核。只有审核后被认为是正确无误的原始凭证，才能作为填制记账凭证和登记账簿的依据。所以，填制和审核会计凭证是保证会计资料真实性、正确性的有效手段。

（四）登记账簿

登记账簿也称记账，就是把所有的经济业务按照按其发生的顺序，分门别类地记入有关账簿。账簿是由具有一定格式并相互联系的账页组成，用于序时、分类地记录各项经济业务的簿籍。登记账簿应该以记账凭证为依据，按照规定的会计科目开设账户，并将记账凭证中所反映的经济业务分别记入有关账户。账簿记录对会计凭证中分散记录的经济业务内容进行了进一步的分类、汇总，使之系统化，能够更加适应经济管理的需要。账簿记录的各种数据资料是编制财务报表的重要依据。所以，登记账簿是会计核算的主要方法。

（五）成本计算

成本计算就是对应计入一定对象的全部费用进行归集、计算，并确定各该对象的总成本和单位成本的一种专门会计方法。成本计算实际上是一种会计计量活动，它所要解决的是会计核算对象的货币计价问题，因此广义的成本计算存在于各种经济活动之中，任何一项经济活动只要纳入会计的核算系统，就都有一个货币计价问题，而货币计价也就是确定用何种成本入账的问题。通过成本计算可以正确地对会计核算对象进行计价，可以考核经济活动过程中物化劳动和活劳动的耗费程度，为在经营管理中正确计算盈亏提供数据资料。

（六）财产清查

财产清查是通过盘点实物、核对账目，查明各项财产物资、货币资金实有数，并查明实有数与账存数是否相符的一种专门方法。通过财产清查，不仅能保证账实相符，还能防止各种物资积压和毁损，避免应收应付款项拖欠等情况的发生，有利于加强物资管理，提高资金利用率，保证会计信息的质量。

（七）编制财务报告

编制财务报告是以书面报告的形式定期地、总括地反映企业某一特定日期的财务状况和某一会计期间的经营成果、现金流量等会计信息所采用的一种专门核算方法。财务报告是指企业对外提供的反映某一特定日期财务状况和某一会计期间经营成果、现金流量的文件。财务报表是财务报告的核心内容。编制财务报告是对日常核算资料的总结，就是将账簿记录的内容定期地加以分类、整理和汇总，形成会计信息使用者所需要的各种指标。它既是企业外部会计信息使用者获取并利用会计信息的有效工具，又是企业内部考核和分析财务计划、编制预算的重要依据，同时也是国家进行宏观经济管理的重要资料。

上述会计核算的各种方法是相互联系、密切配合的。从填制会计凭证到登记账簿、编制财务报表，一个会计期间的会计核算工作即告结束，然后按照上述程序进入新的会计期间，如此循环往复，直至企业停业清算。会计核算方法的相互联系、相互配合，构成了一个完整的方法体系。企业发生经济业务时，首先要根据业务的内容取得或填制会计凭证并加以审核，同时，按照规定的会计科目，在账簿中开设账户，并根据审核无误的记账凭证，运用复式记账法登记账簿，对于生产经营过程中发生的各项费用，以及各种需要确定成本构成的业务，要进行成本计算，对于会计凭证及账簿的记录要通过财产清查加以核实，保证账簿记录的正确性。会计核算的这七种方法相互联系，缺一不可，形成了一个完整的会计方法体系。

第五节 会计学科体系

会计学是人们在长期的会计工作实践中，经过不断地总结逐步形成的，专门研究会计的理论与方法的应用性学科。会计学源自于会计实践工作，它是人们对会计实践工作规律的认识所逐渐形成的知识体系，同时又反作用于会计实践工作，从而使会计工作不断趋向完善。会计工作实践的历史悠久，而会计学的形成则相对较晚。第一部研究近代簿记方法的理论著作出现于 15 世纪中叶，完整地论述会计循环的论著问世于 20 世纪初，而有组织地深入研究会计理论则是在 20 世纪 30 年代以后。

随着社会学内容的不断丰富和会计学的发展，会计学科的细化和综合化并存。会计学的子学科按不同划分标准有不同的区分，一般可从学科内容、服务领域和服务对象三个方面来归纳。

一、按学科内容划分

会计学按其研究内容的不同,可分为会计学基础、财务会计学、管理会计学、成本会计学、审计学、会计电子信息系统学等。

(1) 会计学基础。它主要是研究会计的基本理论、基本知识、基本方法,是会计学各分支学科共同的基本问题的学科,是学习其他会计学科的基础。

(2) 财务会计学。它是研究会计在核算和监督会计对象时所采用的专门理论和方法。它主要是研究如何通过对经济业务进行确认与计量、记录,经过加工处理后向信息需求者提供财务状况、经营成果和现金流量等会计信息。

(3) 管理会计学。它主要研究如何利用财务会计提供的资料和其他相关资料,对企业的生产经营活动进行综合的预测、决策、控制与考核的理论和方法。它主要为企业内部管理层加强管理提供服务,以求提高经济效益。

(4) 成本会计学。它主要是研究成本计算的理论和方法,为成本预测、成本控制和成本分析提供依据。

(5) 审计学。它主要是研究如何考察企业生产经营活动中,会计资料及与其相关资料和会计信息的真实性、准确性、完整性和合规性的理论和方法。

(6) 会计电子信息系统学。它主要是研究如何运用电子计算技术,进行会计的反映与控制的理论和方法。

二、按服务领域划分

会计学按其服务领域不同,可分为企业会计学和预算会计学。

企业会计学是研究如何对企业资金的筹集、使用、耗费、回收和分配进行连续、系统、全面、综合的反映与控制,为管理当局、投资者和与企业有利害关系的其他单位及个人提供可靠、有用和公允的财务信息。

预算会计是研究如何反映和控制社会再生产过程中各级政府财政部门、行政单位和事业单位的资金运动。

三、按服务对象划分

会计学按其服务对象不同,可分为对外会计学和对内会计学。这只是一种相对的区分。一般将财务会计学看作对外会计学,因为它的基本财务报表要向企业以外提供;将管理会计学看作对内会计学,因为它的预测、决策、控制与考核的信息只能对内提供。

复习思考题

1. 什么是会计? 会计是如何产生和发展的? 它具有哪些基本特征?
2. 会计的产生与发展过程中各个阶段具有什么重要标志?
3. 会计的职能有哪些? 怎样理解两者的关系?
4. 会计的目标是什么? 如何认识会计目标?
5. 会计方法包括哪些内容? 它们之间关系如何?
6. 会计的核算方法有哪些? 各种专门方法之间的关系如何?

第二章　会计要素与会计等式

【学习目标】

通过本章学习，掌握会计对象、会计要素和会计等式，了解企业经济活动范围和类型以及经济业务的发生对会计等式的影响，熟悉静态会计等式和动态会计等式以及经济业务活动类型。

第一节　会计对象

一、会计对象的内涵

企业、行政事业等单位为了进行生产经营或其他业务活动，必须拥有一定的物质基础，如一定数量的财产物资和货币，它是进行生产经营活动或其他业务活动的前提。当各项财产物资用货币来计量其价值时，就得到了一个会计概念，即资金。资金是社会再生产过程中各项财产物资的货币表现以及货币本身。随着经济活动的进行，资金在形态上不断发生更替，便构成了资金运动。

会计对象是指会计核算和监督的内容，也称为会计客体。从会计的定义看，会计对象是特定对象的经济活动。由于会计核算要以货币为计量单位，所以，只有能够以货币计量的经济活动才能纳入会计核算和监督的范围。能够以货币计量的经济活动通常称为资金运动，因此，会计对象可以高度概括为特定对象的资金运动。

不同会计主体的经济活动范围和类型会有所不同。以企业为例，它一般包括筹资活动、投资活动和经营活动。

（一）筹资活动

筹资活动是企业重要的经济活动之一，企业可以获取自有资金或借入资金。自有资金是企业所有者投入的资金，一部分来源于所有者的投入，一部分来源于企业利润留存。借入资金是企业向银行或其他金融机构以及其他债权人融资而筹集的资金，它是企业自有资金不足的补充。

（二）投资活动

投资活动是企业使用所筹集资金获取所需的各种经济资源的过程，是企业重要的经济活动之一。企业的投资分为对内投资和对外投资。对内投资是为了维护和扩大企业的经营能力而进行的投资，如建造厂房、购买机器设备等。对外投资是企业将资金投放到企业之外的其他经济实体来赚取投资报酬的投资。对外投资可以是以货币、厂房、机器设备等方式进行的直接投资，也可以是通过在证券市场上购买股票证券等方式进行的间接投资。

（三）经营活动

经营活动是企业利用内部投资进行经营的过程，是企业的重要经济活动之一。企业的经营活动由各个不同的经营环节构成。工业企业的资金运动通常由资金的投入、资金的循环与周转和资金的退出三个阶段构成，其中，资金的循环与周转包括三个过程，即供应过程、生产过程和销售过程。

二、工业企业会计对象的具体内容

（一）资金进入

工业企业是从事产品生产和销售的营利性组织。为了开展产品的生产与销售活动，工业企业必须拥有一定数量的资金。企业通过发行股票等方式从国家、其他单位及个人等投资者处取得的资金构成企业的自有资金，出资人因向企业投资而成为企业的所有者。所有者不能随意抽回投资，企业可在存续期内长期使用这部分资金。所有者对企业享有的权益包括：参与企业的经营管理，享有经营管理权；按投资比例享有剩余财产的分配权。企业通过发行债券、借款、应付款项等方式取得的资金称为借入资金，出资人因向企业借入资金而成为企业的债权人。债权人不参与企业的经营管理。债权人对企业享有的权益包括：要求企业定期支付利息，到期偿还本金；企业破产后对财产的分配权。

所有者及债权人可以用货币资金投资，也可以用原材料、厂房、机器设备、土地使用权、工业产权等实物资产或无形资产进行投资。投入资金表现为企业可以支配的各项资产，这些资产构成了企业开展经营活动的基础。

（二）资金运用

工业企业的资金主要投放在供应过程、生产过程、销售过程三个环节。此外，企业还可以采用一定的方式将资金投放于其他单位，形成短期投资或长期投资。

1. 供应过程

在供应过程环节，一方面，企业通过固定资产投资来兴建房屋、建筑物，购置设备等；另一方面，企业通过使用货币资金购买原材料、燃料等，形成生产所需的各种生产资料，从而使货币资金转化为固定资金或储备资金。

2. 生产过程

在生产过程环节，劳动者借助于手中的劳动手段将劳动对象加工成特定的产品，同时消耗原材料形成材料费、消耗固定资产形成折旧费、消耗工人劳动形成人工费等，各种耗费的货币化表现就是产品等有关对象的成本。这样，企业所消耗的固定资产和流动资产价值就转化为未完工产品资金，随着产品生产工序的完成，进一步转化为成品资金。

3. 销售过程

企业投放和耗费资金的目的是为了取得一定的收益。在销售过程环节中，随着产成品的出售，取得销售收入，企业资金从成品资金又回到货币资金状态。销售收入补偿成本以后，形成企业的营业利润。除产品销售利润外，企业还可取得投资收益和其他收入。企业应从利润中提取盈余公积金，用于扩大生产和职工集体福利设施建设等，其余利润可以向投资者进行分配。

在资金运用阶段，随着企业供、产、销活动的依次展开，资金的形态由货币资金形态开始，依次转化为储备资金、生产资金、成品资金形态，最后又回到货币资金形态，这一资金运动过程通常称之为资金循环。资金的这种周而复始的循环过程称为资金周转。只要企业持续经营，企业资金总是这样周而复始地循环和周转着。

（三）资金退出

在资金运动的过程中，企业的一部分资金会通过偿还债务和利润分配等方式陆续退出企业。如企业偿还各种债务、上缴各种税费、向所有者分配利润等。

资金在工业企业的循环周转如图 2-1 所示。

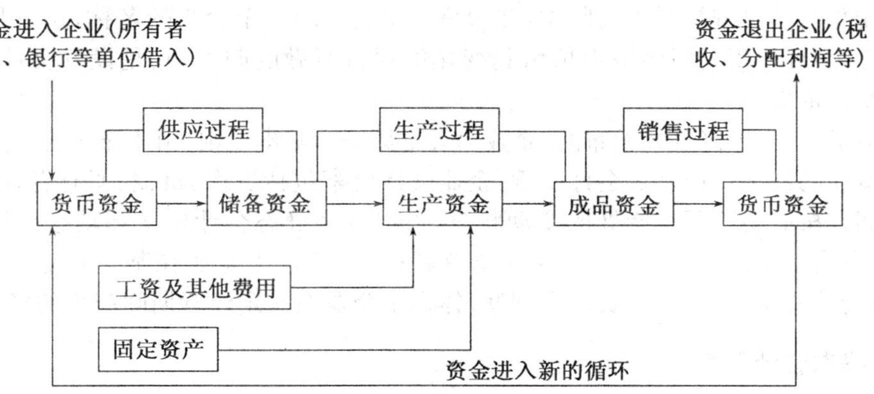

图 2-1　资金在工业企业的循环周转

三、商品流通企业会计对象的具体内容

商品流通企业的经济活动主要是从事商品购进和商品销售业务，与工业企业相比，没有生产过程。商品购进过程主要是采购商品，此时货币资金转换为商品资金；商品销售过程主要是销售商品，此时资金又由商品资金转换为货币资金。因此，商品流通企业资金运动的基本形式为货币资金——商品资金——货币资金。在商品流通企业整个经营过程中，也要消耗一定的人力、物力和财力，其货币表现为商品流通费。在销售过程中，除了获得销售收入外还会实现最终财务成果。上述经济活动构成了商品流通企业会计对象的具体内容。

四、行政、事业单位会计对象的具体内容

行政、事业单位与企业相比，一般没有经营业务，所以基本上没有或只有很少一部分业务收入，其资金来源主要是国家财政拨款。行政、事业单位在正常业务活动过程中，所耗费的人力、物力和财力的货币表现即为行政费用和业务费用，这些费用的开支主要是靠国家财政预算拨款。因此，行政、事业单位的经济活动，一方面按预算从国家财政取得拨入资金；另一方面按预算并以货币资金支付各项费用。其资金运动的基本形式是资金拨入——资金付出。由此可见，行政、事业单位会计对象的具体内容为预算资金及其收支。

综上所述，不论是工业企业、商业流通企业，还是行政、事业单位都是社会再生产过程中的基层单位，会计反映和监督的对象都是资金及其运动过程。正因为如此，我们可以将会计对象概括为社会再生产过程中的资金运动。

第二节　会计要素

会计核算的主要任务是以货币的形式反映企业的经济活动。从会计的角度看，经济活动是由各种各样的经济事项所组成的。所谓的经济事项，是指在企业经济活动中发生的、需要由会计反映的一切经济业务，比如，事件、事项或状况等。在企业实际中，经济事项也

是多种多样、纷繁复杂的。如果会计不对这些复杂的经济事项引起变化的项目进行分类，只是杂乱地做一些记录，就不能满足会计信息使用者的需要。所以，会计必须对经济事项所引起变化的项目进行适当的归类，并为每一个类别取一个恰当的名称，这就是会计要素。简而言之，会计要素是对经济事项引起变化的项目所做的归类，它是设置会计科目和会计账户的基本依据。

我国于2006年修订并颁布的《企业会计准则——基本准则》第十条规定，企业应当按照交易或事项的经济特征确定会计要素，企业会计要素包括资产、负债、所有者权益、收入、费用和利润。按照会计要素所处的变动状态，可以分为静态会计要素和动态会计要素两类。其中，静态会计要素包括资产、负债和所有者权益，体现了企业在某一特定日期的财务状况；动态会计要素包括收入、费用和利润，体现了企业在一定经营期间产生的经营成果。

一、静态会计要素

(一) 资产

1. 资产的定义

资产是指企业过去的交易或事项形成的、由企业拥有或控制的、预期会给企业带来经济利益的资源。根据资产的定义，资产具有以下特征：

(1) 资产应为企业拥有或控制的资源。一项资源要能作为资产被企业加以确认，通常该企业应享有该项资源的所有权，可以按自己的意愿使用或处置资产。企业享有资产的所有权，通常表明企业能够排他性地从资产中获取经济利益。通常在判断资产是否存在时，其所有权是考虑的首要因素。但在有些情况下，资产虽然不为企业所拥有，即企业不享有其所有权，但企业已实质上控制了这些资产，同样表明企业能够从资产中获取经济利益，符合会计上对资产的定义，应予以确认。例如，A企业的生产车间有甲、乙两台设备，其中，甲设备是从B企业经营租入的，乙设备是从租赁公司融资租入的，目前两台设备均在使用中。这些设备都是A企业的资产吗？

根据经营租赁与融资租赁的含义及区别，A企业对甲设备仅拥有暂时的使用权，不拥有所有权和控制权，因此该设备不应确认为A企业的资产；A企业对乙设备也没有所有权，但是与该设备有关的风险和收益实际上已归属于A企业，即该企业拥有乙设备的控制权，根据实质重于形式的信息质量要求，A企业应确认乙设备为资产。

(2) 资产是由企业过去的交易或事项所形成的。资产应当由企业过去的交易或事项所形成，过去的交易或事项包括购买、生产、建造行为或者其他交易或事项。未来的、尚未发生的预期事项是不能确认为资产的，只有过去的交易或事项才能产生资产。例如，已经发生的购入存货的交易将形成企业的资产，但是若企业只有购买某存货的意愿或计划，而购买行为尚未发生，就不符合资产的定义，不能因此而确认存货资产。

(3) 资产预期会给企业带来经济利益。资产预期会给企业带来经济利益是指资产预计能直接或间接导致现金或现金等价物流入企业。这种潜力可以来自于企业日常的生产经营活动，也可以是非日常活动；带来的经济利益可以是现金或现金等价物形式，也可以是能转化为现金或现金等价物的形式，或者是可以减少现金或现金等价物流出的形式。可见，资产预期会给企业带来经济利益是其重要特征。例如，企业采购的原材料可以用于生产经营过程，制造商品或提供劳务，对外出售后收回货款，货款即为企业所获得的经济利益，因此购入的原材料应确认为企业的资产。但如果某一项目预期不能给企业带来经济利益，那么就不能将其确认为企业的资产。又如，企业闲置的淘汰机器、设备过去在使用期间由于其能为企业带来经济利益，已经确认为资产项目，而现在已不能再用于产品的生产，也就不应再确认为企业的资产，而应确认为一项损失。如果企业将本应作为损失的项目长期作为资产进行确认，则会导致虚增资产和利润的后果。

2. 资产的确认

若要将一项资源确认为资产，首先需要符合资产的定义及特征，并同时满足以下两个条件：

(1) 与该资源有关的经济利益很可能流入企业。根据资产的定义，预期会给企业带来经济利益是资产的重要特征，但实际上该经济利益流入的可能性程度及流入的数额都是不确定的。通常情况下，如果根据编制财务报表时所取得的证据，与该资源有关的经济利益很可能流入企业，就应当将其作为资产予以确认，反之则不行。

(2) 该资源的成本或者价值能够可靠地计量。只有当有关资源的成本或价值能够可靠计量时，资产才能够予以确认，否则无法进行会计核算。一般企业为了取得资产都会发生实际成本，例如，企业采购原材料、购买机器设备等，只要这些购置成本能够可靠计量，就应视为符合该项条件。

3. 资产的分类

企业的资产按照其流动性可分为流动资产和非流动资产。资产的流动性是指预期资产变现或耗用的时间长短，所需时间越短，价值损失越少，流动性就越强。如库存现金无须转化，在币值稳定的情况下，不会产生价值的下降，是流动性最强的资产。企业需要一定时间回收应收款项，回收现金过程中可能产生呆账，导致回收现金额低于原有的债券额，所以应收款项的流动性低于现金。

(1) 流动资产。流动资产是指预计在一个正常营业周期中变现、出售或耗用，或者主要为交易目的而持有，或者预计在资产负债表日起 1 年内(含 1 年)变现的资产，以及自资产负债表日起 1 年内交换其他资产或清偿负债的能力不受限制的现金或现金等价物，包括货币资金(如库存现金、银行存款)、交易性金融资产、应收票据、应收账款、其他应收款、预付账款、存货(如原材料、库存商品、周转材料等)等。

(2) 非流动资产。非流动资产是指除了流动资产以外的所有资产项目，包括长期投资、固定资产、无形资产以及其他资产等。

长期投资是指持有时间准备超过 1 年(不含 1 年)的各种股权性质的投资、不能变现或不准备随时变现且有到期日的债券和其他长期投资，包括长期股权投资、持有至到期投资等。

固定资产是指为生产商品、提供劳务、出租或进行经营管理而持有的，且使用寿命超过一个会计年度的有形资产，如房屋、建筑物、机器、机械、运输工具及其他与生产、经营有关的设备、器具、工具等。

无形资产是指企业拥有或控制的没有实物形态的可辨认非货币性资产，包括专利权、非专利技术、商标权、著作权、特许权、土地使用权等。

其他资产是指除上述资产以外的其他资产，如长期待摊费用。长期待摊费用是指企业已经支出，但摊销期限在 1 年以上(不含 1 年)的各项费用，包括固定资产大修理支出、租入固定资产的改良支出等。

（二）负债

1. 负债的定义

负债是指过去的交易或者事项形成的、预期会导致经济利益流出企业的现时义务。负债具有以下特征：

(1) 负债是企业承担的现时义务。现时义务是指企业在现行条件下已承担的义务。未来发生的交易或事项形成的义务，不属于现时义务，不应当确认为负债。这里所指的义务可以是法定义务，也可以是推定义务。其中，法定义务是指具有约束力的合同或者法律法规规定的义务，通常必须依法执行。如企业购买原材料形成的应付账款，企业按照税法规定应当缴纳的税款等等，均属于企业承担的法定义务，需要依法予以偿还。推定义务是指根据企业多年来的习惯做法、公开承诺或者公开宣布的政策而导致企业将承担的责任，这些责任也使有关各方形成了企业将履行义务解脱责任的合理预期。如企业多年来制定有一项销售政策，对于售出的商品提供一定期限内的售后保修服务，预期将为售出商品提供的保修服务就属于推定义务，应当将其确认为一项负债。

(2) 负债是由企业过去的交易或者事项形成的。负债应当由企业过去的交易或事项所形成，也就是说导致负债的交易或事项必须已经发生。例如，赊购货物会产生应付账款或应付票据，如果企业没有发生购买行为，就不会形成此项负债。只有过去的交易或者事项才形成负债，企业将在未来发生的承诺、签订的合同等交易或者事项，不形成负债。

(3) 负债预期会导致经济利益流出企业。不论何种原因产生的负债，企业偿还负债时都会使经济利益流出。在履行现时义务清偿负债时，导致经济利益流出企业的形式多种多样，可以是用现金偿还或以实物资产形式清偿、以提供劳务形式偿还、举借新债还旧债、将债务转为资本等等。

2. 负债的确认

若要将一项现时义务确认为负债，首先需要符合负债的定义及特征，并同时满足以下两个条件：

(1) 与该义务有关的经济利益很可能流出企业。根据负债的定义，预期会导致经济利益流出企业是其重要的特征。但实际上该经济利益流出的可能性程度及流出的数额都是不确定的。通常情况下，如果根据编制财务报表时所取得的证据，与现时义务有关的经济利益很可能流出企业，就应当将其作为负债予以确认，反之则不行。

(2) 未来流出的经济利益的金额能够可靠计量。只有当未来流出的经济利益的金额能够可靠地计量，负债才能够予以确认，否则无法进行会计核算。对于与法定义务有关的经济利益流出金额，通常可以根据合同或法律规定予以确定；对于与推定义务有关的经济利益流出金额，企业应该根据履行该义务所需支出的最佳估计数予以估计，并同时综合考虑其他相关因素的影响。

3. 负债的分类

负债按其距离到期日的长短可分为流动负债和非流动负债。

(1) 流动负债。流动负债是指预计在一个正常营业周期中清偿，或者主要为交易目的而持有，或自资产负债表日起 1 年内（含 1 年）到期应予以清偿，或企业无权自主地将清偿推迟至资产负债表日后 1 年以上的负债。它包括短期借款、应付票据、应付账款、预收账款、应付职工薪酬、应付股利、应交税费、其他应付款和 1 年内到期的长期借款等。

(2) 非流动负债。非流动负债是指除流动负债以外的其他负债,包括长期借款、应付债券和长期应付款等。筹集长期负债的形式很多,主要有从金融机构和其他单位获取的长期借款、企业发行的债券、融资租赁方式下租入固定资产的长期应付款、引进设备的长期应付款、专项应付款等。

(三) 所有者权益

1. 所有者权益的定义

所有者权益是指企业资产扣除负债后,由所有者享有的剩余权益。公司的所有者权益又称为股东权益。所有者权益是所有者对企业资产的剩余索取权,它是企业资产中扣除债权人权益后应由所有者享有的部分,既反映了所有者投入资本的保值增值情况,又体现了保护债权人权益的理念。

由于企业的资产是所有者投入和债权人借入所共同形成的,即所有者权益和负债是企业的两大资金来源,那么可以通过与负债进行比较得知所有者权益的特征,主要表现为以下几点:

(1) 所有者权益不需要偿还,除非企业发生清算或减资。作为所有者权益重要的组成部分,实收资本是投资者投入企业的本金,是企业注册登记的法定资本来源,除国家或企业另有规定以外,投资者不得擅自撤资或收回本金。但是负债是企业承担的现时义务,要履行义务就意味着要予以偿还,并且具有约定的偿付期。

(2) 若企业发生清算,所有者权益只有在企业清偿所有负债后才能返还给所有者。按照有关法律规定,在企业破产清算时,债权人对剩余财产拥有优先求偿权,也就是说,企业只有在偿清所有负债以后,如还有剩余财产,才能返还给所有者。

(3) 所有者拥有参与企业经营管理、利润分配等诸多权利,而债权人没有。基于所有者和债权人不同的身份,所有者有权参与企业经营管理,并参与利润的分配,而债权人只有到期收回债权本金及利息的权利,二者有明显的区别。

2. 所有者权益的确认

由于所有者权益体现的是所有者在企业中的剩余权益,因此,所有者权益的确认主要依赖于其他会计要素的确认,尤其是资产和负债的确认,所有者权益金额的确定也主要取决于资产和负债的计量。

3. 所有者权益的构成项目

所有者权益来源于所有者投入的资本、直接计入所有者权益的利得和损失、留存收益等,通常由实收资本(或股本)、资本公积、盈余公积和未分配利润构成。

所有者投入的资本是指所有者投入企业的资本部分,它既包括构成企业注册资本或股本部分的金额,也包括投入资本超过注册资本或者股本部分的金额,即资本溢价或股本溢价。前者构成企业的实收资本或股本,后者构成资本公积。

直接计入所有者权益的利得和损失是指不应计入当期损益、会导致所有者权益发生增减变动的、与所有者投入资本或者向所有者分配利润无关的利得或损失。其中,利得是指由企业非日常活动所形成的、会导致所有者权益增加的、与所有者投入资本无关的经济利益的流入,包括直接计入所有者权益的利得和直接计入当期利润的利得。直接计入当期利润的利得在营业外收入中核算,是利润的加项。损失是指由企业非日常活动所发生的、会导致所有者权益减少的、与向所有者分配利润无关的经济利益的流出,包括直接计入所有者权益的损失和直接计入当期利润的损失。直接计入当期利润的损失在营业外支出中核算，是利润的减项。直接计入所有者权益的利得和损失主要包括可供出售金融资产的公允价值变动额、现金流量套期中套期工具公允价值变动额（有效套期部分）等，这部分内容构成企业的资本公积。

留存收益是企业历年实现的净利润留存于企业的部分，主要包括累计计提的盈余公积和未分配利润。盈余公积是指企业从税后利润中累计计提的，有指定用途的公积金。未分配利润是指企业累计结余的，未指定用途且可用于弥补亏损或分配的利润。

以上三个要素反映了企业的财务状况。资产是企业拥有或控制的经济资源，负债和所有者权益分别是债权人和所有者对资产的要求权。因此，它们之间的数量关系用等式表示为：

资产＝负债＋所有者权益

二、动态会计要素

（一）收入

1. 收入的定义

收入是指企业在日常活动中形成的、会导致所有者权益增加的、与所有者投入资本无关的经济利益的总流入。根据收入的定义，收入具有以下特征：

（1）收入是企业在日常活动中形成的。日常活动是指企业为完成其经营目标所从事的经常性活动以及与之相关的活动。如工业企业制造并销售产品、商业企业销售商品、保险公司签发保单、咨询公司的咨询服务、软件企业为客户开发软件等，均属于企业的日常活动。明确界定日常活动是为了将收入与利得相区分，因为企业非日常活动所形成的经济利益流入不能确认为收入，而应当计入利得。如出售固定资产的收入，由于固定资产是为使用而不是为出售购入的，出售固定资产也不是企业的经营目标，不属于企业的日常活动，因此，出售固定资产所取得的收益并不作为收入核算，而是计入当期损益的利得。

（2）收入会导致企业所有者权益的增加。与收入相关的经济利益的流入应当会导致所有者权益的增加，不会导致所有者权益增加的经济利益流入不符合收入的定义，不应确认为收入。如企业向银行借入款项，尽管导致了企业经济利益的流入，但该流入并没使得企业所有者权益增加，反而使企业承担了一项现时义务。企业对于因借入款项所导致的经济利益的增加，不应当确认为收入，而应当确认为一项负债。

（3）收入是与所有者投入资本无关的经济利益的总流入。收入应当会导致经济利益的流入，从而导致资产的增加。如企业销售商品收到现金或者在未来有权收到现金，才表明该交易符合收入的定义。但是，经济利益的流入有时是所有者投入资本的增加所导致的，所有者投入资本的增加不应当确认为收入，应当将其直接确认为所有者权益。

2. 收入的确认

由于企业收入的来源多种多样，其确认条件往往也存在差别。一般来讲，收入的确认至少应当符合以下条件：一是与收入相关的经济利益应该很可能流入企业；二是该经济利益流入企业的结果会导致资产的增加或负债的减少，或二者兼有；三是该经济利益流入的金额应该能够可靠地计量。

3. 收入的分类

收入按照日常活动的主次地位，可分为主营业务收入和其他业务收入。

（1）主营业务收入。主营业务收入主要是指与企业经营目标直接相关的日常活动所带来的收入。不同行业的主营业务收入所包括的内容各不相同。如工业企业的产品销售收入、商业企业的商品销售收入、运输企业的运费收入等。

(2) 其他业务收入。其他业务收入是指企业主营业务以外附属的日常活动所产生的收入。如生产企业的运输收入、生产企业的材料销售收入、非主营业务企业的租金收入等。

值得注意的是,收入有广义和狭义之分。我国的《企业会计准则》中将收入界定为狭义概念。上面所讲的收入是指狭义的收入,即营业收入。广义的收入还应包括直接计入当期损益的利得,即营业外收入。营业外收入是指企业发生的与其生产经营活动无直接关系的各项收入,包括处置固定资产净收益、处置无形资产净收益和罚款收入等。

(二) 费用

1. 费用的定义

费用是指企业在日常活动中发生的、会导致所有者权益减少的、与向所有者分配利润无关的经济利益的总流出。根据费用的定义,费用具有如下特征:

(1) 费用是企业在日常活动中形成的。费用必须是企业在日常活动中形成的,这些日常活动的界定与收入定义中涉及的日常活动的界定相一致。日常活动形成的费用包括主营业务成本、管理费用、销售费用等。将费用界定为由日常活动形成的,其目的是为了将其与损失相区分,企业非日常活动形成的经济利益的流出不能确认为费用,而应当计入损失,如出售固定资产净损失等。

(2) 费用会导致所有者权益的减少。与费用相关的经济利益流出应当会导致所有者权益的减少,不会导致所有者权益减少的经济利益流出不符合费用的定义,不应该确认为费用。

(3) 费用是与向所有者分配利润无关的经济利益的总流出。费用的发生应当会导致经济利益的流出,从而导致资产的减少或者负债的增加(最终也会导致资产的减少)。其表现形式包括现金或者现金等价物的流出,存货、固定资产和无形资产等的流出或消耗等。鉴于企业向所有者分配利润也会导致经济利益流出,而该经济利益的流出显然属于所有者权益的抵减项目,不应当确认为费用,应当将其排除在费用的定义之外。

2. 费用的确认

费用的确认首先要符合其定义及特征,并至少应符合以下条件:一是与费用相关的经济利益应该很可能流出企业;二是该经济利益流出企业的结果会导致资产的减少或负债的增加,或二者兼有;三是该经济利益流出的金额应该能够可靠地计量。

一般而言,所有者权益会随着收入的增加而增加;相反,费用的增加会减少所有者权益。但是,企业在生产经营过程中,有两类支出是不应当确认为费用的。一是偿债性支出,如以银行存款归还前期所欠债务,只是一项资产和一项负债等额减少,对所有者权益没有影响,因而不构成费用;二是企业向所有者分配利润,虽然减少了所有者权益,但其属性是对利润的分配,是所有者权益的抵减项,也不构成费用。

3. 费用的分类

费用按其经济用途可分为成本和直接计入当期损益的费用。

成本是指企业为生产产品、提供劳务而发生的各种耗费,其与某成本计算对象具有关联性,属于被"对象化"的费用,包括为生产产品、提供劳务而发生的直接费用和间接费用。其中,直接费用是指为生产产品、提供劳务而直接消耗的材料和人工费用等,包括直接材料费、直接人工费和其他直接支出;间接费用是指为生产产品、提供劳务而发生的,由多个成本计算对象共同负担，并需要分配才能计入相关成本计算对象的成本中去的各项生产费用。

直接计入当期损益的费用一般是指企业在日常活动中发生的营业成本、营业税金及附加、期间费用、资产减值损失和所得税费用等。

营业成本包括主营业务成本和其他业务成本。主营业务成本是指企业在进行销售商品、提供劳务等主营业务活动时所发生的商品销售成本或劳务提供成本。其他业务成本是指除了主营业务活动以外的其他经营活动所发生的支出，包括销售材料的成本、出租固定资产的折旧额、出租无形资产的摊销额、出租包装物的成本或摊销额等。

营业税金及附加是指企业营业活动应当负担并根据销售收入确定的各种税费，如营业税、消费税、城市维护建设税、资源税和教育费附加等。

期间费用是指本期发生的、不能直接或间接归入某种产品成本的、直接计入当期损益的各项费用，包括销售费用、管理费用和财务费用。销售费用是指企业在销售商品和材料、提供劳务的过程中发生的各项费用。管理费用是指企业为组织和管理企业生产经营活动而发生的各项费用。财务费用是指企业为了筹集生产经营所需资金等而发生的各项费用。

资产减值损失是指企业计提的坏账准备、存货跌价准备和固定资产减值准备等所形成的损失。

所得税费用是指企业按税法的规定向国家缴纳的所得税。

值得注意的是，费用有广义和狭义之分。我国的《企业会计准则》中将费用界定为狭义费用。广义费用还包括直接计入当期损益的损失，即营业外支出。营业外支出是指企业发生的与其日常活动无直接关系的各项损失，包括非流动资产处置损失、罚款支出、公益性捐赠支出、非常损失、盘亏损失等。

（三）利润

1. 利润的定义

利润是指企业在一定会计期间的经营成果。通常情况下，如果企业实现了利润，表明企业所有者权益增加，业绩得到了提升；反之，如果企业发生了亏损，表明企业的所有者权益减少，业绩下滑了。利润往往是评价企业管理层业绩的一项主要指标，也是投资者等财务报告使用者进行决策时的重要参考。

2. 利润的内容

利润包括收入减去费用后的净额、直接计入当期利润的利得和损失等。其中，收入减去费用后的净额反映的是企业日常活动的经营业绩，直接计入当期利润的利得和损失反映的是企业非日常活动的业绩。直接计入当期利润的利得和损失是指应当计入当期损益的、最终会引起所有者权益发生增减变动的、与所有者投入资本或者向所有者分配利润无关的利得或损失。

3. 利润的确认

由于利润是企业在生产经营过程中由各项收入减去各项耗费后的余额，不能像收入、费用那样单独确认。利润的确认只能依赖于一定期间的收入和费用的确认，即利润的确认标准就是收入、费用的确认标准。

4. 利润的计算

利润具体是指营业利润、利润总额和净利润。其相关公式如下：

营业利润＝营业收入－营业成本－营业税金及附加－期间费用－资产减值损失＋公允价值变动收益（－公允价值变动损失）＋投资收益（－投资损失）

利润总额＝营业利润＋营业外收入－营业外支出

净利润＝利润总额－所得税费用

以上三个要素反映了企业的经营成果。企业通过比较收入与费用，并考虑直接计入当期损益的利得和损失后，才得到利润。因此，若不考虑直接计入当期损益的利得和损失，它们之间的数量关系可以用等式表示如下：

收入－费用＝利润

第三节　会计等式

会计要素中所包含的资产、负债、所有者权益、收入、费用和利润之间存在着相互联系、相互依存的关系。这种关系在数量上可以运用数学等式加以描述，用来揭示会计要素之间的增减变化及其结果，并保持相互平衡关系的数学表达式，称为会计平衡公式，也称为会计等式。

会计等式是我们从事会计核算的基础和提供会计信息的出发点。因此，它又是进行复式记账、试算平衡以及编制财务报表的理论依据。

一、静态会计等式

任何企业在生产经营过程中都必须拥有一些能够满足其业务活动需要、数量相宜，并能为企业带来经济利益的资源即资产。资产不是凭空形成的，企业的每项资产都有其特定的来源。资产包括企业的各种财产、债权和其他权利。经济资源在生产经营过程中的形态是不断变化的，其表现形态是各项资产的有增有减。与此相对应，企业的任何资产都有其形成的渠道和取得的来源。企业资产的来源有两种：一是由债权人提供，如应付账款、短期借款、应付债券等；二是由所有者提供，如投资人投入企业的资本金等。债权人和所有者都应该对企业的资产享有要求权，这种要求权就是权益。资产和权益是同一事物的两个方面，两者相互联系、相互依存，不可分割。有一定数额的资产，就必然有一定数额的权益；反之，有一定数额的权益，就必然有一定数额的资产。从数量上看，任何企业在特定的时点所拥有的资产与其权益的总金额必然相等。资产与权益在内容上对应，在数量上恒等。资产和权益的关系可以用公式表示如下：

资产＝权益

权益可以分为债权人权益和投资人权益，而在会计上，债权人权益称为负债，投资人权益称为所有者权益。虽然两者同属于权益，但又有着显著的区别。所以，上式又可表述为：

资产＝负债＋所有者权益

这一等式即为静态会计等式，也称为基本会计等式。它反映了企业在某一时点的财务状况，是企业资金运动的静态表现形式，体现了资金运动中有关静态会计要素之间的数量平衡关系，同时也反映了资金在运动过程中存在分布的形态和资金形成渠道两方面之间的相互依存及相互制约的关系。该等式贯穿于财务会计的始终，也是编制资产负债表的理论依据。

二、动态会计等式

静止的资金是不会给企业带来经济效益的，资金只有在不断地运动中才能实现增值。企业通过不断地运用各种经济资源生产商品、提供劳务，使得现金不断流入企业形成收入。同时，企业为了生产商品或者提供劳务也在不断地消耗各种资源，使得资金流出企业，从而形成费用。将收入和费用进行配比，其差额反映了企业在一定期间内的生产经营成果，即利润。这样，生产经营过程中获得的收入、发生的费用和形成的利润之间的关系，可以用如下公式表示：

收入－费用＝利润

这一等式即为动态会计等式，反映了企业在一个会计期间经营过程的最终结果，是企业资金运动的动态表现形式。

例如，某企业销售 A 产品取得收入 2 000 000 元。企业为生产 A 产品共投入原材料 1 000 000 元，支付工人工资 200 000 元，支付水电费 150 000 元，发生管理费用 50 000 元，为推销 A 产品支付广告费 100 000 元。利润计算如下：

收入：销售 A 产品收入	2 000 000 元	
减：费用	1 500 000 元	
直接材料费用		1 000 000 元
直接人工费用		200 000 元
水电费用		150 000 元
管理费用		50 000 元
销售费用		100 000 元
利润：	500 000 元	

动态会计等式反映了收入、费用和利润三大会计要素之间的数量关系，是编制利润表的理论依据。

三、综合会计等式

上述两个等式只是分别反映了企业资金运动的静态和动态表现形式，但没有考虑这两种形式之间的关系，即无法反映静态会计要素与动态会计要素之间的关系。动态会计要素的变动结果始终要表现为企业所有者权益的增加（利润）或减少（亏损），它们之间是有关联的。

当企业开始生产经营时，会把初始筹集起来的资金用于支付购买材料、工资、管理费用等方面的开支。因为企业与其他单位开展经营活动会使得其资产的结构及债权、债务的结构发生变化，从而使得其资产、负债发生增减变化。企业销售产品取得收入，在扣除成本后又会使得企业的所有者权益及其结构发生变化。如果某一期间的收入减去费用后的差额为正数，则企业获取了利润，表现为期末净资产的增加，即所有者权益的增加；如果某一期间的收入减去费用后的差额为负数，则企业发生了亏损，表现为期末净资产的减少，即所有者权益的减少。本期实现的利润或亏损在未分配之前，是所有者权益的组成部分。因此，将静态会计要素与动态会计要素之间的这种关联表示出来，则会计等式可以进一步扩展为：

资产＝负债＋所有者权益＋（收入－费用）

或者：

资产＋费用＝负债＋所有者权益＋收入

这一等式即为综合会计等式，也称为扩展会计等式，反映了企业在运营过程中的增值情况。

四、经济业务的发生对会计等式的影响

经济业务是指企业在生产经营过程中从事经营管理活动所形成的各种经济活动，而且能够用货币加以表现，也称会计事项。企业的经济活动多种多样且千差万别，但归纳起来可以分为两类：一类是应当办理会计手续，而且能够用货币表示的经济活动，即会计事项，如企业采购材料、销售商品等；另一类是不应当办理会计手续或者不能用货币表示的经济活动，即非会计事项，如签订购销经济合同等。这里主要介绍的是第一类经济活动。

企业的经济活动虽然多种多样且千差万别，但经济业务发生后都会引起会计要素的增减变化，但无论怎样变化都不会破坏会计等式的平衡关系。下面举例说明这几种变化类型。

假设大成公司于 2015 年 12 月 1 日成立，当月发生了以下经济业务：

1. 12 月 3 日，大成公司接受外商投入机器一台，价值 150 000 元。

该项经济业务的发生，使公司收到价值 150 000 元的机器，即资产增加；同时实际收到资本金 150 000 元，即所有者权益增加。因此，该笔经济业务的类型是，资产和所有者权益同时等额增加。

会计恒等式	资产	=	负债	+	所有者权益
经济业务发生前	0	=	0	+	0
经济业务的影响	+150 000	=		+	+150 000
经济业务发生后	150 000	=	0	+	150 000

2. 12 月 8 日，公司用银行存款 30 000 元购买了一间营业用房。

该项经济业务的发生，使公司银行存款减少了 30 000 元，增加了价值 30 000 元的营业用房。因此，该笔经济业务的类型是，一项资产增加，一项资产减少，增减金额相等。

会计恒等式	资产	=	负债	+	所有者权益
经济业务发生前	150 000	=	0	+	150 000
经济业务的影响	+30 000 −30 000	=	0	+	0
经济业务发生后	150 000	=	0	+	150 000

3. 12 月 12 日，该公司向家华公司赊购材料一批，价值 80 000 元。

该项经济业务的发生，使公司增加了 80 000 元的材料，增加了 80 000 元的赊购债务。因此，该笔经济业务的类型是，资产和负债同时等额增加。

会计恒等式	资产	=	负债	+	所有者权益
经济业务发生前	150 000	=	0	+	150 000
经济业务的影响	+80 000	=	+80 000	+	0
经济业务发生后	230 000	=	80 000	+	150 000

4. 12月19日，投资人张君从公司拿走现金10 000元。

该项经济业务的发生，使公司的现金减少了10 000元，同时投资人享有的权益也减少了10 000元。因此，该笔经济业务的类型是，资产和所有者权益同时等额减少。

会计恒等式	资产	=	负债	+	所有者权益
经济业务发生前	230 000	=	80 000	+	150 000
经济业务的影响	−10 000	=	0	+	−10 000
经济业务发生后	220 000	=	80 000	+	140 000

5. 12月20日，公司用现金偿还前欠家华公司的购货款50 000元。

该项经济业务的发生，使公司的现金减少了50 000元，赊购债务也减少了50 000元。因此，该笔经济业务的类型是，资产和负债同时等额减少。

会计恒等式	资产	=	负债	+	所有者权益
经济业务发生前	220 000	=	80 000	+	140 000
经济业务的影响	−50 000	=	−50 000	+	0
经济业务发生后	170 000	=	30 000	+	140 000

6. 12月23日，张君将其拥有的50%权益转让给他的朋友刘欣。

该项经济业务的发生，使张君在公司的所有者权益减少了70 000元，而他的朋友刘欣的所有者权益增加了70 000元。因此，该笔经济业务的类型是，一项所有者权益增加，一项所有者权益减少，增减金额相等。

会计恒等式	资产	=	负债	+	所有者权益
经济业务发生前	170 000	=	30 000	+	140 000
经济业务的影响	0	=	0	+	+70 000 −70 000
经济业务发生后	170 000	=	30 000	+	140 000

7. 12月24日，公司开出一张价值10 000元的商业汇票，用于抵偿前欠的材料款。

该项经济业务的发生，使公司前欠的材料款债务减少10 000元，而应付票据增加10 000元。因此，该笔经济业务的类型是，一项负债增加，一项负债减少，增减金额相等。

会计恒等式	资产	=	负债	+	所有者权益
经济业务发生前	170 000	=	30 000	+	140 000
经济业务的影响	0	=	+10 000 −10 000	+	0
经济业务发生后	170 000	=	30 000	+	140 000

8. 12月27日，与家华公司协商后，将应付其材料款20 000元转为其对大成公司的投资。

该项经济业务的发生，使公司前欠的材料款债务减少20 000元，实际收到的投资增加

20 000元。因此，该笔经济业务的类型是，负债减少，所有者权益增加，增减金额相等。

会计恒等式	资产	=	负债	+	所有者权益
经济业务发生前	170 000	=	30 000	+	140 000
经济业务的影响	0	=	−20 000	+	+20 000
经济业务发生后	170 000	=	10 000	+	160 000

9. 12月30日，公司宣告分派现金股利5 000元。

该项经济业务的发生，使公司应发放但未实际发放的股利债务增加5 000元，未分配利润减少5 000元。因此，该笔经济业务的类型是，负债增加，所有者权益减少，增减金额相等。

会计恒等式	资产	=	负债	+	所有者权益
经济业务发生前	170 000	=	10 000	+	160 000
经济业务的影响	0	=	+5 000	+	−5 000
经济业务发生后	170 000	=	15 000	+	155 000

会计基本等式揭示了资产、负债和所有者权益之间的关系。企业在生产经营过程中，会不断地发生费用、取得收入。企业发生的费用和取得的收入会影响会计等式，但也不会破坏会计等式的平衡关系。

假设大成公司2016年1月发生如下经济业务：

1. 1月5日，公司实现产品销售收入20 000元，收到现金。

该项经济业务的发生，使公司的现金增加了20 000元，收入增加了20 000元。因此，该笔经济业务的类型是，资产和收入同时等额增加。

会计恒等式	资产	+	费用	=	负债	+	所有者权益	+	收入
经济业务发生前	170 000	+	0	=	15 000	+	155 000	+	0
经济业务的影响	+20 000	+	0	=	0	+	0	+	+20 000
经济业务发生后	190 000	+	0	=	15 000	+	155 000	+	20 000

2. 1月7日，公司以银行存款500元支付经理办公室电话费。

该项经济业务的发生，使公司的银行存款减少了500元，费用增加了500元。因此，该笔经济业务的类型是，资产减少，费用增加，增减金额相等。

会计恒等式	资产	+	费用	=	负债	+	所有者权益	+	收入
经济业务发生前	190 000	+	0	=	15 000	+	155 000	+	20 000
经济业务的影响	−500	+	+500	=	0	+	0	+	0
经济业务发生后	189 500	+	500	=	15 000	+	155 000	+	20 000

3. 1月15日，公司应支付给员工工资20 000元。

该项经济业务的发生，使公司的工资债务增加了20 000元，费用增加了20 000元。因此，该笔经济业务的类型是，负债和费用同时等额增加。

会计恒等式	资产	+	费用	=	负债	+	所有者权益	+	收入
经济业务发生前	189 500	+	500	=	15 000	+	155 000	+	20 000
经济业务的影响	0	+	+20 000	=	+20 000	+	0	+	0
经济业务发生后	189 500	+	20 500	=	35 000	+	155 000	+	20 000

从以上的分析中可以看出，无论经济业务的发生会引起会计要素怎样的变化，都不会破坏资产、负债和所有者权益之间的平衡公式。

综上所述，我们可以将经济业务归纳为以下四种类型：

(1) 经济业务的发生，一方面引起会计等式左边的资产(费用)价值的增加，另一方面同时引起会计等式右边的负债、所有者权益或收入等金额的增加，此时，会计等式两边总金额增加且保持平衡关系；

(2) 经济业务的发生，一方面引起会计等式左边的资产(费用)价值的减少，另一方面同时引起会计等式右边的负债、所有者权益或收入等金额的减少，此时，会计等式两边总金额减少且保持平衡关系；

(3) 经济业务的发生，一方面引起会计等式左边的资产(费用)价值的增加，另一方面同时引起另一项资产等金额的减少，此时，会计等式两边总金额不变且保持平衡关系；

(4) 经济业务的发生，一方面引起会计等式右边的负债或所有者权益的增加，另一方面同时引起另一项负债或所有者权益等金额的减少，此时，会计等式两边总金额不变且保持平衡关系。

复习思考题

1. 什么是会计要素？会计要素包括哪些内容？

2. 简述资产与权益的平衡关系。

3. 经济业务有哪几种类型？每类经济业务变动会引起资产与权益发生什么样的变化？是否破坏资产与权益的平衡关系？

第三章　会计核算基础

【学习目标】

通过本章学习，了解会计假设、会计信息质量要求和会计确认和计量基础的基本内容，熟悉和掌握会计核算基本前提、会计信息质量要求基本含义、权责发生制、收付实现制以及会计确认定义、标准和会计计量的基本属性。

第一节　会计假设

会计作为一种管理活动总是在一定的时空环境下进行的，而且会计实务中存在诸多不确定因素，因此，会计人员在进行会计核算时往往要运用判断和估计。为了正常进行会计核算，会计人员有必要对会计核算所处的环境及条件做出合理的推断。会计基本假设又称为会计核算的基本前提，通常是指会计核算中对某些难以确切界定的，但对会计工作有重大影响的问题，根据一般的正常情况所做的合理推断。我国会计准则中提出的会计假设与西方国家提出的会计假设是基本一致的，主要包括四个方面，即会计主体、持续经营、会计分期和货币计量。

一、会计主体

会计主体假设也称经济实体假设，是指会计工作为其服务的特定单位或组织。简单地说，为谁做账，谁就是会计主体。会计核算的对象是企业的生产经营活动，生产经营活动又是由各种经济业务事项所组成，而每项经济业务事项又和其他有关的经济业务事项相关联，同时不同企业之间的经济业务事项也相互关联。因此，会计核算首先要明确核算的范围，也就是要明确会计主体。

《企业会计准则——基本准则》第五条规定："企业应当对其本身发生的交易或者事项进行会计确认、计量和报告。"企业的会计核算及其财务报表的编制应当以企业发生的各项交易或者事项为对象，记录和反映企业本身的各项生产经营活动，这就是会计主体。

会计主体的作用在于界定不同会计主体会计核算的范围，它主要规定了会计工作的空间范围。会计法规要求我们以企业作为会计核算的主体，它要求会计核算区分企业自身的经济活动与其他企业单位的经济活动；把企业与企业的相关利益主体尤其是投资者、关联方企业的经济活动区分开来。会计主体只核算自身发生的各项交易或事项，记录和反映本企业自身的各项生产经营活动。只有这样才能正确反映会计主体的资产、负债和所有者权益情况，准确提供反映企业财务状况和经营成果的会计信息。

所谓交易，是指企业与外部主体之间所发生的价值交换行为，例如，企业向供应商购进材料物资，向经销商出售产品或商品等。所谓事项，主要是指企业主体内部所发生的价值转移行为，例如，制造业企业生产车间领用材料、产成品完工入库等，也包括一些外部环境因素对企业所产生的直接影响，如洪水、火灾等给企业造成的实际损失等。

会计主体可以按照不同的标准进行分类。从会计主体的目标看，它可以分为营利性会计主体，如各类企业，也可以是政府机构和非营利性会计主体，如学校、医院和慈善机构等；从会计主体的经济活动规模看，它可以是独立核算的单位或组织，也可以是其下属的单位、部门，如企业的生产车间、医院的住院部或门诊部等，还可以是由各个独立核算会计主体组成的集团企业；从会计主体的存在期限看，它可以是为长期开展经济活动而存在的会计主体，也可以是仅为完成某项工作所组建的组织，如某项建筑工程、某场文艺演出等。

会计主体与法律主体并不是同一概念，不能相互混淆。一般来说，法律主体必然是会计主体，但会计主体并不一定就是法律主体。任何企业，无论以何种形式存在，都是一个会计主体。在企业规模较大的情况下，可将其内部某一机构作为一个会计主体，要求其定期编制会计报表。而在控股经营的情况下，母公司及其子公司都是独立的法律主体，也是会计主体，在编制会计报表时，也可将其组成的企业集团当作一个会计主体，将其各自的会计报表予以合并，以反映整个企业集团的财务状况和经营成果。因此，会计主体可以是独立的法人，也可以是非法人；可以是一个企业，也可以是企业内部的某一单位；可以是单一的企业，也可以是由几个企业组成的企业集团。

会计主体的外延随着经济的发展和技术的进步在不断地拓展。如在网络经济时代，出现在互联网上没有大量有形资产的网上企业、网上银行等虚拟主体。这些虚拟主体的界限有时很难确认，给经济业务的确认、计量和报告带来了新的问题。

二、持续经营

持续经营假设是假设企业等会计主体的经济活动将无限期地延续下去，在可以预见的将来不会因停业、破产而进行清算。《企业会计准则——总则》第六条规定："企业会计确认、计量和报告应当以持续经营为前提。"

持续经营为会计工作的正常开展规定了时间范围，旨在解决资产估价、费用分配等重要会计问题。会计核算上所使用的一系列会计处理方法都是建立在持续经营这个前提之上。

除了为完成临时任务而建立的会计主体，人们通常期望所建立的会计主体能够长期地存在下去。实际上，会计主体所处的经营环境具有复杂性和多变性。会计主体的经济活动可能会由于各种原因而发生停滞，甚至解散清算。如国家法律要求解散清算，会计主体自身经营期限的到期，以及破产、被合并、自然灾害和战争的影响等。

例如，在持续经营的前提下，才能运用历史成本原则计量企业的资产，并按照原来的偿还条件偿还它所承担的债务。如果是在清算的情况下，则不能运用历史成本原则，资产的价值必须按照实际变现的价值来计算，负债则必须按照资产变现后的实际负担能力来清偿。因此，在持续经营的前提下，企业在会计信息的收集和处理上所使用的会计处理方法才能保持稳定，企业的会计记录和会计报表才能真实可靠。如果没有持续经营的基本前提，一些公认的会计处理方法将缺乏存在的基础，同时也无法被采用，企业也就不能按照正常的会计原则、会计处理方法进行会计核算，不能采用通常的方式提供会计信息。所以，企业会计核算应当以企业持续、正常的生产经营活动为前提。

三、会计分期

《企业会计准则——总则》第五条规定："企业应当划分会计期间，分期结算账目和编制财务报表。会计期间分为年度和中期。中期是指短于一个完整的会计年度的报告期间，包括半年度、季度和月度等。年度和中期的起讫日期采用公历日期。”会计分期假设是将企业在时间上持续不断的经营活动人为地划分为若干个均等的会计期间。这样，持续的经济活动就由先后不同的时间段落中所发生的经济活动构成。这些不同的时间段落，就是会计期间。

会计年度是基本的会计期间。我国企业的会计期间按年度划分，以日历年度为一个会计年度，即从每年的公历 1 月 1 日至 12 月 31 日作为一个会计期间。除了基本的会计期间以外，还规定了一些会计中期，即短于完整的会计年度的报告期间，包括半年度、季度和月度，年度和中期的起讫时间也一律以公历的起讫日期为准，如一年分为两个半年度，1 月 1 日至 6 月 30 日为一个半年度，7 月 1 日至 12 月 31 日为一个半年度。企业会计制度中所称会计期间的期末和定期，是指月末、季末、半年末和年末。

会计期间的划分对会计核算有着重要的影响。一般来说，会计期间越短，会计信息就越及时，与决策就越相关。由于有了会计期间，才产生了本期和非本期的区别；由于有了本期和非本期的区别，才产生了权责发生制和收付实现制，才使不同类型的会计主体有了记账的基准；由于采用了权责发生制，相关收入和费用就必须按照权责关系在本期和以后的会计期间进行分配，以确定其归属的会计期间。为此需要采用预收、预付、应收、应付、预提和摊销等一系列会计概念和一些特殊的会计处理方法。

四、货币计量

《企业会计准则——总则》第八条规定：“企业会计应当以货币计量。记录的文字应当使用中文，在民族自治地方，会计记录可以同时使用当地通用的一种民族文字。在中华人民共和国境内的外商投资企业和外国企业的会计记录可以同时使用一种外国文字。”货币计量是指会计核算必须以货币作为统一计量单位，计量企业的经济活动，并假设货币本身的价值是稳定不变的。

企业会计核算和财务报表的编制应当以货币计量为基础，以综合反映企业发生的各项交易或者事项的财务结果及其影响。对于会计主体经济活动的描述可以采纳数量形式和非数量形式。非数量形式包括对经济活动的文字叙述或图形的描述。数量形式中又有三种计量单位可供选择，即货币计量、实物计量和劳动时间计量。企业的生产经营活动具体表现为商品的购销、各种原材料和劳务的耗费等实物运动。各种实物和劳务的耗费没有统一的计量单位，因而无法进行比较。为了全面完整反映企业单位的生产经营活动，会计核算客观上需要一种统一的计量单位作为会计核算的计量尺度。在商品经济条件下，货币是衡量商品价值的共同尺度，会计核算必然选择货币作为计量单位，以货币形式来反映企业生产经营活动的全过程。

按照规定，我国的会计核算以人民币为记账本位币，企业的生产经营活动一律通过人民币进行核算反映。日常经营业务的收支以外币为主的企业，也可以选用某种外币为记账本位币，但编制的财务会计报告应当折算为人民币反映。

当然，在货币计量假设下，我们还需要注意这样一个问题，在假设货币本身的价值是稳定不变的同时，还应强调货币计量假设不排斥非货币量化信息对决策的有用性。

以上会计核算的四个基本假设分别从空间、时间、计量手段和核算方法上规定了会计核算工作赖以存在的基本前提条件，是企业设计和选择会计方法的重要依据。会计只有在这些基本假设前提下，才能顺利进行工作，及时取得会计信息资料，充分发挥会计的作用。

第二节　会计信息质量要求

一、会计信息质量要求的含义

会计信息质量要求是指企业所提供的会计信息的质量标准，其表现为会计信息对于信息使用者决策有用的那些性质（或特征），也称为会计信息的质量特征。它具体是指会计人员向财务报告使用者提供与会计主体的财务状况、经营成果和现金流量等有关的会计信息时，为确保会计信息质量，应坚持的基本原则。会计信息质量要求与会计目标有着密切的关系，新版《企业会计准则》第二章便对会计信息质量要求做了具体的阐释。

会计信息质量要求的主要功能体现在以下几个方面：

(1) 它是实现会计目标的基础。企业的会计目标有两个，一个是终极目标，即提高经济效益；一个是直接目标，即为会计信息的使用者提供对决策有用的会计信息。会计信息质量的高低对决策起着至关重要的作用，会计信息的质量越高、相关性越高对实现会计目标就越重要。

(2) 它是会计确认、计量、记录和报告行为的指南。会计信息的质量要求提出了对企业会计信息质量的具体要求，因此，成为会计确认、计量、记录和报告行为的指南。

(3) 它是评价会计信息质量的依据或标准。在现代企业里，由于"两权分离"的市场管理机制，作为企业所有者的投资人需要制定一系列的质量标准来约束经营者的管理行为，而作为经营者也需要一套标准来解除承担的财产受托责任，作为一种具有公共属性的特殊产品——会计信息，其特征也就构成了社会经济活动评价的一种标准。

二、会计信息质量要求的内容

在 2016 最新版的《企业会计准则》第二章中明确提出了对会计信息质量的要求，包括可靠性、相关性、明晰性、可比性、实质重于形式、重要性、谨慎性和及时性。

(一) 可靠性

"企业应当以实际发生的交易或者事项为依据进行会计确认、计量和报告，如实反映符合确认和计量要求的各项会计要素及其他相关信息，保证会计信息真实可靠、内容完整。"该原则要求会计核算应当以实际发生的交易或事项，如实反映企业的财务状况、经营成果和现金流量。可靠的会计信息是客观的，存在可靠的凭据记录，可以揭示经济活动的本来面目。可靠的会计信息也是可以验证的，对于同一经济业务，具有专业胜任能力的会计人员会得到相同的会计处理结果。但可靠性并不意味着会计信息必须绝对肯定或者绝对精确，这是由于企业所处的经济环境的不确定性、会计计量属性本身的缺陷以及会计计量方法选择的主观性等因素的影响。使用虚假的会计信息进行决策会导致决策失误，最终会损害投资者和债权人的经济利益，如美国的"安然"事件、"世界通讯"事件，我国上市公司"银广厦"、"郑百文"等丑闻。

(二) 相关性

"企业提供的会计信息应当与财务会计报告使用者的经济决策需要相关，有助于财务会计报告使用者对企业过去、现在或者未来的情况做出评价或者预测。"会计信息是否具有相关性，有两个基本的判断标准，一是会计信息能否帮助会计信息使用者对过去、现在或将来的经济事项进行评价，并影响信息使用者的相关决策行为；二是证实或纠正会计信息使用者过去已经作出的判断或评价，并影响会计信息使用者的相关决策行为。显然，这是与会计目标相一致的原则。

（三）明晰性

“企业提供的会计信息应当清晰明了，便于财务会计报告使用者理解和使用。”明晰性原则（也称可理解性）是指会计记录和会计报表应当清晰明了，便于理解和运用。也就是会计记录应当准确、清晰，填制会计凭证和登记账簿做到依法、合理，账户对应关系清楚，文字叙述完整，会计报表的数字钩稽关系清楚、数字准确。明晰性原则要求会计核算提供的信息简明易懂，可读性强，满足不同层次报表使用者的信息需要，使其迅速、准确、完整地了解企业财务状况和经营成果。

随着我国经济的不断发展，会计信息的使用者越来越广泛，这在客观上对会计信息的简明和通俗易懂提出了越来越高的要求。会计核算是一个运用会计的专门方法，把企业的经济业务事项逐项抽象、加工、整理成有用的会计信息的过程。如果生成的会计信息不能清晰明了地反映企业的财务状况、经营成果和现金流量，就会影响会计信息的功用。

（四）可比性

“同一企业不同时期发生的相同或者相似的交易或者事项，应当采用一致的会计政策，不得随意变更。确需变更的，应当在附注中说明。不同企业发生的相同或者相似的交易或者事项，应当采用规定的会计政策，确保会计信息口径一致、相互可比。”会计可比性原则要求企业的会计信息应在以下两个方面做到相互可比。

第一，同一企业不同时期发生的相同或者相似的交易或者事项，应当采用一致的会计政策，不得随意变更。如有必要变更，应当将变更的内容和理由、变更的累计影响数，以及影响数不能合理确定的理由等，在会计报表附注中予以说明。这个原则也称为一致性原则或一贯性原则。这一原则的目的是使得同一单位的各期会计信息具有可比性，有利于决策，同时防止某些单位或个人利用会计核算方法的变动，人为操纵成本、利润等指标，粉饰企业的财务状况或财务成果。这是一种纵向的历史比较。

第二，不同企业发生的相同或者相似的交易或者事项，应当采用规定的会计政策确保会计信息口径一致、相互可比。由于各个企业所处的经济环境的情况是千差万别的，要做到不同企业会计信息的完全可比是不可能的。因此，在利用会计信息分析时，应先确定信息的可比性，然后对不可比的信息通过调整口径，使之可比。这是一种横向的比较。若要保证会计核算资料横向可比，就要求各个企业必须严格按照国家统一的会计制度规定的会计处理方法进行会计核算，提供相互可比的会计核算资料。

（五）实质重于形式

“企业应当按照交易或者事项的经济实质进行会计确认、计量和报告，不应仅以交易或者事项的法律形式为依据。”也就是企业应当按照交易或事项的经济实质进行会计核算，而不应当仅仅按照它们的法律形式作为会计核算的依据。其目的在于确保会计信息真实、准确地反映企业的财务状况、经营成果和现金流量的情况。

在企业会计核算过程中，可能会碰到一些经济实质与法律形式不一致的经济业务或事项，例如，融资租入的固定资产，在租期未满以前，从法律形式上来讲，所有权并没有转移给承租人，但是从经济实质上讲，与该项租入固定资产相关的收益和风险已经转移给承租人，承租人实际上也能行使对该项固定资产的控制权，因此，承租人应该将其视同自有固定资产进行管理和核算，计提固定资产折旧和修理费用。这就是实质重于形式的原则的体现。

遵循实质重于形式原则，体现了对经济实质的尊重，能够保证会计核算信息与客观事实相符。

（六）重要性

“企业提供的会计信息应当反映与企业财务状况、经营成果和现金流量等有关的所有重要交易或者事项。”重要性原则是指会计核算中，应对经济业务的重要程度进行区别而采用不同的核算形式。即对重要的经济业务应分项反映，单独核算；对于相对次要的经济业务，则在不影响会计信息真实性的前提下，适当简化核算，以简单明了的方法处理。采用重要性原则，有助于简化会计处理手续，节约核算费用，提高会计信息质量。这里就涉及了一个重要事项的问题。重要的会计事项是被错误或漏报后能够导致决策者做出错误判断的会计事项。

会计事项是否重要应该怎么确定呢？通常可以采取定量或定性两种方法。定量方法一般以某个金额或企业的资产总额或利润总额的某个百分比确定。需要注意的是，重要性是相对的。比如，同样的金额对于小企业可能是重要的，但对于大企业可能就是不重要的项目。定性方法应该根据会计信息对信息使用者进行决策时的影响程度来确定，进而确定该核算项目的精确程度。对于某一会计事项是否重要，除了严格按照有关会计法规的规定之外，更重要的是依赖于会计人员结合本企业具体情况所作出的专业判断。

（七）稳健性

“企业对交易或者事项进行会计确认、计量和报告应当保持应有的谨慎，不应高估资产或者收益、低估负债或者费用。”也就是企业在面对经济环境的不确定性因素，在使用专业判断、计量和披露会计信息时应当持谨慎（或稳健）的态度，必须选择避免高估资产和收益的方法进行会计处理。稳健性原则也称为谨慎性原则或审慎性原则。

市场经济总是与风险相伴的。为增强企业抗风险能力，避免风险一旦发生对企业正常生产经营造成严重影响，应对可能发生的损失和费用做出合理的预计，并提前在损益中予以确认。谨慎性原则的总体要求是预计可能的费用和损失，不预计可能的收入。目前，我国对应收账款计提坏账准备、对固定资产采用加速折旧法等都是谨慎性原则的体现。如某一经济业务有多种处理方法可供选择时，应采用不导致夸大资产虚增利润的方法。

谨慎性原则的目的在于避免虚夸资产和收益，抑制由此给企业带来的风险。谨慎性原则并不能与蓄意隐瞒利润、逃避纳税画上等号，因此，稳健性会计方法的运用应当受到相应的规范。

（八）及时性

“企业对于已经发生的交易或者事项，应当及时进行会计确认、计量和报告，不得提前或者延后。”会计核算工作要讲求实效，及时处理各项经济业务事项，以便于会计信息的及时利用。时过境迁的会计信息对决策者是无用的。

在市场经济条件下，企业竞争日趋激烈，各方面对会计信息的及时性要求越来越高，因而就要求企业要及时收集、加工和传递会计信息。如果会计核算不及时，就很难准确地反映企业在某一时点上的财务状况和一定时期的经营成果及现金流量。如果企业要通过提前或延后确认收入、费用，来人为地调节利润，会造成会计信息失真，这是绝对不允许的。各国对于财务会计报告的提供周期和报告时间都有规定。例如我国要求上市公司定期进行信息披露，应在会计年度前3个月、9个月结束后的30日内编制并披露季度报告,应在会计年度上半年结束后的2个月内编制半年度报告,应在会计年度结束后的4个月内编制并报送年度报告。

第三节　会计确认基础及会计确认要求

一、会计确认基础

会计确认基础是指合理确定一定会计期间的收入与费用,从而确定损益的标准。

企业单位在一定会计期间,为进行生产经营而发生的费用,可能在本期已经付出货币资金,也可能在本期尚未付出货币资金;所发生的收入,可能在本期已经收到货币资金,也可能在本期尚未收到货币资金。同时,本期发生的费用可能与本期收入的取得有关,也可能与本期收入的取得无关。对于诸如此类的经济业务如何处理,应以所采用的会计基础为依据。

目前,无论从会计的理论还是实务来看,可选择的会计确认基础一般只有两个,即权责发生制和收付实现制。

(一)权责发生制

权责发生制原则亦称应计基础、应计制原则,是指以实质取得收到现金的权利或支付现金的责任的发生为标志来确认本期收入和费用及债权和债务。即收入按现金收入及未来现金收入——债权的发生来确认;费用按现金支出及未来现金支出——债务的发生进行确认。而不是以现金的收入与支付来确认收入费用。按照权责发生制原则,凡是本期已经实现的收入和已经发生或应当负担的费用,不论其款项是否已经收付,都应作为当期的收入和费用处理;凡是不属于当期的收入和费用,即使款项已经在当期收付,都不应作为当期的收入和费用。例如,某企业单位在本月某日售给某购货单位产品一批,价值8 000元,货已成交,货款到下月才能收到。由于此项交易是在本月发生并已完成,已取得向购货单位的货款求偿权(债权),所以本月虽未实际收到此项货款,但仍应将其作为本月的收入处理。显然,按权责发生制处理有关收入与费用的经济业务,将使各有关会计期间损益的确定都更为合理。所以,我国《企业会计准则——总则》第九条规定,企业应当以权责发生制为基础进行会计确认、计量和报告。

(二)收付实现制

收付实现制又称现金收付基础,是以现金收到或付出为标准,来记录收入的实现和费用的发生。按照收付实现制,收入和费用的归属期间将与现金收支行为的发生与否紧密地联系在一起。换言之,现金收支行为在其发生的期间全部记作收入和费用,而不考虑与现金收支行为相连的经济业务实质上是否发生。

收付实现制是以款项的实际收付为标准来处理经济业务,确定本期收入和费用,计算本期盈亏的会计处理基础。在现金收付的基础上,凡在本期实际以现款付出的费用,不论其应否在本期收入中获得补偿均应作为本期应计费用处理,凡在本期实际收到的现款收入,不论其是否属于本期均应作为本期应计的收入处理;反之,凡本期还没有以现款收到的收入和没有用现款支付的费用,即使它归属于本期,也不作为本期的收入和费用处理。例如,大兴公司2012年3月份收到2011年应收销货款50 000元,存入银行,尽管该项收入不是2012年创造的,但因为该项收入是在2012年收到的,所以在现金收付基础上也作为2012年3月份的收入。

在收付实现制上,会计在处理经济业务时不考虑预收收入、预付费用以及应计收入和应计费用的问题,会计期末也不需要进行账项调整,因为实际收到的款项和付出的款项均已登记入账,所以可以根据账簿记录来直接确定本期的收入和费用,并加以对比以确定本期盈亏。这种处理方法的好处在于计算方法比较简单,也符合人们的生活习惯,但按照这种方法计算的盈亏不合理、不准确,所以《企业会计准则》规定企业不予采用,它主要应用于行政事业单位和个体户等。

二、会计确认要求

(一) 会计确认的含义

所谓会计确认,是指依据一定的标准,辨认哪些数据能否输入、何时输入会计信息系统以及如何进行报告的过程。会计确认包括会计记录的确认和编制会计报表的确认。著名会计学家葛家澍教授在其著名的《会计学导论》中对会计确认所下的定义是:“所谓会计确认,是指通过一定的标准,辨认应予输入会计信息系统的经济数据,确定这些数据应加以记录的会计对象的要素,进一步还要确定已记录和加工的信息是否全部列入会计报表和如何列入会计报表。”美国财务会计准则委员会在第五号财务会计概念公告(Statement of Financial Accounting Concepts,SFAC NO. 5)中将“确认”定义为:把一个事项作为一项资产、负债、收入和费用等正式加以记录和列入财务报表的过程。

1. *初始确认和再确认*

企业产生的交易或事项都是大量的,在众多的交易或事项中,有些是会计核算和监督的内容,有些则不属于会计核算和监督的范围。如企业根据各自的生产经营活动签订的购销合同、机器设备的利用情况、职工的构成等,虽然是企业的经济业务,而且对企业的最终经营成果也会产生影响,但它们无法按照会计处理系统的特有方法直接进行加工处理。因此,在会计核算系统正式接收、记录经济业务的有关数据之前,应进行必要的确认,以排除不属于会计核算范围的经济数据。一项经济业务是否属于会计核算范围,受到会计假设、会计目标和会计信息质量的制约,能够经过确认输入会计核算系统的经济信息,利用会计特有的方法进行分类、加工、记录、整理,最后汇总编制成财务报表,为管理者提供有助于经营管理的会计资料。为保证会计信息的使用价值,在会计核算系统正式输出信息之前,应进行必要的确认,归并一些非重要的经济数据,突出重要的数据,为此对经过确认进入会计处理系统的会计数据需要再进行一次确认,以保证输出的会计信息满足会计信息使用者的需要。因此,从会计处理的技术层面上看,会计确认主要包括围绕账户进行的初始确认和围绕财务报表进行的再确认。

(1) 初始确认。初始确认是指对输入会计核算系统的原始经济信息进行的确认,即针对某一项目或某项经济交易,确定其是否被记录为资产、负债、收入或费用,以及在什么账户中进行记录。这类原始经济信息的载体是伴随经济业务发生的原始凭证,所以初始确认从审核及填制原始凭证开始,对经济业务所产生的原始数据及其内容,包括经济业务的种类、执行单位、经手人、时间、地点、数量、单价、金额等,进行具体的识别、判断、选择和归类,以便对其进行正式的记录。初始确认要依据会计目标或会计核算的特定规范要求,筛选多余的或不可接受的数据,将筛选后有用的原始数据进行分类,运用复式记账法编制记账凭证,将经济信息转化为会计信息。初始确认实际上是经济信息能否转化为会计信息并进入会计处理系统的筛选过程。初始确认的标准主要是发生的经济业务能否用货币计量,如果发生的经济业务能够用货币计量,则通过了初始确认,可以进入会计处理系统;如果发生的经济业务不能用货币计量,则应摒弃在会计核算系统之外。

（2）再确认。再确认是指在初始确认的基础上按会计信息使用者的要求对各项数据进行筛选、浓缩，并确定是否最终作为财务报表相关项目的内容。经过初始确认的原始信息，借助于会计核算方法转化为账簿资料。为便于管理者使用，账簿资料还须依据管理者的需要，继续进行加工、浓缩、提炼，或加以扩充，重新归类、组合，即再确认。再确认是依据管理者的需要，确认账簿资料中哪些项目应列入财务报表，或是在财务报表中应揭示多少财务信息和何种财务信息。会计再确认包括对已确认过的经济数据在日后由于变动影响的确认，如企业购入的各种存货，经初始确认后，以实际成本记录在账簿中，若物价发生变动，按照谨慎性原则核算时，须对其变动影响进行再确认。再确认实际上是对已经形成的会计信息的再提纯、再加工，以保证其真实性及正确性，满足各会计信息使用者的需要。再确认的标准主要基于会计信息使用者的需要，会计输出的信息应是能够帮助会计信息使用者进行决策的信息。

很明显，初始确认与再确认的任务是不一样的。初始确认决定着经济信息能否转换成会计信息并进入会计核算系统，而再确认则是对经过加工的信息进行提纯。经过初始确认和再确认，可以保证会计信息的真实性和有用性。

2. 会计确认的标准

将一项交易或事项确认为账户记录和财务报表披露的内容，必须符合会计确认的标准。会计确认的标准可以分为两个层次。第一层次为会计确认的基本标准，此类标准强调不同会计要素确认的共性内容，具有普遍适用性；第二层次为各个不同会计要素确认的具体标准，此类标准强调不同会计要素确认的特殊性，具有针对性。

会计确认的基本标准可以归纳为以下四个方面：

（1）可定义性（definition）。可定义性是指被确认的项目应是通过经济活动产生的，其交易性质符合会计要素的要求。一般地讲，凡是企业经营活动过程中能够用货币计量的交易或事项都属于会计确认的范围。在具体会计工作中具有会计信息属性的经济信息应该可以具体化为会计要素，即资产、负债、所有者权益、收入、费用和利润等，按照这些要素的定义和特征加以确认，就是可定义性。即首先应确认发生的经济业务能否进入会计核算系统，然后对能够进入会计核算系统的经济业务按照会计要素的定义将其具体确认为某一会计要素。

（2）可计量性（measurability）。可计量性是指被确认的项目应当具有可靠的计价标准并能客观地加以计量。被计量的对象在计量特性方面往往具有多种计量属性，如长度、重量、体积、价值等。而具有会计意义的计量属性仅指计量客体的价值计量特征，即要求被确认的项目具有历史成本、现行成本、现行市价、可变现净值、现值或公允价值等其中的某项属性。

（3）可靠性（reliability）。可靠性是指所确认的项目的相关信息应如实反映经济活动，并且可验证和不偏不倚。首先是如实、完整地反映应当反映的交易或事项，这些交易或事项必须根据它们的实质和不带偏见的经济事实，而不仅仅根据它们的法律形式进行核算和反映。为此，在会计确认时，要认真审核原始凭证所记载的经济信息是否真实，辨别有关经济数据能否加以查证，输入的经济数据是否有客观可信的证据。但在许多情况下，必须估计成本或价值，如暂估料款等。使用合理的估计不会降低确认的可靠性，若无法做出合理的估计，则不能作为会计要素加以确认。

（4）相关性（relevance）。相关性是指所确认的项目的相关信息能够“导致决策差别”。相关性的概念作为确认的标准，是因为各方面信息使用者的需要不同。针对信息使用者的具体需要，排除不相关的数据，增进会计信息的有用性，如在财务报表中增加补充资料以满足不同使用者的需要。相关资料如果被拖延，就可能失去其相关性。为保证其相关性，会计人员应及时地提供资料。

在上述确认标准中，可定义性和可计量性是主要的标准。如果会计信息主要是为反映企业经营管理者的受托责任，会计确认则更强调信息的可靠性；如果会计信息主要是为满足会计信息使用者的需要，会计确认则更强调会计信息的相关性。因此，进行会计确认时应在可靠性和相关性之间权衡，以保证输出的信息能满足各方面的需要。

（二）会计确认与计量的要求

1. 划分收益性支出和资本性支出原则

企业的会计核算应当合理划分收益性支出与资本性支出的界限。凡支出的效益仅及于本年度（或一个营业周期）的，应当作为收益性支出；凡支出的效益及于几个会计年度（或几个营业周期）的，应当作为资本性支出。

这个原则要求在会计核算时应严格区分收益性支出与资本性支出的界限。这对于正确计算企业的本期损益有着重要的意义。收益性支出是为了取得本期收益而发生的支出，应转化为本期费用，由本期收入来补偿并列入利润表。资本性支出则是与几个会计年度收益相关的支出，应先转化为资产的成本，并列于资产负债表，然后随着资产连续不断地在不同时期的使用，逐渐、分次地转化为不同时期的费用，由不同时期的收入补偿。如果把收益性支出当作资本性支出就会虚减本期费用，虚增本期资产和利润；反之，如果把资本性支出当作收益性支出就会虚增本期费用，虚减本期资产和利润。因此，为了正确计算当期损益，必须贯彻划分收益性支出与资本性支出的原则。

2. 收入与费用配比原则

企业在进行会计核算时，收入与其成本、费用应当相互配比，同一会计期间内的各项收入与其相关的成本、费用，应当在该会计期间内确认。这个原则要求在一个会计期间内所获得的收入与为了获得此收入所耗费的成本、费用相配合，以求得本期的经营成果。

由于存在着会计分期前提条件，所以每个企业必须分期反映其经营成果。经营成果是企业收入与成本费用进行配合比较的结果。为了达到配比原则的要求，首先，应根据各种收入与成本费用的不同性质，来确定某项收入与其成本费用的因果关系；其次，应根据权责发生制来确定某项收入与其成本费用的时间关系。一个会计期间内的各项收入及与其相关的成本、费用，应当在同一期间内确认、计量和记录，进行比较，既不能提前，也不许延后。对于预支款项的费用，要递延到有关收入取得时才能确认为费用；对于与本期收入有关的尚未支付的费用，则应在本期内预提，以便正确计算出企业在该会计期间的经营成果，即利润或亏损。

3. 历史成本计量原则

历史成本原则亦称原始成本原则或实际成本原则，是指对会计要素的记录，应以经济业务发生时的取得成本为标准进行计量计价。《企业会计准则》规定，“在历史成本计量下，资产按照购置时支付的现金或者现金等价物的金额，或者按照购置资产时所付出的对价的公允价值计量。负债按照因承担现时义务而实际收到的款项或者资产的金额，或者承担现时义务的合同金额，或者按照日常活动中为偿还负债预期需要支付的现金或者现金等价物的金额计量。”

采用历史成本原则的初衷是认为资产负债表的目的不在于以市场价格表示企业资产的现状，而在于通过资本投入与资产形成的对比来反映企业的财务状况和经营业绩，这种对比须以历史成本为基础。遵循历史成本原则有其合理性：① 历史成本是指买、卖双方在市场上交易的结果，反映当时的市场价格，符合发生原则；② 历史成本有原始凭证作为依据，具备可验证性；③ 历史成本数据易于取得，简便易行，并与实现原则相联系；④ 历史成本计价无须经常调整账目，可防止随意改变会计记录，维护会计信息的可靠性。

复习思考题

1. 会计核算的基本假设有哪些？如何理解？
2. 会计信息质量要求有哪些？如何理解其在实际工作中的运用？
3. 什么是会计确认？会计确认的分类有哪些？
4. 会计确认的基础有几种方法？如何理解它们各自的特点？
5. 如何理解划分收益性支出和资本性支出原则的科学性？
6. 历史成本计量的优点有哪些？

第四章 账户与复式记账

【学习目标】

通过本章学习，了解设置会计科目的必要性，熟悉会计科目设置的原则，设置账户的必要性，账户的分类，掌握会计科目的内容，会计科目和账户的关系，账户的结构，掌握复式记账的原理，借贷记账法的基本内容、记账符号、账户结构、记账规则、试算平衡和会计分录的编制。

第一节 会计科目与会计账户

一、会计科目

(一) 设置会计科目的意义

企业经济活动的复杂性决定了会计核算的具体内容是十分复杂的。经济业务发生后会引起会计要素的增减变动。就企业而言，既有资产、负债及所有者权益运动的静态变化，又有收入、费用及利润的动态变化。一项具体经济业务的发生，只能影响会计要素中的个别项目发生变动，而不可能引起会计要素的全部内容变动。为了准确地记录每一项经济业务发生后引起的会计要素中个别项目发生的数量变动，必须对会计要素包括的具体内容进行科学的分类，并赋予每个类别一个特定的名称。这个名称就是会计科目。所以，会计科目就是对会计要素的具体内容进行科学分类的项目。

通过对会计要素的具体内容进行分析、比较，并结合经济管理的要求对会计要素的具体内容进行分类，给每一内容根据其共性取一个名称就是会计科目。如工业企业的各种厂房、机器设备及建筑物等的共性就是劳动资料，我们将其归为一类，根据其特点取名为“固定资产”；为了反映和监督负债和所有者权益的增减变动，企业应设置“短期借款”、“应付账款”、“长期借款”和“实收资本”、“资本公积”、“盈余公积”等科目。为了反映和监督收入、费用和利润的增减变动，企业应设置“主营业务收入”、“生产成本”，以及“本年利润”和“利润分配”等科目。科学地设置会计科目是会计方法体系中的重要内容，它对会计核算具有重要的现实意义。

通过设置会计科目，一方面可以对会计要素的具体项目进行分类；另一方面更为重要的是它规范了相同类别业务的核算范围、核算内容、核算方法和核算要求。设置会计科目是进行会计核算的一个重要环节，也是设置账户、处理账务所必须遵守的规则和依据，是正确组织会计核算的一个重要条件。

(二) 设置会计科目的原则

会计科目的设置应考虑各企业的特点和具体情况。任何单位在设置会计科目时都应遵循以下基本原则：

1. 必须结合会计要素的特点，全面反映会计要素的内容

由于企业经济业务错综复杂，每一项经济业务都具有不同的经济内涵。要实现对会计要素项目的分类核算，就必须通过设置会计科目来明确地区分每个会计要素所属具体项目的核算差异，以及区分会计要素之间的质的差异。因此，在设置会计科目时就需要用不同的会计科目来反映企业的具体经济活动状况。例如，工业企业的主要经营活动是制造工业产品，因而必须设置反映生产耗费、成本计算和生产成果的会计科目；商业企业的基本经营活动是购进和销售商品，因而必须设置反映商品采购、商品销售以及在购销存环节发生的各项费用的会计科目；而行政事业单位则应设置反映经费收支情况的会计科目。

2. 既要符合企业内部经济管理的要求，又要符合对外报告满足宏观经济管理的要求

设置会计科目可以为企业内部经济管理提供必要的会计信息资料。因此，在设置会计科目时就必须考虑企业经济管理的要求。各个单位经济管理的要求不同，需要设置的会计科目也应有所不同。如国家对银行存款和现金两种货币资金的管理要求不同，为适应不同的管理要求，就应分别设置“库存现金”和“银行存款”科目。企业的性质及经营业务不同，设置会计科目时也应加以考虑。如实行经济核算的生产企业就必须设置“本年利润”和“利润分配”科目，而行政事业单位就不需设置“本年利润”和“利润分配”科目。企业除了为内部经营管理提供会计信息外，也要满足社会各方面对企业会计信息的需求，满足政府部门加强宏观经济管理的需要；满足企业的投资人、债权人以及潜在的客户对企业财务状况做出正确判断的需要等等。因此，在设置会计科目时要兼顾企业内外各方对会计信息的需求。

3. 既要保持统一性，又要考虑灵活性

所谓统一性，就是企业对一些主要会计科目的设置及其核算内容进行统一的规定，以保证会计核算的指标在一个部门乃至全国范围内能够进行综合汇总，分析利用。会计科目的设置，在我国是由国家财政部统一规定的。它包括会计科目的名称和核算的内容应尽可能地前后保持一致，对一些重要会计科目的核算内容应在全国范围和行业范围内统一起来。企业的会计科目应在保持统一性的前提下，考虑会计科目设置的灵活性。所谓灵活性，是指在保证提供统一核算指标的前提下，各单位可以根据本单位的具体情况和经济管理的要求，对统一规定的会计科目做必要的增补或合并。如工业企业“原材料”科目的设置，对于大中型企业，为了加强存货管理的需要，可以分别设置“原材料”、“燃料”和“包装物”等科目；对于小型企业，为简化材料核算，可以只设一个“原材料”科目。

4. 既要适应社会经济发展的需要，又要保持相对的稳定性

会计科目的设置，是由会计制度加以规定的。会计科目设置的稳定性，主要表现在会计科目的名称、含义方面，特别是每个科目的核算内容应保持相对稳定，以便在一定范围内综合汇总和在不同时期对比分析，这样可使会计核算资料具有可比性。同时，会计科目的发展也要与时俱进地适应社会经济环境的变化和企业新经济业务发展的需要。例如，随着商业信用的发展，为了反映和监督商品交易中的延期付款和延期交货而形成的债权债务的关系，核算中应该单独设置“预收账款”和“预付账款”科目，也就是把预收、预付账款的核算从“应收账款”和“应付账款”科目中分离出来。又如，随着技术市场的形成和专利法、商标法的实施，对企业拥有的专有技术、专利权、商标权等无形资产的价值及其变动情况，要专设“无形资产”科目予以反映等等。

5. 应保持会计科目总体上的完整性和会计科目之间的互斥性

完整性是指企业设置的一套会计科目，应能反映企业所有的经济业务，所有的经济业务都有特定的会计科目来反映，不能有遗漏。互斥性是指每个科目核算的内容互相排斥，不同的会计科目不能有相同的核算内容,否则,会造成会计核算上的不统一。保持会计科目的互斥性是保证会计核算的统一性、准确性以及会计信息可比性的重要条件。

(三) 会计科目的分类

1. 按会计科目核算的经济内容分类

会计科目按其核算的经济内容分类,可分为资产类会计科目、负债类会计科目、共同类会计科目、所有者权益类会计科目、成本类会计科目和损益类会计科目。会计科目按照其所反映的经济内容的分类是一种基本分类方式,是我们了解会计科目性质的直接依据。我国财政部2006年制定并颁布的《企业会计准则——应用指南》规定的会计科目共计156个,其中常用的会计科目见表4-1。

2. 按会计科目反映经济业务的详细程度分类

会计科目按其反映经济业务内容的详细程度,可分为总分类科目和明细分类科目。总分类科目(又称总账科目或一级科目)是指总括核算会计要素并提供总括会计信息的科目,如"固定资产"科目;明细分类科目(又称明细科目)是对总分类科目所含内容做得更为详细的分类,它能提供详细、具体的核算指标,如"应付账款"总分类科目下按照具体单位名称分设的明细分类科目,具体反映所欠该单位的货款金额。在我国,总分类科目一般由财政部统一制定,各单位在不影响会计核算工作和会计报表指标汇总的前提下,可以根据自身特点自行增设、删减或合并某些会计科目以满足会计核算的要求。明细分类科目除了会计准则规定设置的以外,一般由各单位根据实际需要自行设置。需要指出的是,也不是所有的总账科目都要设置明细科目,有的总分类科目就不需要设置明细分类科目,如"银行存款"通常不需要设置明细科目,这主要取决于企业的核算需要和管理需要。

有的总账科目由于其所反映的经济内容比较广泛,则在总分类科目下,先设置必要的二级科目,然后在二级科目下再分设明细科目。如为了反映固定资产的使用情况,在"固定资产"科目下设置"生产用固定资产"和"非生产用固定资产"等明细科目。又如,对于材料物资的核算可以设置"原材料"总分类科目,如果材料种类繁多,可以下设"金属材料"、"非金属材料"二级科目,然后再按材料名称设置三级科目。

(四) 会计科目的编号

为了明确会计科目的性质和所属类别,同时为了正确、迅速地在会计电算化中输入、调用、处理和输出会计科目,我国财政部对会计科目进行了统一编号。目前,总分类会计科目均采用四位数码编号,其中:

(1) 四位数码的千位数(即从左到右的第一个数),表示会计科目按照经济内容所属的分类类别,即会计科目大类。千位数的"1"表示资产类、"2"表示负债类、"3"表示共同类、"4"表示所有者权益、"5"表示成本类、"6"表示损益类。

(2) 四位数码的百位数(即从左到右的第二个数),表示会计科目在大类下所属的小类代码,凡是小类会计科目核算的内容都具有在业务性质、要素特征上具有基本一致或类似的特征。如编号为"1001"的会计科目的第二个"0",是指"1"大类(资产类)下面所属的货币资金类;又如,"1401"的会计科目中的"4"表示"1"大类(资产类)项目所属的存货资产类等等。

(3) 四位数码的十位和个位数(即从左到右的第三、第四个数),表示会计科目在各个小类别中的顺序号。我们从表4-1中的资产类会计科目可以看出,编号从"1001"、"1002"就直接跳到"1012",中间存在很多空号,这主要是为了企业如果发生货币资金类的业务,但不能在

“1001”、“1002”会计科目中进行核算时，可以增加设置“1003”、“1004”……会计科目用以核算。增加空号现象的目的主要是为了以后可以适时增加会计科目。

在实际工作中，很多总分类会计科目都设置有二级会计科目、三级会计科目等，此时都需要按照一定的规律对各级明细科目进行编号。对明细科目编号是在总分类会计科目编号后面增加编码。如“1012(其他货币资金)”会计科目下分别用“01”、“02”、“03”……表示“外埠存款”、“银行本票”、“银行汇票”……如“101201”表示“其他货币资金——外埠存款”科目。会计科目编号的构成如图 4-1 所示。

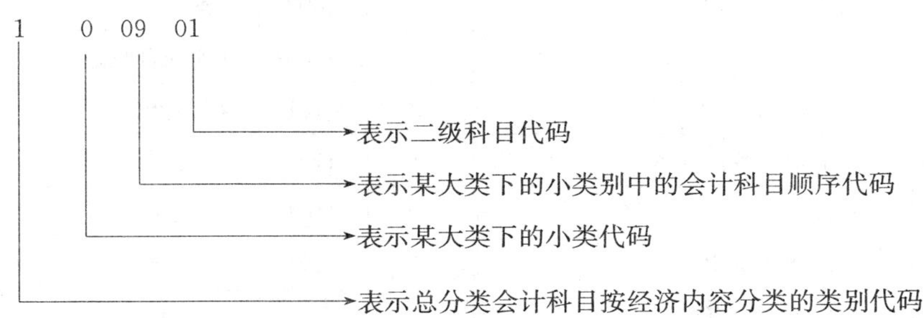

图 4-1　会计科目编号的构成

(五) 会计科目表

以下是常用的基本会计科目。如表 4-1 所示。

表 4-1　会计科目参照表

顺序号	编号	会计科目名称	顺序号	编号	会计科目名称
		一、资产类	16	1403	原材料
1	1001	库存现金	17	1404	材料成本差异
2	1002	银行存款	18	1405	库存商品
3	1012	其他货币资金	19	1406	发出商品
4	1101	交易性金融资产	20	1407	商品进销差价
5	1121	应收票据	21	1408	委托加工物资
6	1122	应收账款	22	1411	周转材料
7	1123	预付账款	23	1471	存货跌价准备
8	1124	待摊费用	24	1501	持有至到期投资
9	1131	应收股利	25	1502	持有至到期投资减值准备
10	1132	应收利息	26	1503	可供出售金融资产
11	1221	其他应收款	27	1511	长期股权投资
12	1231	坏账准备	28	1512	长期股权投资减值准备
13	1321	受托代销商品	29	1521	投资性房地产
14	1401	材料采购	30	1531	长期应收款
15	1402	在途物资	31	1601	固定资产

（续表）

顺序号	编号	会计科目名称	顺序号	编号	会计科目名称
32	1602	累计折旧	62	3201	套期工具
33	1603	固定资产减值准备	63	3202	被套期项目
34	1604	在建工程			四、所有者权益类
35	1605	工程物资	64	4001	实收资本(股本)
36	1606	固定资产清理	65	4002	资本公积
37	1701	无形资产	66	4003	其他综合收益
38	1702	累计摊销	67	4101	盈余公积
39	1703	无形资产减值准备	68	4103	本年利润
40	1711	商誉	69	4104	利润分配
41	1801	长期待摊费用	70	4201	库存股
42	1811	递延所得税资产			五、成本类
43	1901	待处理财产损溢	71	5001	生产成本
		二、负债类	72	5101	制造费用
44	2001	短期借款	73	5201	劳务成本
45	2101	交易性金融负债	74	5301	研发支出
46	2201	应付票据			六、损益类
47	2202	应付账款	75	6001	主营业务收入
48	2203	预收账款	76	6051	其他业务收入
49	2211	应付职工薪酬	77	6061	汇兑损益
50	2221	应交税费	78	6101	公允价值变动损益
51	2231	应付利息	79	6111	投资收益
52	2232	应付股利	80	6301	营业外收入
53	2241	其他应付款	81	6401	主营业务成本
54	2501	长期借款	82	6402	其他业务成本
55	2502	应付债券	83	6403	税金及附加
56	2701	长期应付款	84	6601	销售费用
57	2702	未确认融资费用	85	6602	管理费用
58	2711	专项应付款	86	6603	财务费用
59	2801	预计负债	87	6701	资产减值损失
60	2901	递延所得税负债	88	6711	营业外支出
		三、共同类	89	6801	所得税费用
61	3101	衍生工具	90	6901	以前年度损益调整

二、会计账户

（一）会计账户的概念

会计科目是对会计要素具体项目进行分类的项目，在进行会计核算时，不能直接用来记录经济业务的内容。如果要把企业发生的经济业务连续、系统、全面地反映和记录下来，提供各种会计信息，就需要有一个记录的载体，这个载体就是按照会计科目所规范的内容而设置的会计账户。通过账户中记录的各种分类数据可以生成各种有用的财务信息。

会计账户是对会计要素的具体内容进行科学分类、反映和监督并具有一定格式的工具，它是用来分类、连续、系统地记录和反映各种会计要素增减变化情况及其结果的一种手段。企业任何一项经济业务的发生都会引起会计要素数量上的增减变化，为了分门别类地反映经济业务引起的会计要素的增减变化，以便为日常管理提供核算资料就必须设置账户。如“原材料”账户是用来核算企业材料的收入、发出和结存的数量和金额，通过这个账户，可以了解企业原材料购入、发出和结存的情况。设置会计账户是对会计要素具体内容进行科学分类、反映和监督的一种会计核算方法。

设置会计科目的基本原则，对于设置会计账户是完全适用的。通过设置会计账户有利于科学合理地组织会计核算，从而提供企业管理所需要的会计信息资料；设置会计账户可以把金额核算与实物核算有机地结合起来，有效地控制财产物资；科学地设置会计账户体系可以全面、系统、综合地核算和反映企业生产经营的全貌；另外，科学地设置会计账户还有利于会计检查和会计分析。

（二）会计账户的基本结构

在经济生活中，企业每天都会发生大量的经济业务，即使你开设一家小商店，也会发生许多经济业务。如果需要反映这些经济业务，会计上必须首先解决有关经济数据的分类记录问题。为此，需要根据会计科目设置会计账户，通过会计账户记录各种分类的会计数据，以便在此基础上形成有用的财务会计信息。为了在账户中记录和反映各项经济业务，账户要有一定的结构。企业任何经济业务的发生，都必然会引起会计要素数量的变动，这种最基本的数量变动不外乎是增加和减少两个部分。因此，每个账户的结构也相应地分为左、右两个部分，一部分登记增加额，一部分登记减少额。

账户是依附于账簿而开设的。每一个具有基本结构的固定格式账户，又产生了账簿中的账页。一个账页的基本内容通常包括以下部分：

（1）账户的名称，即会计科目；

（2）经济业务发生的日期；

（3）账户的记录依据，即记账凭证的号码；

（4）经济业务发生的内容摘要；

（5）增加金额、减少金额及余额。

账户的基本格式如表 4－2 所示。

表 4-2　账户的基本格式

银行存款(账户名称)

××年		凭证		摘　要	借方	贷方	借或贷	余额
月	日	字	号					
12	1			期初余额			借	10 000
	2	收	1	销货款	2 000		借	12 000
	3	付	1	购办公品		1 500	借	10 500
	20	收	2	销货款	5 000		借	15 500
	28	付	2	付水电费		4 500	借	11 000
	30	付	3	付修理费		2 000	借	9 000
	31			本期发生额	7 000	8 000	借	9 000

为了便于理论分析和教学的需要，通常将会计账户的基本结构简化为 T 型账户或者“丁”字账户，如图 4-2 所示。

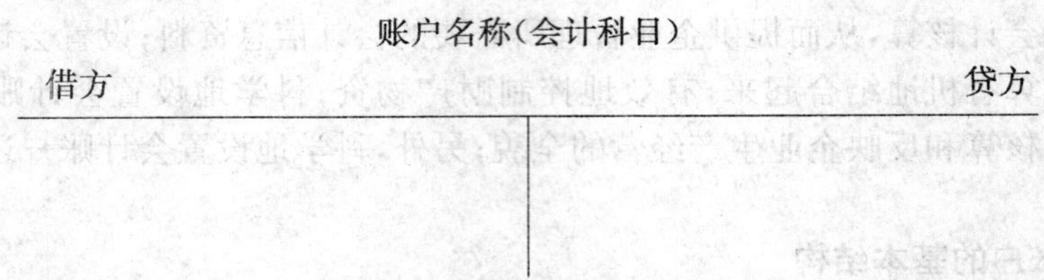

图 4-2　账户的基本结构(T 型账户)

《企业会计准则》规定，会计记账采用借贷记账法。在借贷记账法下的账户，其左方一律称为“借方”，右方一律称为“贷方”。至于哪一方登记增加数，哪一方登记减少数，需要根据经济业务的内容和会计账户的性质而定。各类账户的“借”、“贷”含义可概括如图 4-3 所示。

账户名称(会计科目)

借方	贷方
资产的增加	资产的减少
负债的减少	负债的增加
所有者权益的减少	所有者权益的增加
费用、成本的增加	费用、成本的减少
收入的减少	收入的增加
利润的减少	利润的增加

图 4-3　各类性质账户的“借”、“贷”含义

(三) 会计账户的四个指标

账户的基本结构中，其重要功能是能够反映某一项目数量变化的过程与结果，其核心为四个指标，即期初余额、本期增加发生额、本期减少发生额和期末余额。本期增加发生额是指一定时期内(如月份、季度和年度)，在账户的增加方所记数额的合计。本期减少发生额是指一定时期内，在账户的减少方所记数额的合计。本期增加发生额和本期减少发生额统称为本期发生额。账户的本期增加发生额和本期减少发生额相抵后的余额称为账户的余额。余额按其出现的时间不同，分为期初余额和期末余额。本期的期初余额就是上期的期末余额。

"银行存款"账户的结构如图 4－4 所示。

银行存款

借			贷		
期初余额	1/12	10 000	①	3/12	1 500
①	2/12	2 000	②	28/12	4 500
②	20/12	5 000	③	30/12	2 000
增加发生额		7 000	减少发生额		8 000
期末余额		9 000			

图 4－4　"T"字账户示意图

上图中，"银行存款"账户的期初余额为 10 000 元，本期增加发生额为 7 000 元，本期减少发生额为 8 000 元，期末余额为 9 000 元。因此，"银行存款"账户的四个指标之间的关系可以用以下公式表示：

期末余额＝期初余额＋增加发生额－减少发生额

＝10 000＋7 000－8 000

＝9 000(元)

资产类账户期末余额的计算公式如下：

期末余额＝期初余额＋本期借方发生额－本期贷方发生额

权益类账户期末余额的计算公式如下：

期末余额＝期初余额＋本期贷方发生额－本期借方发生额

三、会计账户与会计科目的关系

会计账户与会计科目是两个不同的概念，两者之间既有区别，又有联系。

会计账户与会计科目的联系表现在：两者都是对会计要素具体内容所进行的分类，会计科目是账户的名称，两者分类的口径和反映的经济内容一致。如"原材料"科目与"原材料"账户的核算内容、范围是完全相同的。

会计账户与会计科目的区别表现在：第一，会计科目只是名称，仅说明反映的经济内容是什么，而会计账户既有名称(账户的名称就是会计科目)又有结构，具有一定的格式，它既说明账户反映的经济内容是什么，又系统地反映和监督经济业务的增减变化情况；第二，会计科目主要是为了开设会计账户和填制会计凭证之用，而会计账户则是系统地提供某一具体会计要素的会计资料，是为了编制会计报表和经济管理之用。

由于会计科目与会计账户之间的联系与区别，在实际工作中，人们常常把两者等同起来，不加区别。因此，会计科目与会计账户是互相依存、缺一不可的，它们共同为反映会计要素具体内容服务。

第二节 复式记账的基本原理

一、记账方法概述

记账方法是指在账户中登记经济业务的方法。它是根据一定的原理和原则,运用货币计量单位,利用文字和数字记录经济业务的一种专门方法。

记账方法主要有单式记账法和复式记账法两种。

(一) 单式记账法

单式记账法是对发生的经济业务一般只在一个账户中进行记录的记账方法。在单式记账法下,除了对有关人欠、欠人的现金收付的经济业务需要在两个或两个以上的账户中各自反映外,对于其他经济业务只在一个账户中登记或不予登记。在单式记账法下,通常只设置“库存现金”、“银行存款”、“应收账款”和“应付账款”四个账户。

如企业用银行存款购买原材料一批,价值 100 000 元。该项经济业务的发生一方面导致银行存款减少 100 000 元,另一方面导致原材料增加 100 000 元。在单式记账法下发生的该项经济业务只记录“银行存款”账户减少 100 000 元,而“原材料”账户增加的 100 000 元则不予记录。若要核实原材料的结存数量和金额,只有期末对原材料进行盘点后才能查明。

单式记账法的缺点如下:

(1) 没有完整的账户体系,不能全面、完整地反映经济业务全貌;

(2) 由于采用单式记账只能反映经济业务的一个方面,不能对所有经济业务进行总体试算平衡;

(3) 各个会计记录的数据之间不存在相互的钩稽关系,一旦记账发生错误便不容易查找。

(二) 复式记账法

复式记账法是对任何一项经济业务都以相等的金额,同时在两个或两个以上相互联系的账户中进行全面登记的一种记账方法。按照复式记账法的要求,每一个会计要素项目都应分别设置账户,且其变化结果都应当在所涉及的账户中进行全面、相互联系的记录。

比如,以现金购买办公用品 100 元。该笔经济业务的发生,一方面使企业的现金减少了 100 元,另一方面使企业的管理费用增加了 100 元。在复式记账法下发生的该项经济业务既要记录“库存现金”账户减少 100 元,又要记录“管理费用”账户增加 100 元,从两个方面反映资金的来龙去脉。

复式记账法的特点如下:

(1) 复式记账法设有完整的账户体系。它既设有反映资产、负债和所有者权益的账户,又设有反映其经营过程以及所发生的收入和成本费用的账户;

(2) 采用复式记账法,对每一项经济业务都必须在两个或两个以上相互联系的账户中以相等的金额进行登记。通过复式记账能够反映经济业务的来龙去脉。

(3) 采用复式记账法可以对每一会计期间全部经济业务的会计记录进行试算平衡,便于核对和检查账户记录是否正确。

(4) 采用复式记账法有利于加强对经济业务的分析、考核和控制。

复式记账法按其技术上的特点不同,又可分为借贷记账法、增减记账法、资金收付记账法和预算资金收付记账法。借贷记账法是世界各国通用的一种记账方法。《企业会计准则》规定，从 1993 年 7 月 1 日起，我国企业、行政事业单位记账一律采用借贷记账法。

（三）单式记账法和复式记账法的比较

单式记账法和复式记账法的比较如表 4－3 所示。

表 4－3　单式记账法和复式记账法的比较

经济业务举例	单式记账法	复式记账法
（1）企业以银行存款支付业务招待费 1 000 元。	“银行存款”账户登记减少 1 000 元	“银行存款”账户登记减少 1 000 元 “管理费用”账户登记增加 1 000 元
（2）以银行存款偿还企业购入材料的货款 50 000 元。	“银行存款”账户登记减少50 000 元 “应付账款”账户登记减少50 000 元	“银行存款”账户登记减少 50 000 元 “应付账款”账户登记减少 50 000 元
（3）生产车间生产产品领用原材料 20 000 元。	会计上不进行处理	“生产成本”账户登记增加 20 000 元 “原材料”账户登记减少 20 000 元

二、复式记账的理论依据

复式记账法的理论依据在于，会计对象本身的矛盾运动和信息的本质属性以及这二者的有机结合。概括地说，就是会计恒等式，它是会计要素的矛盾运动和信息的本质属性的集中体现。

具体而言，复式记账法是以会计恒等式为依据所建立的一种记账方法，用以核算和监督经济活动过程中的价值运动。价值运动有运动和平衡两种状态。价值运动总是由一种价值转化为另一种价值，前者表现为来历，后者表现为去处。复式记账法既反映价值运动由来历向去处转化的动态，又反映来历等于去处的静态，从而全面反映会计对象运动的两种状态。价值的每次运动都有去处、来历，两者对应相等，所以价值运动的结果形成会计恒等式。

企业的经济业务千变万化，但经济业务发生后，从对由资产、负债和所有者权益构成的会计恒等式的影响来看，永远都不会破坏资产总额等于负债和所有者权益总额的平衡关系。复式记账法正是适应这一客观要求，把每一项经济业务引起的两个或两个以上会计要素各项目的变化记录到两个或两个以上相互联系的账户中，因为每一会计要素项目的变化从价值量上看，只有增加和减少两种信息，从变化的结果看必然符合会计恒等式。

第三节　借贷记账法

一、借贷记账法的含义

借贷记账法是以“借”和“贷”为记账符号，按照“有借必有贷，借贷必相等”的记账规则，对每一笔经济业务，都必须在两个或两个以上相互联系的账户中以相等的金额进行记录的一种复式记账法。

借贷记账法的科学性在于它可以全面地、相互联系地反映会计要素的增减变化情况，并根据会计要素中客观存在的恒等关系，检查账户记录的正确性。其理论依据是“资产＋费用＝负债＋所有者权益＋收入”会计方程式所包含的经济内容和数学上的恒等关系。

二、借贷记账法的符号

借贷记账法是以“借”、“贷”为记账符号，用来反映会计要素增减变动情况的一种记账方法。用“借”、“贷”来表明经济业务应记入有关账户的方向。

“借”、“贷”两字的原始含义最初是从借贷资本家的角度来解释的，分别表示债权（应收款）和债务（应付款）的增减变动。借贷资本家对收进的存款记在贷主的名下，表示债务，对付出的放款记在借主的名下，表示债权，这时候“借”、“贷”两字表示债权、债务的变化。随着社会经济的发展，经济活动的内容日益复杂，记录的经济业务已不再局限于货币资金的借贷业务，而逐渐扩展到财产物资、经营损益等等。为了求得账户记录的统一，对非货币资金借贷业务，也以“借”、“贷”两字记录其增减变动情况。这样“借”、“贷”两字就逐渐失去其原来的含义，而转化为纯粹的记账符号。

因此，现在讲的“借”、“贷”已失去其原来的字面含义，只作为记账符号使用，用以标明记账的方向。在借贷记账法下，它只是两个抽象的符号，而且在不同性质的账户中“借”、“贷”所反映的经济业务变化结果是不同的。一个账户中究竟是借方记录表示增加还是贷方记录表示增加，这得由账户的性质来决定。

三、借贷记账法下账户的结构

在借贷记账法下，账户按会计要素分设资产、负债、所有者权益、收入、费用和利润六大类，各类账户的左方统一称为借方，右方统一称为贷方。借贷记账法账户的结构是指账户的借方登记什么内容，贷方登记什么内容，余额应在哪一方。但哪一方登记增加，哪一方登记减少，则要根据账户所反映的经济内容决定，即不同性质账户的使用方法也不相同。下面就不同性质的账户结构，分别予以说明。

(1) 资产类账户。资产类账户的借方记录资产的增加数，贷方记录资产的减少数，余额一般在账户的借方，表明期末资产的结存数。

(2) 负债类账户。负债类账户的贷方记录负债的增加数，借方记录负债的减少数，余额一般在账户的贷方，表示期末负债的净额。

(3) 所有者权益类账户。所有者权益类账户的贷方记录所有者权益的增加数，借方记录所有者权益的减少数，余额一般在账户的贷方，表示所有者权益的结余额。

(4) 收入类账户。收入的增加视同所有者权益的增加，因此，收入类账户的结构与所有者权益类账户的结构相似，但又有区别，收入类账户没有期初余额和期末余额，只有本期发生额。其贷方记录收入的增加数，借方记录收入的减少数或转销数，期末结转后账户没有余额。

(5) 费用类账户。费用的增加视同所有者权益的减少，因此，费用类账户的结构与所有者权益类账户的结构相反，即费用的增加记录在账户的借方，费用的减少或转销记录在账户的贷方，期末一般没有账户余额。

(6) 利润类账户。利润类账户属于所有者权益账户，其贷方登记增加利润的各项收入，借方记录减少利润的各项费用和成本，期末余额在借方表示亏损总额，期末余额在贷方表示利润净额。

以上六类账户的结构及其“借”、“贷”的含义以及余额的方向如图 4－5、表 4－4 所示。

资产类账户

借方	贷方
期初余额 本期增加数	本期减少数
本期发生额 期末余额	本期发生额

负债类账户

借方	贷方
本期减少数	期初余额 本期增加数
本期发生额	本期发生额 期末余额

所有者权益类账户

借方	贷方
本期减少数	期初余额 本期增加数
本期发生额	本期发生额 期末余额

收入类账户

借方	贷方
本期减少数	本期增加数
本期发生额	本期发生额

费用类账户

借方	贷方
本期增加数	本期减少数
本期发生额	本期发生额

利润类账户

借方	贷方
本期减少数	期初余额 本期增加数
本期发生额	本期发生额 期末余额

图 4－5　六类账户的基本结构

表 4－4　六类账户基本结构的含义

账户性质	账户借方	账户贷方	账户余额
资产类账户	增加	减少	在借方
负债类账户	减少	增加	在贷方
所有者权益类账户	减少	增加	在贷方
收入类账户	减少(转销)	增加	一般无余额
费用类账户	增加	减少(转销)	一般无余额
利润类账户	减少	增加	可能在贷方

四、借贷记账法的记账规则

借贷记账法的记账规则是“有借必有贷，借贷必相等”。“有借必有贷”是指发生的任何一项经济业务，都必须在两个或两个以上的账户中同时进行登记，即在一个(或一个以上)的账户中作借方记录，在另一个(或一个以上)的账户中作贷方记录。“借贷必相等”是指同一项经济业务在有关账户中记录时，记入借方账户的金额必然等于记入贷方账户的金额。借贷记账法的记账规则是根据资金运动的规律加以确定的。

例如，12 月 3 日，企业从银行借入短期借款 20 000 元，存入银行。

该项经济业务的发生，一方面使资产中的银行存款增加了 20 000 元，另一方面使负债中的短期借款也增加了 20 000 元，企业的资产和负债总额同时增加了 20 000 元。该例中涉及"银行存款"和"短期借款"两个账户，按借贷记账法的记账规则，该项经济业务的账户记录如下图 4－6 所示：

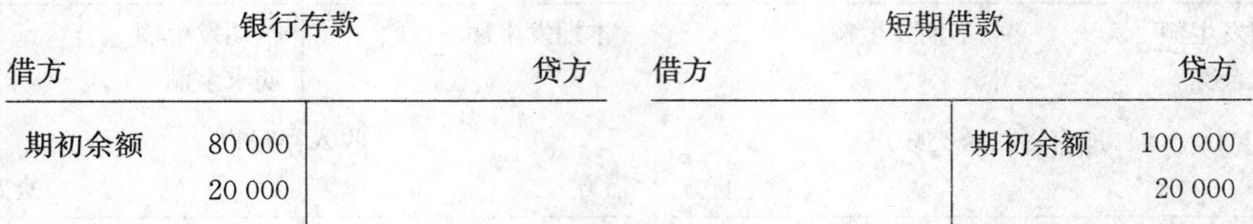

图 4－6 "银行存款"和"短期借款"账户的记录

在运用借贷记账法确定记账方向和进行会计记录时，应考虑以下三个问题：

(1) 经济业务的发生对哪些会计要素产生影响；

(2) 确定经济业务涉及哪些会计科目以及会计科目的性质；

(3) 根据会计科目所反映内容的增减，确定应记入的方向及金额。

五、账户的对应关系和会计分录

会计分录是运用复式记账法把经济业务所涉及的会计科目、借贷方向及金额按一定的格式所做的记录，也就是经济业务发生后应记入什么账户，是记入借方还是贷方，以及记入多少金额的一种文字记录。

会计实务中，通常采用会计分录将发生的经济业务简明扼要地记录下来。会计分录的书写格式是先借后贷，借贷错开；上借下贷，借贷平衡。在实际工作中，一般是通过编制记账凭证来完成这项工作。

以某企业 2012 年 9 月发生的经济业务为例，运用借贷记账法的记账规则说明会计分录的编制方法。

2012 年 8 月 31 日，该企业的资产负债表情况如下表 4－5 所示：

表 4－5 资产负债表

单位名称：某企业　　2012 年 8 月 31 日　　元

资　产	金　额	负债及所有者权益	金　额
库存现金	5 000	应付账款	30 000
银行存款	75 000	应付职工薪酬	2 000
原材料	64 000	实收资本	240 000
库存商品	150 000	利润分配	52 000
固定资产	30 000		
总　计	324 000	总　计	324 000

【例 4－1】 9 月 1 日，收到投资者追加投资现金 100 000 元，存入银行。

该项经济业务的发生涉及资产类的银行存款增加，所有者权益类的实收资本增加。按照资产类账户的结构，“银行存款”账户的增加记入借方；按照所有者权益类账户的结构，“实收资本”账户的增加记入贷方。编制会计分录如下：

借：银行存款　　100 000

　贷：实收资本　　100 000

【例 4－2】 9 月 4 日，采购生产用材料一批，价值 50 000 元，货款以银行存款支付。

该项经济业务的发生涉及资产类的原材料增加，资产类的银行存款减少。按照资产类账户的结构，“原材料”账户的增加记入借方；“银行存款”账户的减少记入贷方。编制会计分录如下：

借：原材料　　50 000

　贷：银行存款　　50 000

【例 4－3】 9 月 7 日，以现金 2 000 元支付员工工资。

该项经济业务的发生涉及资产类的库存现金减少，负债类的应付职工薪酬减少。按照资产类账户的结构，“库存现金”账户的减少记入贷方；按照负债类账户的结构，“应付职工薪酬”账户的减少记入借方。编制会计分录如下：

借：应付职工薪酬　　2 000

　贷：库存现金　　2 000

【例 4－4】 9 月 10 日，采购原材料一批，价值 120 000 元，其中，以银行存款付款 80 000 元，其余 40 000 元货款尚未支付。

该项经济业务的发生涉及资产类的原材料增加，资产类的银行存款减少，负债类的应付账款增加。按照资产类账户的结构，“原材料”账户的增加记入借方，“银行存款”账户的减少记入贷方；按照负债类账户的结构，“应付账款”账户的增加记入贷方。编制会计分录如下：

借：原材料　　120 000

　贷：银行存款　　80 000

　　应付账款　　40 000

【例 4－5】 9 月 13 日，将销售产品的收入 160 000 元存入银行。

该项经济业务的发生涉及资产类的银行存款增加，收入类的主营业务收入增加。按照资产类账户的结构，“银行存款”账户的增加记入借方；按照收入类账户的结构，“主营业务收入”账户的增加记入贷方。编制会计分录如下：

借：银行存款　　160 000

　贷：主营业务收入　　160 000

【例 4－6】 9 月 16 日，以银行存款归还前欠购材料的货款 30 000 元。

该项经济业务的发生涉及资产类的银行存款减少，负债类的应付账款减少。按照资产类账户的结构，“银行存款”账户的减少记入贷方；按照负债类账户的结构，“应付账款”账户的减少记入借方。编制会计分录如下：

借：应付账款　　30 000

　贷：银行存款　　30 000

【例 4－7】 9 月 30 日，结转本月已销产品的生产成本 100 000 元。

该项经济业务的发生涉及资产类的库存商品减少，费用类的主营业务成本增加。按照资产类账户的结构，"库存商品"账户的减少记入贷方；按照费用类账户的结构，"主营业务成本"账户的增加记入借方。编制会计分录如下：

借：主营业务成本　　　　100 000

　贷：库存商品　　　　100 000

【例 4－8】 9 月 30 日，计算本月应付销售部门职工工资 2 500 元。

该项经济业务的发生涉及费用类的销售费用增加，负债类的应付职工薪酬增加。按照费用类账户的结构，"销售费用"账户的增加记入借方；按照负债类账户的结构，"应付职工薪酬"账户的增加记入贷方。编制会计分录如下：

借：销售费用　　　　2 500

　贷：应付职工薪酬　　　　2 500

会计分录分为简单会计分录和复合会计分录两种。简单会计分录是指只涉及两个科目的会计分录，即借方和贷方都分别只有一个科目，如例 4－1 至例 4－3 以及例 4－5 至例 4－8。复合会计分录是指涉及两个以上科目的会计分录，即"一借多贷"，或"一贷多借"，也就是借方或贷方有两个或两个以上的科目，如例 4－4。复合会计分录是同类简单会计分录的联合。编制复合会计分录既能保证账户对应关系清楚，又能简化核算手续，是会计技术合理化的表现。

例 4－4 中的复合会计分录可以分解为以下两个简单会计分录：

借：原材料　　　　80 000

　贷：银行存款　　　　80 000

借：原材料　　　　40 000

　贷：应付账款　　　　40 000

在借贷记账法下，要求对每一项经济业务都要在两个或两个以上的相互联系的账户中进行登记。这样，所登记账户之间就形成了一定的对应关系，账户之间的这种相互对应的关系称为账户的对应关系。发生对应关系的账户称为对应账户。例 4－4 中，"银行存款"账户与"原材料"账户是对应账户，"原材料"账户与"应付账款"账户是对应账户。通过账户的对应关系，可以对每笔经济业务的内容及其来龙去脉一目了然。

我国强调会计分录的对应关系必须清楚。但在实际工作中还有一种复杂会计分录，即"多借多贷"的会计分录。这种复杂会计分录往往是将多个复合分录或简单分录合并编制而成，其账户对应关系不清楚，影响了会计核算的清晰性，应当尽量不编制这样的会计分录。例如：

借：银行存款　　　　7 000

　　应收账款　　　　4 700

　贷：主营业务收入　　　　10 000

　　　应交税费——应交增值税　　　　1 700

下面根据以上的举例，分别记入有关账户，进一步说明复式记账法的具体运用和不同性质账户的结构。会计实务中将这一过程称为过账。现将上述例题中根据 9 月份发生的经济业务编制的会计分录过入有关账户。如图 4－7 所示。

库存现金

借方		贷方	
期初余额	5 000		
		（3）	2 000
发生额	0	发生额	2 000
期末余额	3 000		

银行存款

借方		贷方	
期初余额	75 000		
（1）	100 000	（2）	50 000
（5）	160 000	（4）	80 000
		（6）	30 000
发生额	260 000	发生额	160 000
期末余额	175 000		

原材料

借方		贷方	
期初余额	64 000		
（2）	50 000		
（4）	120 000		
发生额	170 000	发生额	0
期末余额	234 000		

固定资产

借方		贷方	
期初余额	30 000		
发生额	0	发生额	0
期末余额	30 000		

库存商品

借方		贷方	
期初余额	150 000		
		（7）	100 000
发生额	0	发生额	100 000
期末余额	50 000		

销售费用

借方		贷方	
（8）	2 500		
发生额	2 500	发生额	0
期末余额	2 500		

应付账款

借方		贷方	
		期初余额	30 000
（6）	30 000	（4）	40 000
发生额	30 000	发生额	40 000
		期末余额	40 000

应付职工薪酬

借方		贷方	
		期初余额	2 000
（3）	2 000	（8）	2 500
发生额	2 000	发生额	2 500
		期末余额	2 500

实收资本

借方		贷方	
		期初余额	240 000
		（1）	100 000
发生额	0	发生额	100 000
		期末余额	340 000

利润分配

借方		贷方	
		期初余额	52 000
发生额	0	发生额	0
		期末余额	52 000

主营业务成本			
借方			贷方
(7)	100 000		
发生额	100 000	发生额	0
期末余额	100 000		

主营业务收入			
借方			贷方
		(5)	160 000
发生额	0	发生额	160 000
		期末余额	160 000

图 4-7　各账户的记录

六、借贷记账法的试算平衡

为了保证一定时期内所发生的经济业务在账户中登记的正确性，需要在一定时期终了时，根据会计等式的基本原理，对账户记录进行试算平衡。

试算平衡是根据各会计要素间的平衡关系来检查各类账户的记录是否正确的一种验证方法。借贷记账法对全部经济业务记录的试算是一种借贷直接平衡。

借贷直接平衡包括两个方面，一是全部账户的借方发生额合计数与全部账户的贷方发生额合计数相等，即发生额平衡法；二是全部账户的期末借方余额合计数与全部账户的期末贷方余额合计数相等，即余额平衡法。因此，可以采用两种方法编制试算平衡表。

（1）编制本期发生额试算平衡表。采用这种方法是根据借贷记账法的“有借必有贷，借贷必相等”的记账规则进行的。因为发生的每笔经济业务在账户中的记录是借方发生额等于贷方发生额，全部经济业务在账户中的记录，也必然是借方发生额合计数等于贷方发生额合计数。其用公式表示如下：

$$\sum \text{全部账户借方本期发生额} = \sum \text{全部账户贷方本期发生额}$$

（2）编制期末余额试算平衡表。采用这种方法是根据会计平衡公式“资产＝负债＋所有者权益”的原理进行的。因为账户的借方余额表示资产性质，账户的贷方余额表示负债或所有者权益性质，因此，全部账户的期末借方余额合计数等于全部账户的期末贷方余额合计数，实质上就是资产等于负债加所有者权益。其用公式表示如下：

$$\sum \text{全部账户的借方余额} = \sum \text{全部账户的贷方余额}$$

根据全部账户的本期发生额和余额编制的试算平衡表如表 4-6 所示。

表 4-6　账户发生额及余额试算平衡表

账户名称	期初余额		本期发生额		期末余额	
	借方	贷方	借方	贷方	借方	贷方
库存现金	5 000			2 000	3 000	
银行存款	75 000		260 000	160 000	175 000	
原材料	64 000		170 000		234 000	
库存商品	150 000			100 000	50 000	
固定资产	30 000				30 000	

（续表）

账户名称	期初余额		本期发生额		期末余额	
	借方	贷方	借方	贷方	借方	贷方
应付账款		30 000	30 000	40 000		40 000
应付职工薪酬		2 000	2 000	2 500		2 500
实收资本		240 000		100 000		340 000
利润分配		52 000				52 000
主营业务收入				160 000		160 000
主营业务成本			100 000		100 000	
销售费用			2 500		2 500	
合　计	324 000	324 000	564 500	564 500	594 500	594 500

总分类账户发生额及余额试算平衡表中的数字根据登记的每一总账的期初余额、借方发生额、贷方发生额、期末余额抄列。其中，期初余额根据上月月末的资产负债表的期末数抄列，本期发生额的借、贷方金额根据本期发生的金额汇总填列，汇总时按会计科目的借方和贷方分别汇总，期末余额根据各总分类账的期末余额填列。

应当指出，通过试算平衡表的编制可以检查出账户记录的错误，但并非所有账户记录中的错误都能利用试算平衡的方法予以揭露，如经济业务漏记、会计科目用错、经济业务重复记账等就不能揭示。为了纠正账簿记录中的这些错误，还必须定期或不定期地进行其他会计检查，以保证账簿记录的正确性。

复习思考题

1. 什么是会计科目？为什么要设置会计科目？
2. 设置会计科目应遵循哪些原则？
3. 会计科目按经济内容分为哪几类？
4. 什么是账户？为什么要设置账户？
5. 简述会计科目与账户的关系。
6. 什么是单式记账法？什么是复式记账法？它们各自具有哪些特点？
7. 试述借贷记账法账户的基本结构。
8. 借贷记账法的记账规则是什么？
9. 试述会计分录及其种类。

第五章　制造企业主要经济业务的核算

【学习目标】

通过本章学习，熟悉企业的基本经济业务类型，掌握资金筹集阶段账户设置及其核算，固定资产增加的账户设置及其核算，供应过程账户设置及其核算，生产过程账户设置及其核算，销售过程账户设置及其核算，财务成果账户设置及其核算，其他业务账户设置及其核算。

第一节　资金筹集业务的核算

一、资金筹资的主体和内容

（一）资金筹集的主体

资金筹集的主体是企业。企业是自主经营、自负盈亏的经济组织。企业从事生产经营的目的就是通过资源的合理配置，达到企业价值的最大化。而资金是企业的血液，资金筹集是企业开展生产经营的首要活动。资金筹集业务包括投资者投入资金和企业借入资金。

（二）资金筹集的内容

1. 投资者投入资金

投资者投入资金是指企业接受投资者投入的资本金。

2. 企业借入资金

企业借入资金是指企业向银行金融机构以及其他债权人借入的资金。企业借入的资金主要用来补充流动资金不足、扩大生产经营规模等的需要，借入的资金按照规定办理相关手续，到期还本付息。借入资金按照借款期限分为短期借款和长期借款。

短期借款是指企业向银行金融机构以及其他债权人借入的期限在1年以内(含1年)的各种借款；长期借款是指企业向银行金融机构以及其他债权人借入的期限在1年以上(不含1年)的各种借款。

二、投资者投入资金的核算

企业从投资者处筹集到的资金形成企业所有者权益的重要组成部分。企业所有者权益的来源包括所有者投入资本、直接计入所有者权益的利得和损失、盈余公积和未分配利润等。本节只介绍所有者权益中的实收资本和资本公积，盈余公积和未分配利润在财务成果的形成与分配中介绍。

（一）实收资本的含义和入账价值的确定

1. 实收资本的含义和分类

实收资本是指企业的投资者按照合同或章程、协议的规定，实际投入企业的资本金以及按照有关规定由资本公积、盈余公积转入资本的资金。它代表企业的实力，是企业生产经营的

"本钱",也是企业从事生产经营活动的物质基础和保证。注册资本和实收资本是两个不同的概念。注册资本是公司的法定资本,应与股本总额相符。实收资本是指公司已收缴入账的股本,只有足额缴入后,实收资本才等于注册资本。如果法律规定注册资本可以分期缴足的,则注册资本在缴足前就不等于实收资本。

投资者投入的资本金可以按照不同的方式分类。投资者投入的资本金按照投资主体的不同,可以分为国家资本金(企业接受国家投资而形成的资本金)、法人资本金(企业接受其他单位或企业的投资而形成的资本金)、个人资本金(企业接受个人包括企业内部职工的投资而形成的资本金)和外商资本金(企业接受外国及港澳台地区企业的投资而形成的资本金)四类;也可按照投入资本的物资形态分为货币资金投资、有形资产投资(如固定资产、原材料等)和无形资产投资(如专利权、商标权、土地所有权等)。

2. 实收资本入账价值的确定

投资者投入的货币资金包括库存现金、银行存款、银行汇票等,以实际收到的货币资金入账,如果是发行的股票按面值入账;投资者投入的实物资产包括机器设备、原材料等其他形式的投资,应对实物资产的价值进行评估,按评估确认价值入账;投资者投入的无形资产包括专利权、非专利技术、商标权、土地所有权等,应按双方同意接受的数额确定无形资产的价值,并以一些必要的文件作为处理的依据,如专利权证书等;对于实际收到的货币资金或投资各方确认的资产价值超过其在注册资本中所占的份额的部分,应作为超面额缴入资本,计入资本公积。

(二) 资本公积的含义及用途

资本公积是指投资者或者他人投入到企业、所有权归属于投资者,并且金额上超过法定资本部分的资本,它是企业所有者权益的重要组成部分。从实质上讲,它是一种准资本,是资本的一种储备形式。资本公积主要来源于所有者投入资本中的超过法定资本份额的部分和直接计入资本公积的各种利得或损失等。

企业在经营过程中由于种种原因,需要改变企业所有者投入资本的结构,对于形成的资本公积可以按照规定的用途使用。资本公积的主要用途就是转增资本,即在办理增资手续后用资本公积转增实收资本,按所有者原有的投资比例增加投资者的实收资本。

为了反映实收资本和资本公积的形成及其增减变化,企业应设置"实收资本"和"资本公积"账户进行会计核算。

"实收资本"(股份制企业使用"股本"账户)账户属于所有者权益类账户。该账户的贷方记录企业实际收到的投资者投入的资本(或股本)金,借方记录企业退回给投资者的资本(或股本)金,即投资者减资,本账户的余额在贷方,表示企业现有的注册资本(或股本)实有数额。当企业收到投资者作为资本投入的货币资金、有形资产和无形资产时,借记"银行存款"、"原材料"、"固定资产"、"无形资产"等账户,贷记本账户;按照规定减资时,借记本账户,贷记"银行存款"等账户。该账户按照投资者的类别、单位和个人设置明细账户进行明细核算。

"资本公积"账户属于所有者权益类账户。该账户的贷方记录企业因资本溢价等而收到的各种资本公积金的数额,借方记录企业将资本公积转作实收资本的数额,本账户余额在贷方,表示企业现有的资本公积实有数。另外,直接计入所有者权益的利得和损失,也在本账户核算。当企业接收投资者投入的资本等形成资本公积时,借记有关账户,贷记"实收资本"和本账户;当资本公积转增资本时,借记本账户,贷记"实收资本"账户。该账户一般可按"资本溢价"

(“股本溢价”)和“其他资本公积”设置明细分类账,进行明细分类核算。

下面举例说明实收资本和资本公积的会计核算。

【例 5-1】 根据投资协议,某公司收到金华公司投入的现金 1 000 000 元,款项已通过划转存入银行。

这项经济业务的发生,一方面使得该公司的银行存款增加 1 000 000 元;另一方面使得该公司所有者对公司的投资增加 1 000 000 元。因此,该项经济业务涉及“银行存款”和“实收资本”两个账户。银行存款的增加是资产的增加,记入“银行存款”账户的借方;所有者对公司投资的增加是所有者权益的增加,应记入“实收资本”账户的贷方。编制的会计分录如下:

借:银行存款　　1 000 000

　贷:实收资本——金华公司　　1 000 000

【例 5-2】 某公司收到大林公司投入的全新机器设备一台,发票价值 400 000 万元,增值税进项税额 64 000 元;收到投入的 A 材料一批,发票价值 200 000 元,增值税进项税额 32 000元。

这项经济业务的发生,一方面使得该公司的固定资产增加了 400 000 元,原材料增加了 200 000 元,企业接受固定资产和原材料投资的增值税税额视同购进,可以作为抵扣项目,所以应交税费减少了 96 000 元;另一方面也使得该公司实收资本增加了 696 000 元。因此,该项经济业务涉及“固定资产”、“原材料”、“应交税费”和“实收资本”四个账户。固定资产和原材料的增加属于资产的增加,记入“固定资产”和“原材料”账户的借方,应交税费的减少属于负债的减少,记入“应交税费”的借方,实收资本的增加属于所有者权益的增加,记入“实收资本”账户的贷方。编制的会计分录如下:

借:固定资产　　400 000

　原材料　　200 000

　应交税费——应交增值税(进项税额)　　96 000

　贷:实收资本——大林公司　　696 000

【例 5-3】 某公司接收大华公司以其拥有的商标权作为投资,双方协议约定的价值(公允价值)为 30 万元,已办妥相关手续。

这项经济业务的发生,一方面使得该公司的无形资产(商标权)增加 300 000 元;另一方面使得该公司所有者对公司的投资增加 300 000 元。因此,该项经济业务涉及“无形资产”和“实收资本”两个账户。商标权的增加属于资产的增加,记入“无形资产”账户的借方,所有者对公司投资的增加属于所有者权益的增加,记入“实收资本”账户的贷方。编制的会计分录如下:

借:无形资产——商标权　　300 000

　贷:实收资本——大华公司　　300 000

【例 5-4】 某公司对外发行股票 1 000 万股,每股面值 1 元,发行价为每股 10 元,发行费为 500 万元,发行股票的款项已通过划转到账。

这是一项筹资业务涉及超过法定份额资本的业务。其中,属于法定份额的部分计入实收资本,超过的部分计入资本公积。这项经济业务的发生,一方面使得该公司的银行存款增加 9 500万元;另一方使得该公司的所有者对公司的投资增加 1 000 万元(法定份额部分),而超过的部分 8 500 万元则计入资本公积。需要注意的是,股票发行过程的发行费,按照规定可以从发行收入中扣除。因此,该项业务涉及“银行存款”、“实收资本”和“资本公积”三个账户。银行存款的增加是资产的增加，记入“银行存款”账户的借方，实收资本和资本公积的增加属于所有者权益的增加，记入“实收资本”和“资本公积”账户的贷方。编制的会计分录如下：

借：银行存款　　95 000 000

　贷：实收资本　　10 000 000

　　资本公积——资本溢价　　85 000 000

三、企业借入资金的核算

（一）短期借款业务的核算

短期借款是指企业为了满足其生产经营活动对资金的临时需要而向银行或其他金融机构等借入的期限在1年以内（含1年）的各种借款。一般情况下，企业取得短期借款是为了维持正常的生产经营活动或为了抵偿某项债务。短期借款必须按期归还本金并按时支付利息。短期借款的利息支出属于企业在理财活动过程中为筹集资金而发生的一项耗费，在会计核算中，企业应将其作为期间费用（财务费用）加以确认。

由于短期借款利息的支付方式和支付时间不同，会计处理的方法也有一些区别。如果银行对企业的短期借款按月计收利息，或者虽在借款到期收回本金时一并收回利息，但利息数额不大，企业可以在收到银行计息通知或在实际支付利息时，直接将发生的利息费用计入当期损益；如果银行对企业的短期借款采取按季或半年等较长期间计收利息，或者是在借款到期收回本金时一并计收利息且利息数额较大，为了正确地计算各期损益，保持各个期间损益额的均衡性，企业通常按权责发生制核算要求，采取预提的方式按月预提借款利息，计入预提期间损益（财务费用），待季度或半年等结息期终了或到期支付利息时，再冲销应付利息这项负债。

在进行短期借款本金和利息的核算时，需要设置“短期借款”、“财务费用”和“应付利息”等账户。

“短期借款”账户属于负债类账户。该账户贷方记录从银行或其他金融机构取得的短期贷款，借方记录短期贷款的偿还数，本账户余额在贷方，表示期末尚未偿还的短期借款数额。当企业借入各种短期借款时，借记“银行存款”账户，贷记本账户；当企业归还借款时，借记本账户，贷记“银行存款”账户。该账户可按借款种类、贷款人设置明细账户，进行明细核算。

“财务费用”账户属于损益类账户。该账户用来核算企业为了筹集生产经营所需资金等而发生的各项筹资费用，包括利息支出（减利息收入）、佣金、汇兑损失（减汇兑收益）以及相关的手续费、企业发生的现金折扣或收到的现金折扣等。该账户借方记录企业发生的各项财务费用，贷方记录会计期末结转至“本年利润”账户的当期全部财务费用。结转后，该账户期末一般没有余额。“财务费用”账户应按费用项目设置明细账户，进行明细分类核算。这里需要指出的是，为购建固定资产而筹集长期资金所发生的借款利息等费用，在固定资产尚未完工交付使用前发生的，应予以资本化，计入该固定资产的购建成本，在“在建工程”账户中核算，不在该账户核算；在固定资产建造工程完工投入使用后发生的利息支出，则计入当期损益，记入该账户。

“应付利息”账户属于负债类账户。该账户用来核算企业已经发生但尚未实际支付的利息费用。该账户的贷方登记预先按照一定的标准提取的应由本期负担的利息费用，借方登记实际支付的利息费用。期末余额在贷方，表示已经预提但尚未支付的利息费用。该账户可按照费用种类设置明细账户，进行明细分类核算。

企业取得借款时，借记“银行存款”账户，贷记“短期借款”账户。期末计算借款利息时，借记“财务费用”账户，贷记“银行存款”或“应付利息”账户。偿还本金或利息时，借记“短期借款”、“应付利息”账户，贷记“银行存款”账户。采取预提办法核算短期借款利息费用时，如果实际支付的利息与预提的利息之间有差额，按已预提的利息金额，借记“应付利息”账户，按实际支付的利息金额与预提的金额的差额(尚未提取部分)，借记“财务费用”账户，按实际支付的利息金额，贷记“银行存款”账户。

【例 5-5】 某公司 2013 年 7 月 1 日获得中国工商银行提供的流动资金借款 500 000 元，期限为半年，贷款利率为 9%。贷款利息按季度支付。假设不考虑其他费用，该公司按月计提借款利息，到期还本付息。

(1) 2013 年 7 月 1 日，取得短期借款 500 000 元。

这项经济业务的发生，一方面使得该公司银行存款增加 500 000 元；另一方面使得该公司短期借款增加 500 000 元。因此，该项经济业务涉及“银行存款”和“短期借款”两个账户。银行存款的增加是资产的增加，应记入“银行存款”账户的借方；短期借款的增加是负债的增加，应记入“短期借款”账户的贷方。编制的会计分录如下：

借：银行存款　　500 000

　贷：短期借款——生产周转借款　　500 000

(2) 2013 年 7 月 31 日，按月计提借款利息。

这项经济业务的发生，首先应按照权责发生制的要求，计算本月应负担的利息额，本月应负担的利息为 3 750(500 000×9%÷12)元。借款费用是企业的一项财务费用，由于是按半年结算的，所以本月的利息虽然在本月计算并由本月负担，但却不在本月实际支付，因而一方面形成企业本月的一项费用(财务费用)，另一方面形成企业的一项负债(应付利息)。因此，该项经济业务涉及“财务费用”和“应付利息”两个账户。财务费用的增加属于费用的增加，记入“财务费用”账户的借方；应付利息的增加属于负债的增加，记入“应付利息”账户的贷方。编制的会计分录如下：

借：财务费用　　3 750

　贷：应付利息　　3 750

另外，8 月至 11 月月末的会计核算同上。

(3) 2013 年 12 月 31 日，计提 12 月份利息 3 750 元，并支付全部借款利息 22 500 元，同时归还本金 500 000 元。

这项经济业务的发生，可以分两步考虑。一是按照上例(2)计算 12 月份的利息，计入当月的期间费用(财务费用)，一方面使得该公司财务费用增加，另一方面使得负债(应付利息)增加，会计核算同上。二是借款到期支付本金和利息。一方面使得该公司借款本金减少 500 000 元和借款利息减少 22 500 元，另一方面使得银行存款减少 522 500 元。因此，该项经济业务涉及“财务费用”、“应付利息”、“短期借款”和“银行存款”四个账户。短期借款和应付利息的减少属于负债的减少，记入“短期借款”和“应付利息”账户的借方，财务费用的增加属于费用的增加，记入“财务费用”账户的借方，银行存款的减少属于资产的减少，记入“银行存款”账户的贷方。编制的会计分录如下：

借：短期借款　　500 000

　　应付利息　　18 750

　　财务费用　　3 750

　　贷：银行存款　　　　　　　　　　　　　　　　　　522 500

(二) 长期借款业务的核算

长期借款是指企业向银行及其他金融机构借入的偿还期限在1年以上或超过1年的一个营业周期以上的各种借款。一般来说，举借长期借款主要是为了增添大型固定资产、购置地产等，也就是为了扩充经营规模而增加各种长期耐用的固定资产。长期借款按照实际收到的贷款数额进行确认和计量。对于长期借款的利息可以进行利息费用化和利息资本化。

为了核算长期借款本金和利息的取得和偿还情况，需要设置“长期借款”账户。“长期借款”账户属于负债类账户。该账户的贷方记录从银行或其他金融机构取得的长期贷款，借方记录长期贷款的偿还数。本账户余额在贷方，表示期末尚未偿还的长期借款数额。当企业借入各种长期借款时，借记“银行存款”账户，贷记本账户；当企业归还借款时，借记本账户，贷记“银行存款”账户。该账户应分别设置“本金”、“利息调整”等明细账户，进行明细分类核算。

【例5-6】 某企业2013年12月1日从银行借入期限4年、年利率6%，到期一次还本付息的基建借款1 000 000元，存入银行。

这项经济业务的发生，一方面使得该企业银行存款增加1 000 000元；另一方面使得长期借款增加1 000 000元。因此，该项经济业务涉及“银行存款”和“长期借款”两个账户。银行存款的增加是资产的增加，记入“银行存款”账户的借方；长期借款的增加是负债的增加，记入“长期借款”账户的贷方。编制的会计分录如下：

借：银行存款　　　　　　　　　　　　　　1 000 000

　　贷：长期借款——本金　　　　　　　　　　　　1 000 000

关于长期借款利息的会计处理，在基础会计学中不予介绍。

第二节　固定资产取得业务的核算

一、固定资产概述

(一) 固定资产的含义

固定资产是企业赖以生存的物质基础，是企业产生效益的源泉，关系到企业的运营与发展，一般包括房屋建筑物、机器设备、运输车辆以及工具、器具等。固定资产是指同时具有下列两个特征的有形资产：① 为生产商品、提供劳务、出租或经营管理而持有的；② 使用寿命超过一个会计年度。从固定资产的含义看，固定资产具有以下三个特征：

第一，固定资产为有形资产。

固定资产具有的实物特征将它与无形资产区别开来。有些无形资产是为生产商品等而持有，使用寿命也超过一个会计年度，但不具有实物形态，所以不属于固定资产；还有的如工业企业所持有的工具、用具、备品备件等资产，施工企业所持有的模板、挡板、架料等资产都具有固定资产的某些特征(使用期超过1年)，但由于数量多、单价低，考虑到成本效益原则，在会计实务中通常确认为存货。

第二，固定资产是为生产商品、提供劳务、出租或经营管理而持有的。

这意味着，企业持有的固定资产是企业的劳动工具或手段，而不是直接用于出售的产品。但值得注意的是，以经营方式出租的建筑物不属于固定资产，属于企业的投资性房地产。

第三，固定资产的使用寿命超过一个会计年度。

固定资产的使用寿命通常是指使用固定资产的预计期间，如自用房屋建筑物的使用年限，机器设备、运输设备等所能生产产品或提供劳务的数量。固定资产的使用寿命超过一个会计年度，意味着固定资产属于长期资产，随着使用和磨损，通过计提折旧的方式其账面价值会逐渐减少。

(二) 固定资产的分类

企业的固定资产种类繁多、规格不一，为了加强管理，便于核算，对固定资产应进行分类。固定资产可以按照不同的标准进行分类。固定资产按其经济用途和使用情况可以分为以下几类：

1. 生产经营用固定资产

直接服务于企业生产经营过程的各种固定资产，如生产经营用的房屋、建筑物、机器设备、器具、工具等。

2. 非生产经营用固定资产

不直接服务于企业生产经营过程的各种固定资产，如职工宿舍、浴室、食堂等的房屋、设备以及其他固定资产等。

3. 租出固定资产

在经营租赁方式下出租给外单位使用的固定资产。

4. 不需用固定资产

本企业多余或不适用，需要调配处理的固定资产。

5. 未使用固定资产

已完工或已购建的尚未使用的新增固定资产，以及因进行改建、扩建等原因暂停使用的固定资产。

6. 融资租入固定资产

企业以融资租赁方式租入的固定资产。在租赁期间应视同自有固定资产进行管理。

固定资产的其他分类。固定资产按照经济用途分类，可以分为生产经营用固定资产和非生产经营用固定资产；按使用情况分类，可以分为使用中固定资产、未使用固定资产和不需用固定资产；按所有权分类，可以分为自有固定资产和租入固定资产。

(三) 固定资产的计价

固定资产的计价基础有两种：一是实际成本(原始成本或原始价值)计价，二是净值(折余价值)计价。

1. 实际成本(原始价值)计价

实际成本是购建固定资产达到预定使用状态前所发生的一切合理、必要的支出，它反映的是固定资产处于预定可使用状态时的实际成本。分析各项支出是否应当作为固定资产原始价值的内容时，要着重研究每项支出是否必须、是否合理。在会计实务中，会计准则和会计制度具体规定了企业以不同方式(如购入、建造、投资者投入、融资租入、接受捐赠、改建和扩建等)取得固定资产的原始价值的具体内容。如购入固定资产的原始价值包括买价、支付的运输费、保险费、包装费、安装调试费以及缴纳的税金(不包括支付的增值税)等。至于其他途径取得的固定资产，如自行购建固定资产、接受投资取得的固定资产、接受抵债取得的固定资产等将在其他有关专业课程中介绍，本教材中只介绍外购取得的固定资产的核算。

取得固定资产以后，在其持续的使用期内还会发生一些其他的后续支出，如增添、更换、改建和扩建、改良、修理等支出。对于这些支出应当依据“划分资本性支出和收益性支出”的会计原则进行分析和处理。对于资本性支出应当资本化，而对于收益性支出则应费用化。

2. 净值(折余价值)计价

固定资产净值是指固定资产原始价值减去已提折旧后的净额。固定资产净值可以反映企业实际占用在固定资产上的资金数额和固定资产的新旧程度。这种计价方法主要用于计算盘盈、盘亏、毁损固定资产的溢余或损失等方面。

二、固定资产取得业务的核算

购入固定资产又分为购入不需安装的固定资产和购入需要安装的固定资产。不需安装的固定资产是指购入后可以直接交付使用的固定资产。这类固定资产在购入时按实际支付的买价、包装费、运输费以及缴纳的有关税金作为入账价值。需要安装的固定资产是指购入后需要经过安装以后才能交付使用的固定资产。这类固定资产的入账价值除了包括支付的买价、包装费、运输费以及缴纳的有关税金外，还包括安装调试费。

为了核算固定资产的取得和减少，企业应设置“固定资产”账户。“固定资产”账户属于资产类账户。它是用来核算企业拥有或控制的固定资产原价的增减变动及其结余情况。该账户的借方登记固定资产原价的增加数，贷方登记固定资产原价的减少数，期末余额在借方，表示固定资产原价的结存数。该账户应按照固定资产的种类设置明细账户，进行明细分类核算。

【例 5-7】 某公司 2013 年 4 月 1 日购入一台不需安装的新设备，专用发票上注明的价款为 200 000 元，增值税进项税额为 32 000 元，发生运杂费 2 500 元(为便于初学者学习，本书例题中涉及的运费均不考虑增值税问题)，款项全部以银行存款支付。

购入不需安装的固定资产意味着达到了预定可使用状态，在购买过程中发生的货款和运杂费支出 202 500(200 000+2 500)元，形成固定资产的取得成本，增值税作为进项税额记入“应交税费”账户的借方。这项经济业务的发生，一方面使得该公司固定资产取得成本增加 202 500 元，增值税进项税额增加 32 000 元；另一方面使得该公司银行存款减少 234 500 元。因此，该项经济业务涉及“固定资产”、“应交税费”和“银行存款”三个账户。固定资产的增加是资产的增加，记入“固定资产”账户的借方，增值税进项税额的增加是负债的减少，记入“应交税费”账户的借方；银行存款的减少是资产的减少，记入“银行存款”账户的贷方。编制的会计分录如下：

借：固定资产	202 500	
应交税费——应交增值税(进项税额)	32 000	
贷：银行存款		234 500

购入需要安装的固定资产，在未交付使用前所发生的全部成本，应先在“在建工程”账户中进行核算，竣工决算后再由“在建工程”账户转入“固定资产”账户。为了核算购入需要安装的固定资产和自行建造固定资产价值的变动过程及其结果，企业应设置“在建工程”账户。

“在建工程”账户属于资产类账户。它是用来核算企业为进行固定资产建设、安装、技术改造以及大修理等工程而发生的全部支出的情况。该账户的借方登记工程支出的增加数额，贷方登记结转完工工程的成本。期末余额在借方，表示未完工工程的成本。该账户按工程内容，如建筑工程、安装工程等设置明细账户，进行明细分类核算。

【例5-8】 某公司2013年5月10日购入一台需要安装的新机器设备,专用发票上注明的价款为500 000元,增值税进项税额为80 000元。发生包装费5 000元、运费2 000元,款项全部通过银行存款支付。设备投入安装。

由于这是一台需要安装的设备,因而购买过程中发生的货款和包装费、运费支出构成了购置固定资产的安装工程成本,在设备达到预定可使用状态前的这些支出应先在"在建工程"账户进行核算。这项经济业务的发生,一方面使得该公司的在建工程支出增加507 000(500 000+5 000+2 000)元,增值税进项税额增加80 000元;另一方面使得该公司的银行存款减少587 000元。因此,该项经济业务涉及"在建工程"、"应交税费"和"银行存款"三个账户。在建工程的增加属于资产的增加,记入"在建工程"账户的借方,增值税进项税额的增加属于负债的减少,记入"应交税费"账户的借方;银行存款的减少属于资产的减少,记入"银行存款"账户的贷方。编制的会计分录如下:

借:在建工程——设备安装工程	507 000
应交税费——应交增值税(进项税额)	80 000
贷:银行存款	587 000

【例5-9】 承例5-8,该公司在上述设备安装工程中发生以下安装费用:安装设备时领用原材料一批,价值20 000元,支付安装工人工资4 000元。

设备在安装工程中发生的安装费也构成固定资产安装工程成本。这项经济业务的发生,一方面使得该公司固定资产安装工程支出(安装费)增加24 000元;另一方面使得该公司的原材料减少20 000元,应付职工薪酬增加4 000元。因此,该项经济业务涉及"在建工程"、"原材料"和"应付职工薪酬"三个账户。在建工程支出的增加是资产的增加,记入"在建工程"账户的借方;原材料的减少是资产的减少,记入"原材料"账户的贷方,应付职工薪酬的增加是负债的增加,记入"应付职工薪酬"账户的贷方。编制的会计分录如下:

借:在建工程——设备安装工程	24 000	
贷:原材料		20 000
应付职工薪酬		4 000

【例5-10】 承例5-8和例5-9,设备安装完毕,达到预定可使用状态,并经验收合格办理竣工决算手续,现已交付使用,结转工程成本。

工程安装完毕交付使用,意味着固定资产的取得成本已经形成,于是可以将该工程的全部支出转入"固定资产"账户,设备安装工程的全部成本为531 000(507 000+24 000)元。这项经济业务的发生,一方面使得该公司的固定资产的取得成本增加531 000元;另一方面使得该公司在建工程成本减少531 000元。因此,这项经济业务涉及"固定资产"和"在建工程"两个账户。固定资产的增加是资产的增加,记入"固定资产"账户的借方;另一方面在建工程的减少是资产的减少,记入"在建工程"账户的贷方。编制的会计分录如下:

借:固定资产	531 000	
贷:在建工程——设备安装工程		531 000

第三节　供应过程业务的核算

一、材料采购业务的主要核算内容

企业采购业务是生产经营活动的准备环节,通过材料采购形成企业的储备资金。在采购活动中主要是取得原材料等生产物资。

企业储存备用的材料通常都是向外单位采购而取得。在材料采购过程中,一方面是企业从供应单位购进各种材料,计算购进材料的采购成本;另一方面,企业要按经济合同和约定的结算办法支付材料的买价和各种采购费用,并与供应单位发生货款结算关系。

企业购入的生产物资是企业的存货资产,按照会计准则的规定,存货的成本包括采购成本、加工成本和其他成本。其中,存货的采购成本包括买价(即发票价),以及使其处于可使用状态前发生的相关支出,如材料等生产物资的运杂费(运输费、装卸费、包装费、仓储费、保险费等)、运输途中的合理损耗、入库前的挑选整理费、购入物资负担的税金(如进口关税),以及其他可归属于存货采购成本的费用。不同方式取得的原材料,其成本确定方式不同,成本构成的内容也不一样。其中购入的原材料,其实际采购成本由以下几项内容构成:① 材料买价,它是指购货发票上所注明的货款金额;② 采购过程所发生的运杂费(包括运输费、包装费、装卸费、保险费、仓储费等,不包括按规定根据运输费的一定比例计算的可抵扣的增值税税额);③ 材料在运输途中发生的合理损耗(不包括不合理损耗和意外损耗);④ 材料在入库前发生的挑选整理费(包括挑选整理中发生的人工费支出和必要的损耗,并减去回收的下脚料价值);⑤ 按照规定计入材料采购成本的各种税金,如为国外进口材料支付的关税等;⑥ 其他费用,如大宗材料的市内运杂费等。以上第一项为直接费用,发生时直接计入材料采购成本,其余五项,凡能分清是某种材料直接负担的,可以直接计入材料的采购成本,不能分清的,应按材料的重量、体积等标准分配计入材料采购成本。

需要注意的是,采购人员的差旅费、专设采购机构的经费、市内零星运杂费等,一般不计入采购成本,而作为企业的管理费用处理。

二、材料采购业务设置的主要账户

当企业的生产规模较小,原材料种类不是很多,而且原材料收发业务又不是很频繁的情况下,企业可以按照实际成本计价方法组织原材料的收、发核算。原材料按实际成本计价方法进行日常收、发核算,其特点是从材料的收、发凭证到材料明细分类账和总分类账全部按实际成本计价。为了核算原材料在材料采购过程中的增减变动情况,企业应设置“在途物资”、“原材料”、“应付账款”、“应付票据”、“预付账款”、“应交税费”等账户。

(一)“在途物资”账户

“在途物资”账户属于资产类账户,用来核算企业采用实际成本进行材料物资日常核算时外购材料的买价和各种费用,据以计算,确定购入材料的实际采购成本。该账户的借方登记购入材料的实际采购成本(买价和采购费用);贷方登记已验收入库材料的实际采购成本,即对已验收入库的外购材料,在确定采购成本后,按其成本从“在途物资”账户的贷方转入“原材料”账户的借方;余额在借方,表示尚未运达企业或已运达企业但尚未验收入库的在途材料的实际成本。该账户按购入单位和材料品种或种类设置明细账，进行明细分类核算。

具体使用该账户时应注意，企业购入的材料，不论是否已经付款，一般都应该先记入该账户，在材料验收入库结转成本时，再将其成本转入“原材料”账户。

（二）“原材料”账户

“原材料”账户属于资产类账户，用来核算和监督企业库存材料的增减变动和结存情况。该账户借方登记已验收入库材料的实际采购成本；贷方登记发出材料的实际成本；期末余额在借方，表示库存材料的实际成本。该账户按材料的保管地点、类别、品种和规格设置明细分类账，进行明细分类核算。

（三）“应付账款”账户

“应付账款”账户属于负债类账户，用来核算和监督企业因采购材料等应付供应单位款项的增减变化。该账户贷方登记应付材料供应单位的款项；借方登记已偿还材料供应单位的款项；余额一般在贷方，表示尚未偿还的应付款项。该账户应按供应单位设置明细账，进行明细分类核算。

（四）“应付票据”账户

“应付票据”账户属于负债类账户，用来核算和监督与供应单位采用商业汇票（商业承兑汇票和银行承兑汇票）结算债务的情况。该账户贷方登记企业开出并承兑的商业汇票数额；借方登记企业到期偿还的应付票据数额；余额在贷方，表示尚未到期的应付商业汇票金额。企业应设置应付票据备查簿，详细登记每一票据的种类、签发日期、票面金额、收款人、付款日期和金额等详细资料。该账户应按票据种类、供应单位设置明细账，进行明细分类核算。

（五）“预付账款”账户

“预付账款”账户属于资产类账户，用来核算和监督企业因按照购货合同规定预付给供应单位款项而与供应单位发生的债权结算业务的情况。该账户借方登记企业向供应单位预付的款项金额，表明企业债权的增加；贷方登记企业收到供应单位提供的材料后冲销应付款项的金额，表明企业债权的减少；如为借方余额，表示实际预付而尚未结算的款项；如为贷方余额，表示应付大于预付数，应向供应单位补付的货款金额。该账户应按供应单位设置明细账，进行明细分类核算。

（六）“应交税费”账户

“应交税费”账户属于负债类账户，用来核算企业按照税法规定应缴纳的各种税费（不包括印花税）的计算与实际缴纳情况。该账户贷方登记计算出的各种应缴而未缴税费的增加，包括增值税、消费税、营业税、城市维护建税、所得税、资源税、房产税、土地使用税、车船使用税、教育费附加、矿产资源补偿费等；借方登记实际缴纳的各种税费。期末余额在贷方表示尚未缴纳税费的结余数；期末余额在借方表示多缴的税费。该账户应按照税费品种设置明细分类账，进行明细分类核算。

三、材料采购业务的会计核算

以下是某公司 2013 年 12 月份的材料采购业务，假设该公司为增值税一般纳税人，增值税税率为 17%。材料核算采用实际成本核算法。

【例 5－11】 12 月 1 日，该公司从北方公司购入 A 材料 1 000 千克，单价 30 元，取得的增值税专用发票上注明的材料价款 30 000 元，增值税税额 4 800 元，运杂费 700 元，收到发票等结算凭证，货款已经通过银行转账支付。

材料采购由材料的买价和采购费用构成。在材料采购过程中发生的支出 30 700(30 000+700)元就构成了 A 材料的采购成本。该项经济业务的发生,一方面使得该公司的在途材料成本增加 30 700 元,增值税进项税额增加 4 800 元;另一方面使得银行存款减少 35 500 元。该项经济业务涉及“在途物资”、“应交税费”和“银行存款”三个账户。在途材料的增加是资产的增加,记入“在途物资”账户的借方,增值税进项税额的增加是负债的减少,记入“应交税费”账户的借方;银行存款的减少是资产的减少,记入“银行存款”账户的贷方。编制的会计分录如下:

借:在途物资——A 材料　　30 700
　应交税费——应交增值税(进项税额)　　4 800
　贷:银行存款　　35 500

【例 5-12】　12 月 5 日,该公司从江北公司购入 B 材料 700 千克,每千克 60 元,C 材料 1 600 千克,每千克 200 元,取得的增值税专用发票上注明的材料价款 362 000 元,增值税税额 57 920 元。账单发票已到,货款及税金尚未支付。

这项经济业务的发生,一方面使得该公司购入 B 材料的买价增加 42 000 元,C 材料的买价增加 320 000 元,增值税进项税额增加 57 920 元;另一方面使得该公司应付购货单位的货款增加 419 920 元。因此,该项经济业务涉及“在途物资”、“应交税费”和“应付账款”三个账户。在途物资的增加是资产的增加,记入“在途物资”账户的借方,增值税进项税额的增加是负债的减少,记入“应交税费”账户的借方;应付账款的增加是负债的增加,记入“应付账款”账户的贷方。编制的会计分录如下:

借:在途物资——B 材料　　42 000
　　　　　——C 材料　　320 000
　应交税费——应交增值税(进项税额)　　57 920
　贷:应付账款——江北公司　　419 920

【例 5-13】　12 月 8 日,该公司从西江公司购入 D 材料 2 000 千克,每千克 40 元,取得的增值税专用发票上注明的材料价款 80 000 元,增值税税额 128 000 元,企业开出并承兑的 6 个月商业承兑汇票一张,材料尚未运达企业。另以银行存款支付运杂费 1 200 元。

这项经济业务的发生,一方面使得该公司的材料采购成本增加 81 200 元,其中,材料买价 80 000 元,采购费用 1 200 元,增值税进项税额增加 12 800 元;另一方面使得该公司应付票据增加93 600 元,银行存款减少 1 200 元。因此,该项经济业务涉及“在途物资”、“应交税费”、“应付票据”和“银行存款”四个账户。在途物资的增加是资产的增加,记入“在途物资”账户的借方,增值税进项税额的增加是负债的减少,记入“应交税费”账户的借方;应付票据的增加是负债的增加,记入“应付票据”账户的贷方,银行存款的减少是资产的减少,记入“银行存款”账户的贷方。编制的会计分录如下:

借:在途物资——D 材料　　81 200
　应交税费——应交增值税(进项税额)　　12 800
　贷:应付票据——西江公司　　92 800
　　银行存款　　1 200

【例 5-14】　12 月 9 日,以银行存款支付 5 日从江北公司购入材料(例 5-12)的运杂费 13 225 元,按照 B、C 材料的重量比例进行分摊。

采购费用进入采购成本有两种情况:一是为采购一种或一类材料而支付的采购费用,发生时直接计入该材料的采购成本，如例5-11和例5-13；二是采购两种以上材料而发生的共同采购费用，应该选择适当的标准在该批材料的各个品种之间进行分摊，以确定各种材料的实际采购成本，如本例。采购费用的分配标准一般有重量、体积和买价等。

分配时先计算分配率，再根据分配率计算各种材料应负担的采购费用。分配程序如下：

(1) 计算共同采购费用的分配率。

$$\text{共同采购费用分配率}=\frac{\text{共同采购费用}}{\sum \text{各种材料的分配标准(重量、体积、价值)}}$$

$$=\frac{13\,225}{700+1\,600}=5.75$$

(2) 分摊各材料应负担的采购费用。

某材料应分配的采购费用＝采购费用分配率×该材料的分配标准

B材料应分配的采购费用＝700×5.75＝4 025(元)

C材料应分配的采购费用＝1 600×5.75＝9 200(元)

(3) 根据计算结果，编制会计分录。

这项经济业务的发生，一方面使得该公司的材料采购成本增加13 225元，其中，B材料的采购成本增加4 025元，C材料的采购成本增加9 200元；另一方面使得该公司的银行存款减少13 225元。因此，该项经济业务涉及“在途物资”和“银行存款”两个账户。在途物资的增加是资产的增加，记入“在途物资”账户借方；银行存款的减少是资产的减少，记入“银行存款”账户的贷方。编制的会计分录如下：

借：在途物资——B材料	4 025	
——C材料	9 200	
贷：银行存款		13 225

【例5-15】 12月15日，按照购货合同规定，企业向立成公司预付材料购货款30 000元，以银行存款支付。

这项经济业务的发生，一方面使得该公司预付的货款增加30 000元；另一方面使得该公司的银行存款减少30 000元。因此，该项经济业务涉及“预付账款”和“银行存款”两个账户。预付账款的增加是资产的增加，记入“预付账款”账户的借方，银行存款的减少是资产的减少，记入“银行存款”账户的贷方。编制的会计分录如下：

借：预付账款——立成公司	30 000	
贷：银行存款		30 000

【例5-16】 12月20日，公司收到立成公司发来的A材料并验收入库。A材料950千克，每千克30元，合计28 500元，增值税进项税额4 560元，运杂费665元，用预付货款冲销30 000元，其余不足部分用银行存款支付。

这项经济业务的发生，一方面使得该公司的材料采购成本增加29 165(28 500＋665)元，增值税进项税额增加4 560元；另一方面使得该公司的预付账款减少30 000元，银行存款减少3 725(29 165＋4 560－30 000)元。因此，该项经济业务涉及“在途物资”、“应交税费”、“预付账款”和“银行存款”四个账户。在途物资的增加是资产的增加，记入“在途物资”账户的借方，增值税进项税额的增加是负债的减少，记入“应交税费”账户的借方；预付账款和银行存款的减少是资产的减少，记入“预付账款”和“银行存款”账户的贷方。编制的会计分录如下：

借：在途物资——A 材料　　29 165
　应交税费——应交增值税（进项税额）　　4 560
　贷：预付账款——立成公司　　30 000
　　银行存款　　3 725

【例 5－17】 12 月 21 日，开出转账支票支付 12 月 5 日（例 5－12）的购货款 423 540 元。

这项经济业务的发生，一方面使得该公司的应付账款减少 423 540 元；另一方面使得该公司的银行存款减少 423 540 元。因此，该项经济业务涉及“应付账款”和“银行存款”两个账户。应付账款的减少是负债的减少，记入“应付账款”账户的借方；银行存款的减少是资产的减少，记入“银行存款”账户的贷方。编制的会计分录如下：

借：应付账款——江北公司　　423 540
　贷：银行存款　　423 540

【例 5－18】 12 月 31 日，A、B、C、D 材料已验收入库，计算并结转 A、B、C、D 材料验收入库的实际采购成本。

购入材料的采购成本一般由买价和采购费用构成。材料采购成本的计算就是以采购的各种材料为成本计算对象来归集买价和采购费用，从而确定各种材料采购总成本和单位采购成本的一种方法。

采购成本计算的一般程序如下：

（1）根据材料采购明细账（见表 5－2、表 5－3、表 5－4、表 5－5）的有关资料编制材料采购成本计算表（见表 5－1）。

表 5－1　材料采购成本计算表

2013 年 12 月　　元

成本项目	A 材料（1 950 千克）		B 材料（700 千克）		C 材料（1 600 千克）		D 材料（2 000 千克）		合　计
	总成本	单位成本	总成本	单位成本	总成本	单位成本	总成本	单位成本	
买价	58 500	30.00	42 000	60.00	320 000	200.00	80 000	40.00	500 500
采购费用	1 365	0.70	4 025	5.75	9 200	5.75	1 200	0.60	15 790
采购成本	59 865	30.70	46 025	65.75	329 200	205.75	81 200	40.60	516 290

（2）根据材料采购成本计算表和材料入库单，将在途材料转入库存材料。

这项经济业务的发生，一方面使得该公司已验收入库材料的实际采购成本增加 516 290 元；另一方面使得该公司的材料采购支出结转 516 290 元。因此，该项经济业务涉及“原材料”和“在途物资”两个账户。库存材料成本的增加是资产的增加，记入“原材料”账户的借方；材料采购成本的结转是资产的减少，记入“在途物资”账户的贷方。编制的会计分录如下：

借：原材料——A 材料　　59 856
　　　　——B 材料　　46 025
　　　　——C 材料　　329 200
　　　　——D 材料　　81 200
　贷：在途物资——A 材料　　59 856
　　　　　　——B 材料　　46 025
　　　　　　——C 材料　　329 200

——D 材料　　　　　　　　　　　　　　　　81 200

表 5-2　在途物资明细账

材料名称:A 材料　　　　　　　　　　　　　　　　　　千克

2013 年		凭证		摘　要	借方金额			贷方	结余
月	日	字	号		买价	运杂费	小计		
12	1	例	11	购入	30 000	700	30 700		30 700
	20	例	16	购入	28 500	665	29 165		59 865
	31	例	18	入库				59 865	0

表 5-3　在途物资明细账

材料名称:B 材料　　　　　　　　　　　　　　　　　　千克

2013 年		凭证		摘　要	借方金额			贷方	结余
月	日	字	号		买价	运杂费	小计		
12	5	例	12	购入	42 000		42 000		42 000
	9	例	14	分配采购费用		4 025	4 025		46 025
	31	例	18	入库				46 025	0

表 5-4　在途物资明细账

材料名称:C 材料　　　　　　　　　　　　　　　　　　千克

2013 年		凭证		摘　要	借方金额			贷方	结余
月	日	字	号		买价	运杂费	小计		
12	5	例	12	购入	320 000		320 000		320 000
	9	例	14	分配采购费用		9 200	9 200		329 200
	31	例	18	入库				329 200	0

表 5-5　在途物资明细账

材料名称:D 材料　　　　　　　　　　　　　　　　　　千克

2013 年		凭证		摘　要	借方金额			贷方	结余
月	日	字	号		买价	运杂费	小计		
12	8	例	13	购入	80 000	1 200	81 200		81 200
	31	例	18	入库				81 200	0

第四节　生产过程业务的核算

一、产品生产业务核算的主要内容

产品生产阶段是劳动者利用劳动资料对劳动对象进行加工，使其成为产成品的过程。企业在生产经营过程中发生的各种耗费，是企业为获得收入而预先垫支并需要得到补偿的资金耗费，因而也是收入形成、实现的必要条件。产品的生产过程既是新产品的制造过程，也是物化劳动（如原材料消耗和机器设备折旧等）和活劳动（如生产工人工资）的消耗过程。

企业在生产过程发生的费用包括材料费用、人工费用、折旧费用、生产车间的共同耗费形成的制造费用、公司行政部门发生的各项费用形成的管理费用，以及财务费用和销售费用等。这些费用有的为直接费用，直接进入生产成本；有的为间接费用，通过分配进入生产成本；有的为期间费用，与产品生产没有关系而从当期收入中扣除。由此可见，费用和成本有着密切的联系，费用的发生过程也是成本的形成过程，费用是产品成本形成的基础。但是，成本与费用也有一定的区别，费用是在一定期间为了进行生产经营活动而发生的各种耗费，费用与发生的期间有关，即费用强调“期间”，而成本则是为了生产某一产品或提供某一劳务所消耗的费用，成本与产品直接相关，即成本强调“对象”。

在产品生产过程中，生产费用的发生、归集和分配以及完工产品的入库，是产品生产过程业务核算的主要内容。

二、原材料耗费业务的会计核算

企业通过供应过程采购的各种原材料，经验收入库后就形成了生产产品的物资储备，生产产品及其他方面领用时，就形成了材料费。在确定材料费时，会计人员应根据领料凭证区分车间、部门和材料的不同用途，根据材料发生的地点（部门）和用途进行归集，不同的地点（部门）和用途耗用的原材料分别记入“生产成本”、“制造费用”、“管理费用”“销售费用”等账户。对于生产某种产品耗用的原材料，计入该产品的生产成本明细账中的“直接材料”成本项目；为满足生产车间创造生产条件等需要而一般耗费的原材料先在“制造费用”账户归集，期终再与其他间接费用一起分配计入有关产品生产成本；而行政管理部门和销售部门耗费的原材料分别计入“管理费用”和“销售费用”账户中，从当期的收入中扣除。

为了反映和监督产品生产过程中各项费用的发生、归集和分配情况，正确地计算产品生产成本中的材料费，企业应设置“生产成本”和“制造费用”账户。

（一）“生产成本”账户

“生产成本”账户属于成本类账户，用于归集产品生产过程中发生的一切费用，计算产品的实际生产成本。该账户借方登记应计入产品成本的各项生产费用，包括直接计入产品成本的材料费、人工费和期末分配转入的制造费用；贷方登记结转完工产品的实际生产成本；余额在借方，表示生产过程中尚未完工的在产品的实际生产成本。该账户应按产品种类或类别设置明细账户，进行明细分类核算。

（二）“制造费用”账户

“制造费用”账户属于成本类账户，用于归集和分配企业在生产车间内为生产产品和提供劳务而发生的各种间接生产费用，包括生产车间管理人员的职工薪酬、机物料消耗、折旧费、办公费、修理费、水电费、发生季节性的停工损失等。该账户借方登记实际发生的各种制造费用；贷方登记分配转入"生产成本"账户借方的制造费用；月末一般无余额。该账户可按不同的车间部门和费用项目设置明细账户，进行明细核算。

生产部门领用材料时，需要填制领料单，向仓库办理领料手续，领取所需材料。仓库发出材料后，要将领料凭证传递到会计部门。会计部门将领料单进行汇总，编制"发出材料汇总表"，据以将本月发生的材料按其用途分配计入生产费用和其他有关费用。

【例 5-19】 海康公司本月材料仓库发出原材料情况如下表 5-6 所示。

表 5-6　发出材料汇总表

××年 12 月

元

项　目		A材料		B材料		C材料		材料耗用合计
		数量	金额	数量	金额	数量	金额	
生产产品领用	甲产品	1 000	30 700	200	13 150	100	20 575	64 425
	乙产品	800	24 560	400	26 300	200	41 150	92 010
生产车间一般耗用		400	12 280	100	6 575	100	20 575	39 430
行政部门耗用		150	4 605	100	6 575	100	20 575	31 755
合　计		2 350	72 145	800	52 600	500	102 875	227 620

从表 5-6 中可以看出，该公司的材料费可以分为三个部分：第一部分为直接用于产品生产的直接材料费用，甲产品耗用 64 425 元、乙产品耗用 92 010 元；第二部分为车间一般性消耗的材料费 39 430 元；第三部分为行政管理部门一般性消耗的材料费 31 755 元。这项经济业务的发生，一方面使得该公司生产产品的直接材料费增加 156 435 元，车间间接材料费用增加 39 430 元，行政部门一般性材料费用增加 31 755 元；另一方面使得该公司的库存材料减少 227 620 元。因此，该项经济业务涉及"生产成本"、"制造费用"、"管理费用"和"原材料"四个账户。生产产品的直接材料费、生产车间一般性消耗材料费和行政部门消耗的材料费的增加是费用的增加，应分别记入"生产成本"、"制造费用"、"管理费用"等账户的借方；原材料的减少是资产的减少，应记入"原材料"账户的贷方。根据"发出材料汇总表"，编制会计分录如下：

借：生产成本——甲产品	64 425	
——乙产品	92 010	
制造费用	39 430	
管理费用	31 755	
贷：原材料——A材料		72 145
——B材料		52 600
——C材料		102 875

三、人工费用的核算

职工为企业服务，理应从企业获得一定的劳动报酬，也就是企业应向职工支付一定的薪酬。职工薪酬是指企业为获得职工提供的服务或解除劳动关系而给予各种形式的报酬或补偿。企业提供给职工配偶、子女、受赡养人、已故员工遗属及其他受益人等的福利，也属于职工薪酬，即用人的代价都属于职工薪酬。职工薪酬可分为短期薪酬、离职后福利、辞退福利和其他长期职工福利等四类。

短期福利是指企业在职工提供相关服务的年度报告期间结束后十二个月内需要全部予以支付的职工薪酬（因解除与职工的劳动关系给予的补偿除外），具体包括：职工工资、奖金、津贴和补贴，职工福利费，养老保险费、工伤保险费和生育保险费等社会保障费，住房公积金，工会经费和职工教育经费，短期带薪缺勤（企业支付工资或提供补偿的职工缺勤，包括带薪的年休假、病假、短期伤残、婚假、产假、丧假、探亲假等），短期利润分享计划（因职工提供服务而与职工达成的基于利润或其他经营成果提供薪酬的协议），非货币性福利以及其他短期薪酬。

离职后福利是指企业为获得职工提供的服务而在职工退休或与企业结出劳动关系后，提供的各种形式的报酬和福利（如养老保险、失业保险）。辞退福利是指企业在职工劳动合同到期之前解除与职工的劳动关系，或者为鼓励职工自愿接受裁减而给予职工的补偿。其他长期职工福利是指除短期薪酬、离职后福利、辞退福利之外所有的职工薪酬，包括长期带薪缺勤、长期残疾福利、长期利润分享计划等。

企业应当在职工为其提供服务的会计期间，将应付给职工的货币性职工薪酬确认为负债，它构成了企业的现时义务。职工工资除因解除与职工的劳动关系给予的补偿外（辞退福利一律计入“管理费用”账户），应当根据职工提供服务的受益对象，按照受益原则，谁用人谁负担，分别情况按照职工的工作部门和工作岗位分别处理：应由产品生产、提供劳务负担的职工薪酬，计入产品成本（记入“生产成本”账户）或劳务成本（记入“劳务成本”账户）；生产车间管理人员的职工薪酬为间接人工应记入“制造费用”账户；应由在建工程、无形资产负担的职工薪酬，计入建造固定资产（记入“在建工程”账户）或无形资产（记入“无形资产”账户）的成本；企业管理人员的职工薪酬和专设销售机构的经费分别记入“管理费用”和“销售费用”账户，在发生的当期从收入中扣除。

为了核算职工薪酬的发生和分配情况，企业应设置“应付职工薪酬”账户。“应付职工薪酬”账户属于负债类账户，用来核算企业根据有关规定应付给职工的各种薪酬，包括在应付职工薪酬总额内的各种应付职工薪酬、奖金、津贴和补贴、职工福利费、社会保险费（医疗、养老、失业、工伤、生育）、住房公积金、工会经费、职工教育经费、非货币性福利等。其贷方登记月末计算的职工薪酬总额；借方登记本月结转的代扣款和实际发放应付职工薪酬数，该账户如果有借方余额表示实际发放应付职工薪酬大于月末分配应付职工薪酬费用，即预付职工薪酬，该账户如果有贷方余额表示实际发放应付职工薪酬小于月末分配应付职工薪酬费用，即应付职工薪酬。

“应付职工薪酬”账户一般应无余额。如果企业本月实发应付职工薪酬是按上月考勤记录计算的，实发应付职工薪酬与按本月考勤记录计算的应付职工薪酬的差额，即为本账户的期末余额。如果企业实发应付职工薪酬与应付职工薪酬相差不大，则可以按本月实发应付职工薪酬作为应付职工薪酬进行分配，这样，应付职工薪酬账户期末无余额。

为了具体核算和监督应付职工薪酬的实际发放和月末分配情况，应付职工薪酬账户应当按照“工资”、“职工福利”、“社会保险费”、“住房公积金”、“工会经费”、“职工教育经费”等项目进行明细分类核算。

【例 5－20】 12 月 31 日，某公司根据当月的考勤记录等，计算确定本月应发工资为 10 万元，其中，生产甲产品的工人工资 30 000 元，生产乙产品的工人工资 20 000 元，车间管理人员工资 10 000 元，公司行政管理人员工资 18 000 元，公司专设销售机构人员工资 22 000 元。按照有关规定，公司按照职工工资总额的 14%计提职工福利。

应计入甲产品的职工薪酬＝30 000＋30 000×14%＝34 200 元

应计入乙产品的职工薪酬＝20 000＋20 000×14%＝22 800 元

应计入制造费用的职工薪酬＝10 000＋10 000×14%＝11 400 元

应计入管理费用的职工薪酬＝18 000＋18 000×14%＝20 520 元

应计入销售费用的职工薪酬＝22 000＋22 000×14%＝25 080 元

这项经济业务的发生，一方面使得该公司应付职工薪酬增加 10 万元；另一方面使得该公司的生产费用和期间费用增加 10 万元，其中，甲产品生产工人工资和福利费 34 200 元，乙产品生产工人工资和福利费 22 800 元，车间管理人员的工资和福利费 11 400 元，行政管理人员的工资和福利费 20 520 元，专职销售机构人员的工资和福利费 25 080 元。因此，该项经济业务涉及“生产成本”、“制造费用”、“管理费用”、“销售费用”和“应付职工薪酬”五个账户。生产工人工资作为直接生产费用应记入“生产成本”账户的借方，车间管理人员工资作为间接生产费用应记入“制造费用”账户的借方，行政管理人员的工资和专职销售机构人员的工资属于期间费用应计入“管理费用”和“销售费用”账户的借方；尚未支付的职工工资形成企业的负债的增加，应记入“应付职工薪酬”账户的贷方。编制的会计分录如下：

	借方	贷方
借：生产成本——甲产品	34 200	
——乙产品	22 800	
制造费用	11 400	
管理费用	20 520	
销售费用	20 580	
贷：应付职工薪酬——工资		100 000
——职工福利		14 000

【例 5-21】 承例 5-20，该公司开出转账支票，支付本月应发工资 10 万元。

这项经济业务的发生，一方面使得该公司的负债减少 10 万元；另一方面使得该公司的银行存款减少 10 万元。因此，该项经济业务涉及“应付职工薪酬”和“银行存款”两个账户。应发工资的减少是负债的减少，记入“应付职工薪酬”账户的借方，银行存款的减少是资产的减少，记入“银行存款”账户的贷方。编制的会计分录如下：

	借方	贷方
借：应付职工薪酬——工资	100 000	
贷：银行存款		100 000

四、制造费用的归集和分配的核算

(一) 制造费用的内容

制造费用是指产品制造企业为了组织生产车间生产产品和提供劳务而发生的各种间接费用。其主要内容包括企业的生产部门为组织和管理生产活动以及为生产活动服务而发生的费用，如车间管理人员的工资及福利费，生产车间使用的照明费、运输费、劳动保护费、机器设备的折旧费、机物料消耗等费用。具体来说，它包括以下三个方面：

(1) 间接用于产品生产的费用。如机物料消耗费用，机器设备折旧费、修理费、保险费，车间生产的照明费，劳动保护费等。

(2) 直接用于产品生产。但管理上不要求或者不便于独立核算，因而没有单独设置成本项目进行核算的某些费用。如生产工具的摊销费、设计制图费、试验费以及生产工艺用的动力费等。

(3) 车间用于组织和管理生产的费用。如车间管理人员工资及福利费，车间管理用固定资产折旧费及修理费，车间管理用具的摊销费，车间管理用的水电费、办公费、差旅费等。

(二) 制造费用分配结转的核算

为了归集和分配各种间接生产费用，企业应设置"累计折旧"和"长期待摊费用"账户。

(1) "累计折旧"账户。"累计折旧"账户属于资产类账户，用来核算企业固定资产累计计提的折旧情况。将固定资产累计计提的折旧从固定资产的原始价值中扣除，即为固定资产的净值。"累计折旧"账户是备抵调整"固定资产"账户的。按月计提固定资产折旧时，记入"累计折旧"账户贷方，表示固定资产因损耗而减少的价值；冲减出售、报废等固定资产的已提折旧时，记入"累计折旧"账户借方；余额在贷方，表示固定资产已提折旧的累计数。该账户只进行总分类核算，一般不设明细账户。

(2) "长期待摊费用"账户。"长期待摊费用"账户属于资产类账户，用来核算企业预先支付，应由本期和以后各期负担的摊销期超过 1 年以上的各种费用。该账户借方登记预先支付的各种款项，如预付的房租、开办费、设备大修理费等；贷方登记应摊销计入本期成本或损益的各种费用；期末余额在借方，表示已经支付但尚未摊销的费用。该账户可按费用的种类设置明细账户，进行明细分类核算。

下面举例说明制造费用的归集与分配的总分类核算。

【例 5－22】 某公司月末计提固定资产折旧 88 000 元。其中，生产车间计提固定资产折旧 68 600 元，行政部门固定资产折旧 11 400 元，销售部门固定资产折旧 8 000 元。

固定资产由于使用等原因会磨损，其磨损价值就是折旧，因而对固定资产应通过提取折旧的方式将其磨损价值计入当期成本或损益中去。提取固定资产折旧时，一方面意味着当期的成本费用增加，应按照固定资产的使用部门和用途计入相关的成本费用账户。其中，基本生产车间所使用的固定资产计提的折旧记入"制造费用"账户借方；管理部门使用的固定资产计提的折旧记入"管理费用"账户借方；销售部门使用的固定资产计提的折旧记入"销售费用"账户借方；经营租出的固定资产计提的折旧记入"其他业务成本"账户借方。另一方面固定资产已计提折旧额的增加，实际上是固定资产价值的减少，本应记入"固定资产"账户的贷方，但由于"固定资产"账户只能记录固定资产的取得成本，即原始价值(在固定资产使用期间，一般是不变的)，所以，对固定资产提取的折旧额就应记入"累计折旧"账户的贷方，表示固定资产已提折旧的增加。这笔经济业务的发生应编制的会计分录如下：

借：制造费用——折旧费　　68 600
　　管理费用——折旧费　　11 400
　　销售费用——折旧费　　8 000
　　贷：累计折旧　　88 000

【例 5－23】 某公司月末收到水电公司的账单，共计水电费 18 000 元，尚未支付。其中，用于车间生产和管理的水电费 12 000 元，行政管理部门的水电费 6 000 元。

这项经济业务的发生，一方面使得该公司间接生产成本增加 12 000 元，期间费用增加

6 000 元;另一方面使得该公司的负债增加 18 000 元。因此,该项经济业务涉及"制造费用"、"管理费用"和"应付账款"三个账户。间接生产成本和期间费用的增加是费用的增加,分别记入"制造费用"和"管理费用"账户的借方;应付账款的增加是负债的增加,记入"应付账款"账户的借方。编制的会计分录如下:

借:制造费用——水电费　　12 000
　　管理费用——水电费　　6 000
　　贷:应付账款——水电公司　　18 000

【例 5-24】 某公司开出转账支票支付今、明两年生产车间用房的租金 1 440 000 元。

长期待摊费用是指企业已经支付,但应由本期或以后各期成本费用分别负担,且分摊期在 1 年以上的各项费用。按照权责发生制原则的要求,确认费用时按是否受益来确定费用的归属期。该公司用银行存款支付以后两个年度的房屋租金,款项虽在本期支付,但其受益期显然不在本期而在以后两年内,因此,本期付款时,应将其作为一种等待摊销的费用处理。这项经济业务的发生,一方面使得该公司等待摊销的费用增加了,属于资产的增加,发生时应记入"长期待摊费用"账户的借方;另一方面用银行存款支付,意味着银行存款的减少,属于资产的减少,记入"银行存款"账户的贷方。编制的会计分录如下:

借:长期待摊费用——车间租金　　1 440 000
　　贷:银行存款　　1 440 000

【例 5-25】 承例 5-24,该公司月末摊销应由本月负担的上月已付款的生产车间的用房租金60 000元。

长期待摊费用的摊销方法通常采用按照受益期限进行平均摊销。房屋租金从本月起开始受益,每月应负担 60 000(1 440 000÷24)元。应由本月负担的部分应将其作为本期的费用处理。这笔经济业务是权责发生制的应用。摊销车间租金时,一方面使得该公司的制造费用增加 60 000 元;另一方面使得该公司的前期付款等待摊销的费用减少 60 000 元。因此,该项经济业务涉及"制造费用"和"长期待摊费用"两个账户。制造费用的增加属于费用的增加,记入"制造费用"账户的借方;长期待摊费用的减少属于资产的减少,记入"长期待摊费用"账户的贷方。编制的会计分录如下:

借:制造费用——车间租金　　60 000
　　贷:长期待摊费用——车间租金　　60 000

【例 5-26】 某公司用银行存款支付生产车间设备维修费 1 600 元,购买办公用品的费用为2 000 元。

这项经济业务的发生,一方面使得该公司制造费用增加 3 600 元;另一方面使得该公司的银行存款减少 3 600 元。因此,该项经济业务涉及"制造费用"和"银行存款"两个账户。制造费用的增加是费用的增加,记入"制造费用"账户的借方;银行存款的减少是资产的减少,记入"银行存款"账户的贷方。编制的会计分录如下:

借:制造费用——修理费　　1 600
　　　　　　——办公费　　2 000
　　贷:银行存款　　3 600

【例 5-27】 月末按照产品生产工时比例分配并结转本月制造费用。其中,甲产品生产工时 6 000 个,乙产品生产工时 4 000 个。

在实际工作中，制造费用的结转分如下两个步骤进行：

首先，通过“制造费用”明细账户按费用项目归集间接生产费用(见表5-7)。

表5-7　制造费用明细账

车间名称：总装车间

××年		凭证		摘　要	费用项目							合　计
月	日	字	号		材料	工资及福利费	折旧	水电	租金	修理费	办公费	
12	31	例	19	材料	39 430							39 430
	31	例	20	工资及福利费		11 400						11 400
	31	例	22	折旧			68 600					68 600
	31	例	23	水电费				12 000				12 000
	31	例	25	厂房租金					60 000			60 000
	31	例	26	修理费						1 600		1 600
	31	例	26	办公费							2 000	2 000
	31			本月合计	39 430	11 400	68 600	12 000	60 000	1 600	2 000	195 030

其次，期末按照一定分配标准先计算分配率，然后再按受益对象分配给各受益产品。制造费用的分配标准主要有生产工人工资、生产工人工时、机器工时、直接材料成本和直接总成本(包括直接材料和直接人工等直接生产成本)等。企业在选择制造费用的分配标准时应结合实际情况，选择与制造费用发生有直接关系的分配标准，以保证产品成本计算的正确性。如在一个现代化生产程度和机械化程度很高的企业，制造费用的分配标准应该首选机器工时等等。制造费用分配的计算公式如下：

$$制造费用分配率=\frac{制造费用总额}{\sum 各种产品的分配标准}=\frac{195\ 030}{6\ 000+4\ 000}=19.503$$

某种产品应分配的制造费用=制造费用分配率×该产品的分配标准

甲产品应分配的制造费用=19.503×6 000=117 018(元)

乙产品应分配的制造费用=19.503×4 000=78 012(元)

将分配的结果计入成本时，一方面使得该公司的产品生产费用增加195 030元；另一方面使得该公司的制造费用减少195 030元。因此，该项经济业务涉及“生产成本”和“制造费用”两个账户。生产成本的增加是费用的增加，记入“生产成本”账户的借方，制造费用的减少是费用的减少，记入“制造费用”账户的贷方。编制的会计分录如下：

借：生产成本——甲产品　　　117 018

　　　　　　——乙产品　　　78 012

　贷：制造费用　　　　　　　195 030

五、产品生产成本的归集、分配及结转的核算

(一) 产品生产成本的构成

计算产品生产成本一般要解决三个问题:一是确定成本计算期。在实际工作中一般是定期按月进行。二是确定成本计算对象。实际工作中可以按产品品种或产品批次确定成本计算对象。三是将生产过程发生的产品生产费用分配计入各相关产品,计算各产品的总成本和单位成本。各产品的生产费用是按照产品的成本项目进行归集的。产品的成本项目一般由以下三个方面构成:

1. 直接材料

直接材料是指企业为生产产品而耗用的原材料、辅助材料、外购半成品、燃料动力以及其他直接材料等。

2. 直接人工

直接人工是指直接从事产品生产的工人工资及福利费用等。

3. 制造费用

制造费用是指企业各生产单位为组织和管理生产所发生的各项间接费用,包括车间管理人员的工资及福利费、折旧费、修理费、机物料消耗、劳动保护费等等。

其中,直接材料和直接人工为直接生产费用,可以在费用发生时直接计入各种产品的生产成本;制造费用属于间接生产费用,发生后应该先按照车间汇总,然后采用一定的方法在各种产品之间进行分配。

(二) 生产成本的计算

产品的生产费用是通过生产成本明细账(见表5-8、表5-9)进行归集的,在生产成本明细账中应按照成本项目设置专栏。成本计算对象按产品的品种设置时,发生的生产费用也要按产品品种分别归集。

如果车间只生产一种产品,只需要为该产品开设一个明细账,明细账内按成本项目设立专栏。这时,车间内发生的所有生产费用都是直接生产费用,可以直接计入生产成本,不需要在不同的产品之间进行分配。

如果车间生产几种产品,在不能分清是为哪种产品所消耗的生产费用时,需要将归集的生产费用在各种产品之间、完工产品和在产品之间进行分配。

产品成本的计算方法和生产费用在完工产品与在产品之间分配的方法将在成本会计学中介绍,本教材不涉及。

【例5-28】 月末,某公司根据生产部门的生产报表和生产成本明细账的资料,计算并结转产品生产成本。

有关成本计算资料:生产部门本月报表显示:甲产品和乙产品各生产2 000台,均于本月投产,原材料一次性投入。其中,甲产品2 000台,本月全部完工,并验收入库;乙产品2 000台,本月完工1 000台,还有1 000台为在产品,按定额成本法结转成本。乙在产品定额工时为8 000小时。单位乙在产品各成本项目的定额成本为:原材料定额为47元,人工费用定额为1.7元,制造费用定额为1.5元。

产品成本计算的基本程序如下:

(1) 归集本月发生的生产费用。如表5-8和表5-9所示。

表 5-8　生产成本明细账

产品名称:甲产品

××年		凭证		摘　要	借　方(成本项目)			
月	日	字	号		直接材料	直接人工	制造费用	合　计
12	31	例	19	分配材料费	64 425			64 425
	31	例	20	分配工资费用		30 000		30 000
	31	例	20	分配福利费用		4 200		4 200
	31	例	27	分配制造费用			117 018	117 018
	31	例	28	结转完工产品成本(2 000 台)	64 425	34 200	117 018	215 643

表 5-9　生产成本明细账

产品名称:乙产品

××年		凭证		摘　要	借　方(成本项目)			
月	日	字	号		直接材料	直接人工	制造费用	合　计
12	31	例	19	分配材料费用	92 010			92 010
	31	例	20	分配工资费用		20 000		20 000
	31	例	20	分配福利费用		2 800		2 800
	31	例	27	分配制造费用			78 012	78 012
	31	例	28	结转完工产品成本(1 000 台)	45 010	9 200	66 012	120 222
				期末在产品成本	47 000	13 600	12 000	72 600

(2) 根据甲、乙产品生产成本明细账资料,编制完工产品成本计算单(见表 5-10)。

表 5-10　完工产品成本计算表

元

成本项目	甲产品(2 000 台)		乙产品(1 000 台)	
	总成本	单位成本(元/台)	总成本	单位成本(元/台)
直接材料	64 425	32.21	45 010	45.01
直接人工	34 200	17.10	9 200	9.20
制造费用	117 018	58.51	66 012	66.01
合　计	215 643	107.82	120 222	120.22

完工产品成本的计算公式如下:

完工产品生产成本=期初在产品成本+本期发生的生产费用-月末在产品成本

① 甲产品成本的计算方法。由于甲产品无期初余额,本月投入并全部完工入库,即期初和期末在产品成本为 0。完工产品成本就是本期发生的生产费用。所以:

甲产品完工产品成本=直接材料+直接人工+制造费用

=64 425+34 200+117 018=215 643(元)

② 乙产品成本的计算方法。乙产品全部为本月投产，即期初余额为 0。本月投产 2 000 台，完工 1 000 台。本月发生的生产费用要按一定的方法在完工产品和期末在产品之间进行分配。根据本例的要求，乙产品按定额成本法计算，其计算方法如下：

乙产品期末在产品成本＝材料定额＋人工定额＋制造费用定额

＝47×1 000＋8 000×(1.7＋1.5)＝72 600(元)

乙产品完工产品成本＝直接材料＋直接人工＋制造费用－期末在产品定额成本

＝92 010＋22 800＋78 012－72 600＝120 222(元)

或＝(92 010－47×1 000)＋(22 800－8 000×1.7)＋(78 012－8 000×1.5)

＝120 222(元)

(3) 结转本月完工产品的成本。

产品生产完工入库时，一方面使得该公司的库存商品成本增加，其中，甲产品成本增加 215 643 元，乙产品成本增加 120 222 元；另一方面由于结转入库商品成本实际成本使得生产过程占用的资金减少 335 865 元。因此，该项经济业务涉及"库存商品"和"生产成本"两个账户。库存商品成本的增加是资产的增加，记入"库存商品"账户的借方；生产成本的减少是费用的减少，记入"生产成本"账户的贷方。编制的会计分录如下：

借：库存商品——甲产品　　215 643

　　　　　　——乙产品　　120 222

　贷：生产成本——甲产品　　215 643

　　　　　　　——乙产品　　120 222

根据会计分录，将甲产品和乙产品生产成本的有关数据记入表 5－8 和表 5－9 中。

第五节　销售过程业务的核算

一、产品销售业务核算的主要内容

销售过程是资金回收的阶段，是企业出售产品收回货款的过程，也是企业生产经营过程的最后一个阶段。产品制造企业在销售过程中，通过产品销售，按照产品销售价格收取货款，形成产品销售收入。在销售过程中还要结转产品的生产成本，以及发生的运输、装卸、包装、广告等销售费用。按照国家税法的规定还要计算缴纳各种销售税金。企业从销售收入中扣除生产成本、销售费用、销售税金等后的差额就是企业的经营成果。除此之外，企业还要发生一些其他业务，如材料销售、固定资产出租等。因此，产品销售业务核算的主要内容有确认产品销售收入的实现，与购货单位结算货款，收回货款或取得收取货款的权利；结转已销商品成本；确认材料的销售收入的实现，结转材料的销售成本；支付销售费用；计算和缴纳销售税金以及确定产品销售的损益。

二、营业收入业务的核算

(一) 主营业务收入的核算

企业的主营业务范围包括销售商品、自制半成品、代制品、代修品以及提供工业劳务等。为了反映和监督企业销售产品或提供劳务所实现的收入以及因销售产品而与购买单位之间的款项结算，企业应设置“主营业务收入”、“应收账款”、“应收票据”、“预收账款”等账户。

1. “主营业务收入”账户

“主营业务收入”账户属于损益类，用于核算企业根据《收入准则》确认的销售产品、提供劳务等主营业务的收入。企业销售产品或提供劳务实现的销售收入，应按照实际收到或应收的价款，借记“银行存款”、“应收账款”、“应收票据”等账户；按销售收入的金额，贷记“主营业务收入”账户，按专用发票上注明的增值税税额，贷记“应交税费——应交增值税（销项税额）”账户；月末结转至“本年利润”账户时，借记“主营业务收入”账户，结转后本账户无余额。该账户一般按产品类别设置明细账，进行明细分类核算。

2. “应收账款”账户

本账户属于资产类账户，用于核算企业因销售产品、提供劳务而向购货单位收取的款项。发生应收账款时，记入“应收账款”账户借方；收回应收账款时，记入“应收账款”账户贷方；余额一般在借方，表示尚未收回的应收账款。该账户一般按购货单位名称设置明细账，进行明细分类核算。

3. “应收票据”账户

“应收票据”账户属于资产类账户。企业销售产品时购买单位采用商业汇票方式结算货款的，企业应设置“应收票据”账户。该账户用来反映和监督购买单位开出的商业汇票的结算情况。企业销售产品收到开具的商业汇票时，记入“应收票据”账户的借方；票据到期收回款项，记入“应收票据”账户的贷方；余额在借方，表示票据尚未到期而未收回的应收票据的金额。为了及时了解每一项应收票据的结算情况，企业应该设置应收票据备查簿，用来逐笔登记每一应收票据的详细资料，收到款后再逐笔注销。该账户一般按购货单位名称设置明细账，进行明细分类核算。

4. “预收账款”账户

“预收账款”账户是用来反映和监督企业预收货款的发生与偿付情况。企业由于业务的需要根据合同预收购买单位一定数量的货款就意味着企业负债的增加，应贷记“预收账款”账户；企业销售产品或者提供劳务以抵偿预收货款时，就意味着企业负债的减少，应借记“预收账款”账户；期末余额在贷方表示企业已经预收了货款，但尚未用产品或者劳务偿付这项款项。如果“预收账款”出现借方余额，则表示应由购货单位补付的预收账款，这时就属于“应收账款”性质。“预收账款”账户应按购买单位的名称设置明细账，进行明细分类核算。

下面举例说明主营业务收入的实现及货款结算的核算。

【例 5－29】　某公司向金通公司销售甲产品 100 台，每件售价 130 元，增值税专用发票上注明的价款为 13 000 元，增值税进项税额为 2 080 元，货款收回已存入银行。

这项经济业务的发生，一方面使得该公司的银行存款增加 15 210 元；另一方面使得该公司的产品销售收入增加 13 000 元，应交增值税销项税额增加 2 080 元。因此，该项经济业务涉及“银行存款”、“主营业务收入”和“应交税费”三个账户。银行存款的增加是资产的增加，记入“银行存款”账户的借方；产品销售收入的增加是收入的增加，记入“主营业务收入”账户的贷方，应交增值税的增加是负债的增加，记入“应交税费”账户的贷方。编制的会计分录如下：

借：银行存款	15 080	
贷：主营业务收入		13 000
应交税费——应交增值税（销项税额）		2 080

【例 5-30】 某公司向江海公司销售甲产品 500 台，每台售价 130 元，乙产品 800 台，每台售价 150 元，增值税专用发票上注明的价款为 185 000 元，增值税销项税额 29 600 元，商品已经发出，货款尚未收到。

这项经济业务的发生，一方面使得该公司的应收账款增加 214 600 元；另一方面使得该公司的产品销售收入增加 185 000 元，应交增值税销项税额增加 29 600 元。因此，该项经济业务涉及“应收账款”、“主营业务收入”和“应交税费”三个账户。应收账款的增加是资产的增加，记入“应收账款”账户的借方；产品销售收入的增加是收入的增加，记入“主营业务收入”账户的贷方，应交增值税的增加是负债的增加，记入“应交税费”账户的贷方。编制的会计分录如下：

借：应收账款——江海公司 214 600
　贷：主营业务收入 185 000
　　应交税费——应交增值税(销项税额) 29 600

【例 5-31】 某公司按照合同规定预收湖光公司预付的甲产品购货款 20 000 元，款项收到已存入银行。

这项经济业务的发生，一方面使得该公司的银行存款增加 20 000 元；另一方面使得该公司的预收款增加 20 000 元。因此，该项经济业务涉及“银行存款”、“预收账款”两个账户。银行存款的增加是资产的增加，记入“银行存款”账户的借方；预收款的增加是负债的增加，记入“预收账款”账户的贷方。编制的会计分录如下：

借：银行存款 20 000
　贷：预收账款——湖光公司 20 000

【例 5-32】 某企业采用商业汇票方式向西江公司销售乙产品 500 台，每台售价 150 元，增值税专用发票上注明的价款为 75 000 元，增值税税额为 12 000 元，收到该公司签发的包含全部价款的商业承兑汇票 1 张，期限为 3 个月。

这项经济业务的发生，一方面使得该公司的应收票据增加 87 000 元；另一方面使得该公司的产品销售收入增加 75 000 元，应交增值税销项税额增加 12 000 元。因此，该项经济业务涉及“应收票据”、“主营业务收入”和“应交税费”三个账户。应收票据的增加是资产的增加，记入“应收票据”账户的借方；产品销售收入的增加是收入的增加，记入“主营业务收入”账户的贷方，应交增值税的增加是负债的增加，记入“应交税费”账户的贷方。编制的会计分录如下：

借：应收票据——西江公司 87 000
　贷：主营业务收入 75 000
　　应交税费——应交增值税(销项税额) 12 000

3 个月后，商业承兑汇票到期，收回西江公司的全部货款 87 000 元。

这项经济业务的发生，一方面使得该公司的银行存款增加 87 000 元；另一方面使得该公司的应收票据减少 87 000 元。因此，该项经济业务涉及“银行存款”和“应收票据”两个账户。银行存款的增加是资产的增加，记入“银行存款”账户的借方，应收票据的减少是资产的减少，记入“应收票据”账户的贷方。编制的会计分录如下：

借：银行存款 87 000
　贷：应收票据——西江公司 87 000

【例 5-33】 承例 5-31，按照合同规定该企业向湖光公司发出甲产品 400 台，每台售价 130 元，增值税专用发票上注明的价款为 52 000 元，增值税销项税额为 8 320 元。用收到的预付款抵扣货款后的余额全部收回并存入银行。

公司原预收湖光公司的货款20 000元，而现在发货的价款为60 320(52 000＋8 320)元，款项的差额为40 320元。这项经济业务的发生，一方面使得该公司的预收账款减少20 000元，银行存款增加40 320元；另一方面使得该公司的产品销售收入增加52 000元，应交增值税销项税额增加8 320元。因此，该项经济业务涉及“预收账款”、“银行存款”、“主营业务收入”和“应交税费”四个账户。预收款的减少是负债的减少，记入“预收账款”账户的借方，银行存款的增加是资产的增加，记入“银行存款”账户的借方；产品销售收入的增加是收入的增加，记入“主营业务收入”账户的贷方，应交增值税的增加是负债的增加，记入“应交税费”账户的贷方。编制的会计分录如下：

借：预收账款——湖光公司　　20 000
　　银行存款　　40 320
　　贷：主营业务收入　　52 000
　　　　应交税费——应交增值税(销项税额)　　8 320

(二) 其他业务收入的核算

其他业务也称附营业务，是指企业在经营过程中发生的除主营业务以外的其他销售业务，一般包括材料销售、出租包装物、出租固定资产等。这里只介绍材料销售的会计核算。

为了反映和监督企业销售材料实现的收入以及因销售材料而与购买单位之间的货款结算，企业应设置“其他业务收入”账户。

“其他业务收入”账户属于损益类账户，用来核算企业除主营业务以外的其他业务收入的实现及其结转情况。该账户的贷方登记其他业务收入的实现，即增加；借方登记期末转入“本年利润”账户的数额；经过结转后，期末没有余额。本账户可按照其他业务收入的种类设置明细账，进行明细分类核算。

下面举例说明其他业务收入的核算。

【例5-34】 某企业出售多余的A材料800千克，每千克40元，增值税专用发票上注明的价款32 000元，增值税销项税额为5 120元，货款收回已存入银行。

这项经济业务的发生，一方面使得该公司的银行存款增加37 120元；另一方面使得该公司的材料销售收入增加32 000元，应交增值税销项税额增加5 120元。因此，该项经济业务涉及“银行存款”、“其他业务收入”和“应交税费”三个账户。银行存款的增加是资产的增加，记入“银行存款”账户的借方；材料销售收入的增加是收入的增加，记入“其他业务收入”账户的贷方，应交增值税的增加是负债的增加，记入“应交税费”账户的贷方。编制的会计分录如下：

借：银行存款　　37 120
　　贷：其他业务收入　　32 000
　　　　应交税费——应交增值税(销项税额)　　5 120

三、营业成本业务的核算

(一) 主营业务成本的核算

企业销售商品，一方面减少了库存的存货；另一方面为生产产品而垫支的生产资金就由生产成本转化为销售成本。这个转化也是遵循配比原则的具体表现。产品销售成本是指已销产品的生产成本。它是根据已销产品的销售量乘以单位生产成本而计算求得。主营业务成本的计算公式如下：

本期应结转的主营业务成本＝本期销售商品的数量×单位商品的生产成本

对于单位产品生产成本的确定，需要考虑期初库存商品成本和本期入库商品的生产成本情况，具体计算方法将在“财产清查”一章中加以介绍。

为了反映和监督主营业务成本的发生和结转情况，企业应设置“主营业务成本”账户。

“主营业务成本”账户属于损益类账户，用于核算企业根据《收入准则》确认销售产品、提供劳务等主营业务收入时应结转的成本。月末，企业应根据本月销售各种产品、提供各种劳务等的实际成本，计算应结转的主营业务成本时，借记“主营业务成本”账户；贷记“库存商品”账户；期末，应将“主营业务成本”账户的余额转入“本年利润”账户，结转后，“主营业务成本”账户应无余额。该账户一般可按产品类别设置明细账，进行明细分类核算。

【例 5-35】 月末，某企业计算并结转本期已销甲、乙产品的生产成本。其中，甲产品的单位生产成本为 107.82 元，乙产品的单位生产成本为 120.22 元(见例 5-28 的表 5-10)。

首先，计算甲产品和乙产品的销售成本。甲产品本月的销售数量为 1 000(100＋400＋500)台，其销售成本为 107 820(1 000×107.82)元，乙产品本月的销售数量为 1 300(800＋500)台，其销售成本为 156 286(1 300×120.22)元。这项经济业务的发生，一方面使得该公司的产品销售成本增加 264 106(107 820＋156 286)元；另一方面使得该公司的库存商品减少 264 106 元。因此，该项经济业务涉及“主营业务成本”和“库存商品”两个账户。产品销售成本的增加是费用的增加，记入“主营业务成本”账户的借方；库存商品的减少是资产的减少，记入“库存商品”账户的贷方。编制的会计分录如下：

借：主营业务成本——甲产品　　107 820

　　　　　　　　——乙产品　　156 286

　贷：库存商品——甲产品　　　　107 820

　　　　　　　——乙产品　　　　156 286

(二) 其他业务成本的核算

企业在实现其他业务收入的同时，往往会发生一些与其他业务有关的成本和费用，包括销售材料的成本、出租固定资产的折旧、出租无形资产的摊销额等。为了核算这些支出，企业应设置“其他业务成本”账户。

“其他业务成本”账户属于损益类账户，用来核算企业除主营业务以外的其他业务成本的发生及转销情况。该账户的借方登记其他业务成本，包括材料销售成本等的发生，即其他业务成本的增加；贷方登记期末转入“本年利润”账户的其他业务成本额；期末结转后没有余额。本账户按照其他业务成本的种类设置明细账户，进行明细分类核算。

这里需要注意的是，除主营业务活动以外的其他经营活动发生的相关税费，在“营业税金及附加”账户核算。

【例 5-36】 某公司计算并结转本期已售 A 原材料的销售成本。其中，A 材料的单位采购成本为 30.70 元(见例 5-18 的表 5-1)。

首先，计算 A 材料的销售成本。A 材料本月的销售数量为 800 千克(见例 5-34)，其销售成本为 24 560(800×30.70)元。这项经济业务的发生，一方面使得该公司的材料销售成本增加 24 560 元；另一方面使得该公司的库存材料减少 24 560 元。因此，该项经济业务涉及“其他业务成本”和“原材料”两个账户。材料销售成本的增加是费用的增加，记入“其他业务成本”账户的借方；库存材料的减少是资产的减少，记入“原材料”账户的贷方。编制的会计分录如下：

借：其他业务成本——A 材料　　24 560

　　贷：原材料——A 材料　　24 560

四、营业税金及附加的核算

企业在产品销售过程中，实现了商品的销售额，就应该向国家缴纳各种营业税金及附加，包括消费税、城市维护建设税、资源税以及教育费附加等税费。这些税一般根据当月的销售额或应税额，按照规定的税率计算。

城市维护建设税和教育费附加对缴纳增值税、消费税的单位和个人征收，以其实际缴纳的增值税、消费税额为计税依据，也就是说只要缴纳了“二税”，就必须缴纳城建税及教育费附加，并分别与增值税、消费税同时缴纳。城市维护建设税和教育费附加的征收比率分别为 7%和 3%。计算公式如下：

应交的消费税＝应税消费品的销售额×消费税税率

$$\begin{matrix}\text{应缴纳的城建税}\\\text{或教育费附加}\end{matrix}=\left(\begin{matrix}\text{实际缴纳的}\\\text{增值税额}\end{matrix}+\begin{matrix}\text{实际缴纳的}\\\text{消费税额}\end{matrix}\right)\times\text{征收比率}$$

企业在计算税金及附加时，一方面作为企业发生的一下费用支出，另一方面形成企业的一项负债。

为了核算企业销售商品的税金及附加情况，需要设置“税金及附加”账户。

“税金及附加”账户属于损益类，用于核算企业经营活动发生的消费税、城市维护建设税、资源税和教育费附加、房产税、车船使用税、土地使用税、印花税等相关税费。企业按规定计算确定的与经营活动相关的税费时，借记“税金及附加”账户，贷记“应交税费”等科目。期末，应将“税金及附加”账户余额转入“本年利润”账户，结转后本账户应无余额。

【例 5－37】　期末，某公司经过计算并结转本月应缴纳的城市维护建设税 1 610 元，教育费附加 690 元。

这项经济业务的发生，一方面使得该公司的税金及附加增加 2 300 元；另一方面使得该公司的应交税费增加 2 300 元。因此，该项经济业务涉及“税金及附加”和“应交税费”两个账户。税金及附加的增加是费用的增加，记入“税金及附加”账户的借方，应交税费的增加是负债的增加，记入“应交税费”账户的贷方。编制的会计分录如下：

借：税金及附加　　2 300

　　贷：应交税费——应交城市维护建设税　　1 610

　　　　　　　　——应交教育费附加　　690

第六节　财务成果形成与利润分配的核算

一、利润的组成与计算

利润是企业经营管理的综合性指标，也称财务成果。它是以货币表示的经营成果。企业是盈利还是亏损，经营者是否履行了受托责任，企业的盈利能力如何，企业未来的发展潜力怎样等,都需要通过财务成果进行考察。

企业的利润总额一般由营业内的经营活动利润、投资活动利润和营业外的收支净额两部分组成。其用公式表示如下:

利润总额=营业利润+营业外收入-营业外支出

营业利润=营业收入-营业成本-税金及附加-销售费用-管理费用-财务费用-资产减值损失+公允价值变动损益+投资收益

营业收入是指企业经营业务所确认的收入总额,包括主营业务收入和其他业务收入。

营业成本是指企业经济业务所发生的成本,包括主营业务成本和其他业务成本。

资产减值损失是指企业计提的各项资产减值准备所形成的损失。

公允价值变动损益是指企业交易性金融资产等公允价值变动所形成的应计入当期损益的利得或损失。

投资收益是指企业对外投资取得的收益或损失。

营业外收入是指企业发生的与其日常活动没有直接关系的各项利得。

营业外支出是指企业发生的与其日常活动没有直接关系的各项支出。

企业实现了利润总额后,首先要向国家缴纳所得税,扣除所得税费用后的利润即为净利润。净利润的计算公式如下:

净利润=利润总额-所得税费用

二、利润形成的会计核算

(一)期间费用业务的核算

期间费用是指本期发生的、不能直接或间接归入某种产品成本的各项费用,包括管理费用、销售费用和财务费用。一般来说,我们能够很容易地确定期间费用应归属的会计期间,但很难确定其应归属的产品。财务费用已在“资金筹集业务的核算”部分作了介绍。这里只介绍管理费用和销售费用的核算。

管理费用是指企业行政管理部门为管理和组织生产经营活动而发生的各种费用,包括企业在筹建期间内发生的开办费、董事会和行政管理部门在企业的经营管理中发生的或者应由企业统一负担的公司经费(包括行政管理部门职工工资及福利费、物料消耗、低值易耗品摊销、办公费和差旅费等)、工会经费、董事会费(包括董事会成员津贴、会议费和差旅费等)、聘请中介机构费、咨询费(含顾问费)、诉讼费、业务招待费、技术转让费、矿产资源补偿费、研究费用、排污费等。

销售费用是指企业在销售产品、提供劳务等过程中发生的各项费用,包括由企业负担的包装费、运输费、装卸费、展览费、广告费、租赁费(不包括融资租赁费),以及为销售本企业产品而专设的销售机构的费用,包括职工工资、福利费、差旅费、办公费、折旧费、修理费、物料消耗和其他经费。

为了核算期间费用的发生情况,除了“财务费用”外,企业还需要设置“管理费用”和“销售费用”账户。

1. “管理费用”账户

“管理费用”账户属于损益类账户,用于核算企业行政管理部门为组织和管理生产经营活动而发生的各种费用。发生各种管理费用时,借记“管理费用”账户;期末将余额结转到“本年利润”账户时，贷记“管理费用”账户；经过结转后，本账户期末一般无余额。该账户可按费用项目设置明细账，进行明细分类核算。

2. “销售费用”账户

“销售费用”账户属于损益类账户，用于核算企业在销售产品过程中发生的各项销售费用。商品流通企业在供货过程中发生的运输费、装卸费、包装费、运输途中的合理损耗和入库前的挑选整理费，也作为销售费用核算。发生各种销售费用时，借记“销售费用”账户；月末结转至“本年利润”账户时，贷记“销售费用”账户；结转后本账户期末无余额。该账户一般按费用项目设置明细账，进行明细分类核算。

下面举例说明期间费用的核算。

【例 5-38】 某公司用银行存款支付业务招待费 2 300 元，办公费用 4 700 元。

这项经济业务的发生，一方面使得该公司的管理费用增加 7 000 元；另一方面使得该公司的银行存款减少 7 000 元。因此，该项经济业务涉及“管理费用”和“银行存款”两个账户。管理费用的增加是费用的增加，记入“管理费用”账户的借方；银行存款的减少是资产的减少，记入“银行存款”账户的贷方。编制的会计分录如下：

借：管理费用　　7 000

　　贷：银行存款　　7 000

【例 5-39】 某公司用银行存款支付产品广告费 8 000 元，产品展览费 2 000 元。

这项经济业务的发生，一方面使得该公司的销售费用增加 10 000 元；另一方面使得该公司的银行存款减少 10 000 元。因此，该项经济业务涉及“销售费用”和“银行存款”两个账户。销售费用的增加是费用的增加，记入“销售费用”账户的借方；银行存款的减少是资产的减少，记入“银行存款”账户的贷方。编制的会计分录如下：

借：销售费用　　10 000

　　贷：银行存款　　10 000

【例 5-40】 某公司员工李冰出差回来报销差旅费 2 500 元（原借款 3 000 元），交回现金 500 元。

差旅费属于期间费用，预借差旅费时记入“其他应收款”账户的借方，报销差旅费时在“管理费用”账户核算。这项经济业务的发生，一方面使得该公司的管理费用增加 2 500 元，库存现金增加 500 元；另一方面使得该公司的其他应收款减少 3 000 元。因此，该项经济业务涉及“管理费用”、“库存现金”和“其他应收款”三个账户。管理费用和库存现金的增加是资产的增加，记入“管理费用”和“库存现金”账户的借方；其他应收款的减少是资产的减少，记入“其他应收款”账户的贷方。编制的会计分录如下：

借：管理费用　　2 500

　　库存现金　　500

　　贷：其他应收款——李冰　　3 000

（二）投资收益的核算

投资收益是指企业进行投资所获得的经济利益，是企业在一定的会计期间对外投资所取得的回报。企业为了更好地合理使用资金以获取更大的经济效益，除了进行正常的生产经营活动外，还可以将暂时闲置的资金投资于股票、债券等，形成企业的对外投资。投资时发生的投资收益或投资损失都会影响企业当期的经营成果。

为了核算投资损益的发生情况，企业应设置“投资收益”账户。“投资收益”账户属于损益类账户，用于核算企业对外投资取得的收入和发生的亏损。取得各项投资收入时，贷记“投资收益”账户；发生各项投资损失时，借记“投资收益”账户；本账户借、贷方的差额应于月末结转至“本年利润”账户”，结转后本账户无余额。该账户可按投资种类设置明细账，进行明细分类核算。

【例 5-41】 某企业收到投资企业债券的利息收入 180 000 元，已存入银行。

这项经济业务的发生，一方面使得该公司的银行存款增加 180 000 元；另一方面使得该公司的投资收益增加 180 000 元。因此，该项经济业务涉及“投资收益”和“银行存款”两个账户。银行存款的增加是资产的增加，记入“银行存款”账户的借方；投资收益的增加是收入的增加，记入“投资收益”账户的贷方。编制的会计分录如下：

借：银行存款　　180 000

　贷：投资收益——利息收入　　180 000

通过以上的各项经济业务的核算，我们可以计算确定企业的营业利润。企业实现的主营业务收入为 325 000(13 000+185 000+75 000+52 000)元，主营业务成本为264 106 元，营业税金及附加 2 300 元，管理费用 79 175(31 755+20 520+11 400+6 000+7 000+2 500)元，财务费用 3 750 元，销售费用 38 580(20 580+8 000+10 000)元。另外，公司其他经营活动中实现的其他业务收入 32 000 元，其他业务成本 24 560 元；企业实现的投资收益 180 000 元。根据以上汇总的数据可以计算出本期的营业利润为 124 529 元。

(三) 营业外收支的核算

营业外收支是指与企业正常的生产经营活动没有直接关系的各项收入和支出，包括营业外收入和营业外支出。

营业外收入是指企业发生的与其日常活动没有直接关系的各项利得。营业外收入并不是由企业经营资金耗费所产生的，不需要企业付出代价，实际上是企业的一种纯收入，不可能也不需要与有关费用进行配比。它包括处置非流动资产利得、罚没利得、盘盈利得、确实无法支付转作营业外收入的应付款项等。

营业外支出是指企业发生的与其日常活动没有直接关系的各项支出。它包括非流动资产处置损失、公益性捐赠支出、非常损失、盘亏损失等。

为了核算营业外收支的增减及结转情况，企业应设置“营业外收入”和“营业外支出”账户。

“营业外收入”账户属于损益类账户，用于核算企业发生的与经营业务无关的各项收入。取得各项收入时，贷记“营业外收入”账户；月末转入“本年利润”账户时，借记“营业外收入”账户；结转后该账户无余额。该账户可按营业外收入的内容设置明细账，进行明细分类核算。

“营业外支出”账户属于损益类账户，用于核算企业发生的与经营业务无关的各项支出。发生各项支出时，借记“营业外支出”账户；月末转入“本年利润”账户时，贷记“营业外支出”账户；结转后该账户无余额。该账户可按营业外支出的内容设置明细账，进行明细分类核算。

下面举例说明营业外收支的核算。

【例 5-42】 某企业向地震灾区捐赠现金 50 000 元，已开出转账支票支付。

这项经济业务的发生，一方面使得该公司的营业外支出增加 50 000 元；另一方面使得该公司的银行存款减少 50 000 元。因此，该项经济业务涉及“营业外支出”和“银行存款”两个账户。营业外支出的增加是费用的增加，记入“营业外支出”账户的借方；银行存款的减少是资产的减少，记入"银行存款"账户的贷方。编制的会计分录如下：

借：营业外支出　　　　　　　　　　　　　　50 000

　　贷：银行存款　　　　　　　　　　　　　　　50 000

【例 5-43】 某企业收到往来单位的违约罚款收入共计 85 000 元，存入银行。

这项经济业务的发生，一方面使得该公司的银行存款增加 85 000 元；另一方面使得该公司的营业外收入增加 85 000 元。因此，该项经济业务涉及"营业外收入"和"银行存款"两个账户。银行存款的增加是资产的增加，记入"银行存款"账户的借方；营业外收入的增加是收入的增加，记入"营业外收入"账户的贷方。编制的会计分录如下：

借：银行存款　　　　　　　　　　　　　　85 000

　　贷：营业外收入　　　　　　　　　　　　　　85 000

（四）利润结转的核算

企业期末结转利润时，应将各项收入类账户的发生额转入"本年利润"账户的贷方，将各项支出类账户的发生额转入"本年利润"账户的借方，结平所有损益类账户。结转之后，损益类账户没有余额。

为了核算企业在一定时期内财务成果的具体情况，在会计上需要设置"本年利润"账户。"本年利润"账户属于所有者权益类，用于核算企业在本年度内累积实现的利润（或亏损）总额。将各项收入类账户本期发生额合计结转至本账户时，贷记"本年利润"账户；将各项支出类账户本期发生额合计结转至本账户时，借记"本年利润"账户；将贷方的收入与借方的费用相抵后，如收入大于费用，即为贷方余额，表示本年度累计实现的利润净额；如收入小于费用，即为借方余额，表示本年度累计发生的亏损总额。"本年利润"账户是一个过渡性的账户。在年度中间，该账户有余额，不予转账，表示截至本期本年度累积实现的净利润或发生的净亏损。年终，将本账户余额全部转入"利润分配——未分配利润"账户，结转后本账户无余额。

【例 5-44】 公司在会计期末将本期实现的各项收入转入"本年利润"账户的贷方。其中，主营业务收入为 325 000 元，其他业务收入 32 000 元，投资收益 180 000 元，营业外收入 85 000 元。

这项经济业务的发生，一方面使得公司的有关损益类账户所记录的各种收入减少了，另一方面使得公司的利润增加了，因此该项经济业务涉及"主营业务收入"、"其他业务收入"、"投资收益"、"营业外收入"和"本年利润"五个账户。各项收入的结转是收入的减少，记入"主营业务收入"、"其他业务收入"、"投资收益"和"营业外收入"账户的借方，利润的增加是所有者权益的增加，记入"本年利润"账户的贷方。编制的会计分录如下：

借：主营业务收入　　　　　　　　　　　　325 000

　　其他业务收入　　　　　　　　　　　　 32 000

　　投资收益　　　　　　　　　　　　　　180 000

　　营业外收入　　　　　　　　　　　　　 85 000

　　贷：本年利润　　　　　　　　　　　　　　　622 000

【例 5-45】 公司在会计期末将本期发生的各项费用转入"本年利润"账户的借方。其中，主营业务成本为 264 100 元，营业税金及附加 2 300 元，管理费用 79 175 元，财务费用 3 750 元，销售费用 38 580 元，其他业务成本 24 560 元，营业外支出 50 000 元。

这项经济业务的发生，一方面使得公司的有关损益类账户所记录的各种支出减少了，另一方面使得公司的利润减少了，因此该项经济业务涉及“主营业务成本”、“营业税金及附加”、“管理费用”、“财务费用”、“销售费用”、“其他业务成本”、“营业外支出”和“本年利润”八个账户。利润的减少是所有者权益的减少，记入“本年利润”账户的借方，各项支出的结转是费用的减少，记入“主营业务成本”、“营业税金及附加”、“管理费用”、“财务费用”、“销售费用”、“其他业务成本”、“营业外支出”账户的贷方。编制的会计分录如下：

	借方	贷方
借：本年利润	462 465	
贷：主营业务成本		264 100
营业税金及附加		2 300
管理费用		79 175
财务费用		3 750
销售费用		38 580
其他业务成本		24 560
营业外支出		50 000

通过以上的结转，本月的各项收入和各项费用（不包括所得税费用）全部转入“本年利润”账户，根据配比原则，全部收入抵扣全部支出后就是本期实现的利润总额159 535元。

（五）所得税费用的核算

企业在一定期间内所实现的经营成果即利润或亏损总额是由营业利润、营业外收入和营业外支出等构成。根据以上【例5－44】和【例5－45】提供的资料可以计算出本期的利润总额。

利润总额＝622 000－462 465＝159 535（元）

利润总额计算出来后，形成了企业在一定会计期间的所得，按照税法规定要计算缴纳所得税费用。

所得税是企业依照国家税法的规定，对企业某一经营年度的所得，按照规定的税率计算缴纳的税款。所得税费用是企业的一项费用支出。企业所得税通常是按年计征，分期预交。按年计算所得税的公式如下：

应纳所得税＝应纳税所得额×适用税率

应纳税所得额＝利润总额＋纳税调整增加额－纳税调整减少额

纳税调整增加额是指税法规定允许扣除项目中，企业已记入当期费用但超过税法规定扣除标准的金额，如超过税法标准的工资支出、业务招待费、滞纳金、罚款、罚金等；纳税调整减少额是指按税法规定允许弥补的亏损和准予免税的项目，如前五年内的未弥补亏损和国债利息收入等。

若利润总额没有调整、扣除事项，那么应税所得额即为利润总额。本教材假设没有纳税调整项目。

为了核算所得税费用的发生情况，需要设置“所得税费用”账户。“所得税费用”账户属于损益类，用于核算企业按规定从当期损益中扣除的所得税。企业应计入本期的所得税费用提取时，借记“所得税费用”账户；月末将所得税费用转入“本年利润”账户时，贷记“所得税费用”账户；结转后该账户无余额。该账户一般不设明细账户。

【例5－46】 假设本年1～11月份共实现利润1 040 465元（无税前扣除项目），累积已交所得税250 000元，12月份实现利润159 535元（无税前扣除项目），全年实现应税所得1 200 000元，按照规定计算本月应交所得税并转账。所得税率为25％。

首先计算本期应交所得税。本月累积应纳所得税额为 300 000 元[(1 040 465 + 159 535)×25%],本月应纳所得税额为 50 000 元[300 000－250 000]。所得税计算出来后一般在当期并不实际缴纳,因此在形成所得税费用的同时也产生为企业的一项负债。这项经济业务的发生,一方面使得公司的所得税费用增加 50 000 元,另一方面使得公司的应交税费增加 50 000 元,因此该项经济业务涉及"所得税费用"和"应交税费"两个账户。所得税费用的增加是费用的增加,记入"所得税费用"账户的借方,应交税费的增加是负债的增加,记入"应交税费"账户的贷方。编制的会计分录如下:

借:所得税费用　　　　　　　　　　50 000

　　贷:应交税费——应交所得税　　　　　　50 000

期末,将"所得税费用"账户发生额转入"本年利润"账户借方。编制会计分录如下:

借:本年利润　　　　　　　　　　50 000

　　贷:所得税费用　　　　　　　　　　50 000

通过以上账务处理后,12 月份实现的净利润为:

净利润＝利润总额－所得税费用＝159 535－50 000＝109 535(元)

三、利润分配的核算

企业在生产经营过程中取得的各种收入,在补偿了各种耗费后形成盈利,并按照国家有关规定计算缴纳所得税后形成企业的税后利润。按照规定,税后利润要在有关方面进行合理的分配。利润分配就是企业根据股东大会或类似权力机构的批准,对企业可供分配利润指定其用途和分配给投资者的行为。按照《公司法》的有关规定,企业当年实现的净利润,首先用以弥补以前年度尚未弥补的亏损,对于剩余的未分配利润,应按照下列顺序进行分配:

(1) 提取法定盈余公积。股份制企业的法定盈余公积应按照本年实现的净利润的 10%提取;其他企业可根据实际需要确定提取比例,但不得低于 10%。企业提取的法定盈余公积累积超过注册资本 50%以上的,可以不再提取。

(2) 提取任意盈余公积。任意盈余公积一般按照股东大会的决议提取。

(3) 向投资者分配利润或股利。企业实现的净利润扣除上述(1)、(2)项后,再加上年初未分配的利润和其他转入数,形成可供投资者分配的利润。

为了核算利润分配的过程及结果,企业应设置"利润分配"和"盈余公积"和"应付股利"账户。

"利润分配"账户属于所有者权益类账户,用来核算企业本年度的利润的分配(或亏损的弥补)和历年利润分配(或亏损的弥补)的结余情况。企业按规定进行利润分配时,借记"利润分配"账户;用盈余公积补亏和年末将"本年利润"账户余额转入时,贷记"利润分配"账户;余额一般在贷方,表示累计未分配利润,余额若在借方,表示累计未弥补亏损。该账户应按规定设置"提取盈余公积"、"盈余公积补亏"、"应付利润"、"未分配利润"等利润分配项目。年度终了,将"利润分配"账户下的其他明细账户的余额转入"未分配利润"明细账户。

"盈余公积"账户属于所有者权益类账户,用于核算企业从利润中提取的盈余公积的增减变动和结余情况。企业按规定提取盈余公积时,贷记"盈余公积"账户;按规定用途使用时,借记"盈余公积"账户;余额一般在贷方,表示已提取尚未使用的数额。该账户分设"法定盈余公积"和"任意盈余公积"项目。

“应付利润(或应付股利)”账户属于负债类账户,用于核算企业向投资者分配现金股利或利润的情况。企业按规定计算出的应付投资者现金股利或利润时,贷记“应付利润(或应付股利)”;实际支付投资者现金股利或利润时,借记“应付利润(或应付股利)”;余额一般在贷方,表示已宣告但尚未支付的数额。该账户一般按投资者名称设置明细账,进行明细分类核算。

以下举例说明利润分配的会计核算。

【例 5-47】 某公司经过股东大会批准,按照净利润的 10%提取法定盈余公积,按 5%提取任意盈余公积。

根据前面的业务可知,公司 12 月份实现的净利润为 109 529 元。提取盈余公积10 952.90(109 529×10%)元,提取任意盈余公积 5 476.45(109 529×5%)元。这项经济业务的发生,一方面使得该公司的已分配利润增加 16 429.35(10 952.90+5 476.45)元;另一方面使得该公司的盈余公积增加 16 429.35 元。因此,该项经济业务涉及“利润分配”和“盈余公积”两个账户。利润分配的增加是所有者权益的减少,记入“利润分配”账户的借方;盈余公积的增加是所有者权益的增加,记入“盈余公积”账户的贷方。编制的会计分录如下:

借:利润分配——提取法定盈余公积　　10 952.90
　　　　　　——提取任意盈余公积　　5 476.45
　贷:盈余公积——法定盈余公积　　10 952.90
　　　　　　　——任意盈余公积　　5 476.45

【例 5-48】 某公司根据股东大会的决议,分配给各位股东现金股利 50 000 元。

这项经济业务的发生,一方面使得该公司的利润分配增加 50 000 元;另一方面现金股利虽然已经决定分配给股东,但分配的当时并不实际支付,所以形成公司的一项负债,使得公司的应付股利增加 50 000 元。因此,该项经济业务涉及“利润分配”和“应付股利”两个账户。利润分配的增加是所有者权益的减少,记入“利润分配”账户的借方;应付股利的增加是负债的增加,记入“应付股利”账户的贷方。编制的会计分录如下:

借:利润分配——应付现金股利　　50 000
　贷:应付股利　　50 000

经过以上利润分配后,本年未分配利润 43 099.65(109 529-10 952.90-5 476.45-50 000)元。未分配利润结转下年后,可以参加下一年的利润分配。

第七节　资金退出企业的会计核算

随着制造企业生产经营过程的进行,一部分资金会随着资金的循环周转运动而退出企业。制造企业资金退出企业的主要方式有:支付投资者利润;归还银行借款;上缴各种税金;支付职工薪酬和职工医药费等。其中,有些经济业务已在前面讲述过,这里仅就未述及的部分业务加以说明。

一、归还银行借款的核算

企业向银行借入的各种款项,必须在规定的到期日予以归还并支付利息。按期还本付息是企业获得持续借入资金来源的重要保证。

【例 5-49】 某公司以银行存款归还短期借款500 000元,归还长期借款 1 000 000 元。

这项经济业务的发生，一方面使得该公司的负债减少 1 500 000 元，其中，短期借款 500 000元，长期借款 1 000 000 元；另一方面使得该公司的银行存款减少 1 500 000 元。因此，该项经济业务涉及"短期借款"、"长期借款"和"银行存款"3 个账户。银行借款的减少是负债的减少，记入"短期借款"和"长期借款"账户的借方；银行存款的减少是资产的减少，记入"银行存款"账户的贷方。编制的会计分录如下：

借：短期借款　　500 000
　　长期借款　　1 000 000
　贷：银行存款　　1 500 000

二、上缴各种税金的核算

企业应上缴税务机关的各种税金，一般在各月月末计提，于下月月初缴纳，年终汇算清缴。

【例 5 - 50】 某公司以银行存款缴纳各种应交税金。其中，增值税 26 640 元，所得税 18 560元，城市维护建设税 4 620 元，教育费附加税 2 180 元。

这项经济业务的发生，一方面使得该公司的应交税费减少 52 000 元；另一方面使得该公司的银行存款减少 52 000 元。因此，该项经济业务涉及"应交税费"和"银行存款"两个账户。应交税费的减少是负债的减少，记入"应交税费"账户的借方，银行存款的减少是资产的减少，记入"银行存款"账户的贷方。编制的会计分录如下：

借：应交税费——应交增值税　　26 640
　　　　　　——应交所得税　　18 560
　　　　　　——应交城市维护建设税　　4 620
　　　　　　——应交教育费附加　　2 180
　贷：银行存款　　52 000

三、职工工薪及福利费开支的核算

【例 5 - 51】 某公司发放 12 份职工工资 100 000 元，公司职工报销医药费 3 000 元，均以银行存款支付。

这项经济业务的发生，一方面使得该公司的应付职工工资和医药费减少 103 000 元；另一方面使得该公司的银行存款减少 103 000 元。因此，该项经济业务涉及"应付职工薪酬"和"银行存款"两个账户。应发工资和医药费的减少是负债的减少，记入"应付职工薪酬"账户的借方；银行存款的减少是资产的减少，记入"银行存款"账户的贷方。编制的会计分录如下：

借：应付职工薪酬　　103 000
　贷：银行存款　　103 000

复习思考题

1. 筹集资金的主体是谁？它包括哪些内容？
2. 实收资本和资本公积核算的基本内容有哪些？
3. 什么是固定资产？固定资产怎样分类？
4. 固定资产计价应考虑哪些主要因素？
5. 什么是固定资产折旧？

6. 材料采购业务核算使用的基本账户有哪些？
7. 什么是成本？什么是费用？成本和费用有什么关系？
8. 什么是期间费用？它包含哪些内容？怎样进行核算？
9. 成本计算的基本程序有哪些？
10. 销售过程的主要经济业务有哪些？核算销售业务需要设置哪些基本账户？
11. 利润总额、所得税费用和净利润怎样计算？
12. 计算所得税时的利润总额和应纳税所得额有什么区别？

第六章　账户的分类

【学习目标】

通过本章学习，了解账户分类的意义和作用，熟悉账户按经济内容分类，掌握账户按用途和结构分类，账户的结构，各账户之间的关系和账户的特点。

第一节　账户分类的意义

一、账户分类的目的与标志

账户的分类就是按照账户的本质特性，依据一定的原则，对全部账户进行科学的概括和归类。为了全面反映各项会计要素的增减变化情况，为企业的经济管理提供必需的会计信息，必须设置和运用一系列的账户。各个账户之间既相互联系，又彼此独立。由各个彼此独立、作用互补的、具有内在联系的账户所组成的完整的账户系列，称为账户体系。

企业的经济业务是复杂多样的，不同的经济业务包含不同的经济内容。在实际工作中，为了加强企业的经营管理，就需要会计提供不同的会计信息资料。通过账户的分类可以将不同的经济信息进行分类整理，提供经济管理所需要的各种资料；通过账户的分类可以建立一套完整的账户体系，因为单个的账户只能提供某一方面的会计信息，各个账户之间的会计信息具有关联性，而一套完整的账户体系可以提供系统的会计信息。因此，了解每个账户的特性，研究账户使用规律，明确和掌握各账户之间的内在联系与区别，掌握账户的使用方法，正确地设置和运用账户，满足会计信息使用者的信息需求是十分重要的。

同类账户具有共性，凡是在提供核算指标方面具有共同性质的账户，就属同类账户，它们的共性也就是该类账户的共同性标志。账户的分类标志一般有三种：一是按经济内容分类；二是按账户的用途和结构进行分类；三是按与会计报表的关系分类。

二、账户分类的作用

(1) 账户的分类有利于从理论上加深对账户的全面认识，了解账户体系的设置和运用在会计核算体系中的地位和作用，有助于正确运用设置账户这种会计核算的专门方法，建立起更加完善的会计核算体系。

(2) 账户的分类便于进一步了解账户体系中各类账户的共性和个性，以及各个账户内容之间的联系与区别，从使用账户的技术方法的角度来研究账户的不同用途和结构，揭示账户使用中的规律，不断提高运用技能，从而做到正确、熟练地使用账户。

(3) 账户的分类能够使我们正确认识各会计要素的经济内容，通过对数据按报表信息的要求进行分类，形成报表所需要揭示的财务信息和其他信息，为经济管理提供系统的、分门别类的会计资料。

(4) 账户的分类能够揭示全部账户在反映会计内容上存在的既分工又协作的关系。当会计制度确定的会计账户随各个时期经济管理的不同要求而变动时,能够尽快适应并在统一会计制度许可的范围内,根据企业实际情况增设或合并会计账户。

账户分类有两个基本原则:一是以账户经济内容为基础进行的分类;二是在经济内容分类的基础上,按账户的用途和结构进行分类。

第二节 账户按经济内容分类

一、账户按经济内容分类的意义

账户按会计要素分类就是按会计核算和监督的会计对象的具体内容进行分类。企业要进行生产经营活动不能没有资产,而形成资产的来源无非是两个方面,一是投资人投入的资本;二是从债权人那里取得的债务。企业在生产经营过程中必然发生费用取得收入,通过收入费用的对比,形成利润或亏损。因此,会计对象的具体内容实际上包括了资产、负债、所有者权益以及收入、费用和利润六大会计要素。账户的经济内容与会计要素之间的上述关系,决定了账户按会计要素分类就是按经济内容分类。

二、账户按经济内容的分类

账户的经济内容决定着账户的本质。账户之间最本质的差别在于其反映的经济内容不同,各个会计主体设置和运用账户,主要是根据它所核算和监督的会计对象的具体内容而决定的。不同性质的会计主体,经济活动的内容不同,在会计核算中就必须设置和运用不同的账户,核算和监督经济业务所引起的会计对象的增减变化。所以,按经济内容分类是账户最主要的、最基本的一种分类。研究账户按经济内容的分类,可以确切地了解每一个或每一类账户核算和监督什么内容;可以正确地判断应记入的账户,以及如何正确地设置和运用账户;可以了解全部账户的设置能否适应有关单位经济活动的特点,能否满足有关单位经济管理的需要。账户按其经济内容分类,对于正确区分账户的经济性质,以便建立完善的账户体系,都是非常必要的。

账户按其经济内容可分为六类账户。

(一) 资产类账户

资产类账户是反映企业资产要素的增减变动及其结存情况的账户。按照资产的流动性和经营管理的需要,它又分为流动资产账户和非流动资产账户两类。

流动资产类账户反映可以在1年或者超过1年的一个营业周期内变现或者耗用的资产账户。按照流动资产在生产经营活动过程中存在的不同形态和作用,反映流动资产的账户又可进一步划分为以下几类:

(1) 反映货币资金的账户,如“库存现金”、“银行存款”、“其他货币资金”等账户。

(2) 反映短期投资的账户,如“交易性金融资产”等账户。

(3) 反映结算债权的账户,如“应收票据”、“应收账款”、“其他应收款”等账户。

(4) 反映存货资产的账户,如“库存商品”、“原材料”等账户。

非流动资产类账户是指除流动资产之外的资产类账户,如“可供出售金融资产”、“长期股权投资”、“持有至到期投资”、“固定资产”、“在建工程”、“累计折旧”及“无形资产”等账户。

资产类账户一般都有余额，且余额在借方。

（二）负债类账户

负债类账户是反映企业负债要素的增减变动及其结存的账户。按照负债偿还期的长短或流动性，它分为流动负债账户和非流动负债账户。

反映流动负债的如“应付账款”、“应付票据”、“应付职工薪酬”、“应付股利”、“应交税费”等账户。反映长期负债账户又分为“长期借款”、“应付债券”、“长期应付款”等账户。

负债类账户一般都有余额，且余额在贷方。

（三）所有者权益类账户

所有者权益类账户是反映企业所有者权益要素增减变动及其结存的账户。反映所有权权益的账户一般划分为原始资本类账户和留存收益类账户。

原始资本是指创办企业的初始投资人对企业的资本投入，以及投资本身引起的增值。反映原始资本类的账户有“实收资本或股本”、“资本公积”等账户。

留存收益类账户是用以反映企业在经营过程中形成盈利而增加的未分配利润或发生亏损而减少的所有者权益账户。反映留存收益类的账户有“盈余公积”、“利润分配——未分配利润”等账户。

所有者权益类账户一般都有余额，且余额在贷方。

（四）收入类账户

收入类账户是反映企业发生的各种业务活动所取得的收入的账户。以工业企业为例，收入类账户有“主营业务收入”和“其他业务收入”等账户。

收入类账户期末一般无余额。

（五）成本费用类账户

成本类账户是用来反映和监督企业在经营过程中，针对一定成本计算对象（如某产品、某类产品、某批产品、某生产步骤等）所发生的各种资金耗费的账户。成本类账户包括“生产成本”、“制造费用”等账户。

成本类账户的特点是其与资产类账户有着密切的联系。资产一经耗用就转化为成本费用；成本类账户的期末如有借方余额属于企业的资产。如“生产成本”账户期末借方余额表示未完工的在产品成本，属于存货，是企业流动资产的一部分。从这种意义上来说，“生产成本”账户也是资产类账户。

费用类账户反映企业在某一会计期间进行经营活动所发生的资金耗费的账户。费用类账户分为经营费用类账户和非经营性费用类账户。

1. 经营费用类账户

经营费用包括为取得业务收入而发生的主营业务成本和其他业务成本、在生产经营过程中发生的直接计入当期损益的期间费用、为取得营业收入和利润而发生的流转税支出和所得税支出等。反映企业经营费用的账户主要有“主营业务成本”、“营业税金及附加”、“其他业务成本”、“销售费用”、“管理费用”、“财务费用”、“所得税费用”等账户。

2. 非经营性费用类账户

非经营性费用类账户反映企业与生产经营无直接关系的各项支出。该类账户主要有“营业外支出”等账户。该类账户期末一般无余额。

（六）利润类账户

利润类账户是反映企业财务成果及分配情况的账户。按其反映的内容，利润类账户又可分反映企业对外投资利润的账户，如“投资收益”账户等；反映能直接计入当期利得或损失的账户，如“营业外收入”、“营业外支出”账户等；反映企业财务成果的账户，如“本年利润”账户等；反映企业财务分配情况的账户，如“利润分配”账户等。

以上六类账户可以归纳为两大类，即资产类、负债类和所有者权益类是反映企业资金静态的账户；收入类、成本类和利润类是反映企业资金动态的账户。

（七）共同类账户

共同类账户其实质是资产类账户或负债类账户。如“衍生工具”、“套期工具”、“被套期工具”账户等。

上述按经济内容对账户的分类如下表 6－1 所示。

表 6－1　账户按经济内容的分类

<table>
<tr><td rowspan="9">账户</td><td rowspan="9">静态账户</td><td rowspan="5">资产类账户</td><td rowspan="4">流动资产账户</td><td>货币资金账户</td><td>“库存现金”账户
“银行存款”账户
“其他货币资金”账户</td></tr>
<tr><td>短期投资账户</td><td>“交易性金融资产”账户</td></tr>
<tr><td>债权结算账户</td><td>“应收票据”账户
“应收账款”账户
“其他应收款”账户等</td></tr>
<tr><td>存货账户</td><td>“原材料”账户
“库存商品”账户等</td></tr>
<tr><td>非流动资产账户</td><td colspan="2">“长期待摊费用”账户
“可供出售金融资产”账户
“持有至到期投资”账户
“长期股权投资”账户
“固定资产”账户
“在建工程”账户
“累计折旧”账户
“无形资产”账户等</td></tr>
<tr><td rowspan="2">负债类账户</td><td>流动负债账户</td><td colspan="2">“短期借款”账户
“应付票据”账户
“应付账款”账户
“应付职工薪酬”账户
“应交税费”账户
“其他应付款”账户
“应付股利”账户等</td></tr>
<tr><td>非流动负债账户</td><td colspan="2">“长期借款”账户
“应付债券”账户
“长期应付款”账户等</td></tr>
<tr><td>所有者权益账户</td><td>原始资本账户</td><td colspan="2">“实收资本”账户
“资本公积”账户</td></tr>
</table>

（续表）

<table>
<tr><td rowspan="10">账户</td><td rowspan="2">静态账户</td><td rowspan="2">所有者
权益账户</td><td>收益形成账户</td><td>“盈余公积”账户</td></tr>
<tr><td>未分配利润账户</td><td>“利润分配”账户等</td></tr>
<tr><td rowspan="8">动态账户</td><td>收入类账户</td><td colspan="2">“主营业务收入”账户
“其他业务收入”账户</td></tr>
<tr><td rowspan="3">成本费用类账户</td><td>产品生产
成本账户</td><td>“生产成本”账户
“制造费用”账户</td></tr>
<tr><td>期间费用账户</td><td>“管理费用”账户
“销售费用”账户
“财务费用”账户</td></tr>
<tr><td>与收入配比账户</td><td>“主营业务成本”账户
“其他业务成本”账户
“营业税金及附加”账户</td></tr>
<tr><td rowspan="4">利润类账户</td><td>投资利润账户</td><td>“投资收益”账户</td></tr>
<tr><td>记入当期利润的利得或损失的账户</td><td>“营业外收入”账户
“营业外支出”账户</td></tr>
<tr><td>财务成果账户</td><td>“本年利润”账户</td></tr>
<tr><td>财务成果分配账户</td><td>“利润分配”账户</td></tr>
</table>

第三节　账户按用途和结构分类

一、账户的用途和结构的含义

通过账户按会计要素的分类，为账户的设置与运用打下了基础。但是，账户按会计要素分类，并不能明确在什么情况下使用什么账户，即未能明确账户的用途是什么；同时，账户按会计要素的分类，也没有明确如何使用各类账户，如何提供经营管理所需要的各种指标，以及各类账户的基本结构、内容，即未能明确账户的结构是怎样的。因此，为了正确地运用账户来记录经济业务，掌握账户在提供核算指标方面的规律性，有必要在账户按会计要素分类的基础上，进一步对账户按用途和结构进行分类。

账户的用途是指通过账户的记录能够提供哪些会计核算指标，也是指设置和运用账户的目的。

账户的结构是指在账户中怎样记录经济业务，如何取得所需的会计核算资料，也就是账户的借方登记什么，贷方登记什么，期末账户有没有余额，在一般情况下余额在哪一方，描述什么样的经济内容。

账户的用途和结构是否相同，一般取决于账户的性质。

二、账户按用途和结构的分类

现以工业企业常用的账户为例，说明各类账户的用途、结构及其基本特点。

(一) 盘存类账户

盘存类账户是用来核算那些能够盘点其数量，进而确定其金额的财产、物资和货币资产的增减变动及其结存的账户。

盘存类账户的用途是，可以提供与财产物资、货币资产的实存数额相互核对的期末账面结存额；可以通过财产清查或对账的方法，检查账面结存数是否与实存数相符，检查财产物资在经营管理上存在的问题。

盘存类账户的结构，其借方登记各项货币资金和财产物资的增加数；贷方登记各项货币资金和实物资产的减少数；期末余额总是在借方，表示期末各项货币资金和实物资产的结存数额。盘存类账户的结构如图 6-1 所示。

盘存类账户

借方	贷方
期初余额：财产物资或货币资金的期初结存数	
发生额：财产物资或货币资金的增加数	发生额：财产物资或货币资金的减少数
期末余额：财产物资或货币资金的期末结存数	

图 6-1　盘存类账户

盘存类账户的特点如下：

(1) 所有账户都可以通过定期或不定期的实物盘点和核对账目来检查账户记录是否正确，账实是否相符。

(2) 如果在各项财产物资和货币资产有结存的情况下，反映各项财产物资和货币资产的账户期末就应该有借方余额。不仅总分类账户的余额在借方，而且明细分类账户的余额也应在借方。如果出现贷方余额，则说明财产物资或货币资产在收发保管或账务处理上存在问题。

(3) 该类账户中反映财产物资的账户在进行明细分类核算时，除了“库存现金”、“银行存款”等账户外，其他盘存类账户如“原材料”、“库存商品”、“固定资产”等账户，不仅用货币计量，还需兼用实物计量。

属于盘存类账户的主要有“库存现金”、“银行存款”、“原材料”、“库存商品”、“固定资产”等账户。

(二) 资本类账户

资本类账户也叫投资权益类账户、所有者权益账户，是用来核算企业资本金的增减变动及其实有数额的账户。这类账户反映的内容都是投资者的权益，既包括投资者的原始投入，又包括在经营过程中形成的归投资者享有的权益。

这类账户的结构是贷方登记企业投资者投入的资本金以及形成的盈余积累资本的增加数；借方登记其减少数额；期末余额总是在贷方，表示投资者投入的资本金及盈余积累资本的实有数额。

资本类账户的结构如图 6－2 所示。

资本类账户

借方	贷方
	期初余额:原始资本金实有数
发生额:本期资本金的减少数	发生额:本期资本金的增加数
	期末余额:资本金的期末实有数

图 6－2　资本类账户

资本类账户的特点如下:

(1) 由于该类账户反映企业从外部取得的投资或内部形成的积累,因此,在生产经营期间,反映外部投资的账户一定有贷方余额,反映企业内部形成的资本积累的账户有时可能出现贷方无余额的情况。但无论反映外部投资还是内部积累的账户,都不会出现借方余额;否则就说明所有者权益受到侵犯或者账务处理上有错误。

(2) 由于资本类账户反映企业投资人对企业净资产的所有权,因此,该类账户无论是总分类核算还是明细分类核算,都只需用(而且必须运用统一的)货币计量,以说明资本规模及其增减变化情况。

属于资本类账户的主要有“实收资本”(或“股本”)、“资本公积”、“盈余公积”等账户。

(三) 结算类账户

结算类账户是用来反映和监督企业同其他单位或个人之间债权、债务结算情况的账户。结算业务的性质不同,决定了不同结算类账户具有不同的用途和结构。

结算类账户的共同用途是核算应收、应付款项的增减变动情况,促使企业及时催收应收款项和及时偿付应付款项,准确确定企业债权、债务数额。按照账户的具体用途和结构,结算类账户又可分为资产结算类账户、负债结算类账户和资产负债结算类账户三类。

(1) 资产结算类账户又叫债权结算类账户,是用来反映和监督企业同各债务单位或个人之间的债权结算业务的账户,即核算各种应收或预付款项的账户。这类账户的借方登记各种应收款项或预付款项的增加数额;贷方登记其减少数额;余额一般在借方,表示尚未收回的应收款项或尚未结算的预付款项等债权的实有数额。

资产结算类账户的结构如图 6－3 所示

资产结算类账户

借方	贷方
期初余额:尚未结算的应收账款期初结存数	
发生额:本期应收账款及预付账款增加数	发生额:本期应收账款或预付账款的减少数
期末余额:尚未收回的应收款或预付款的期末结存数	

图 6－3　资产结算类账户

属于资产结算类账户的主要有“应收账款”、“应收票据”、“预付账款”、“其他应收款”等账户。

(2) 负债结算类账户又称债务结算类账户。它与资产结算类账户正好相反，是用来核算企业同各个债权单位或个人之间的结算业务的账户，即核算各种应付或预收款项的账户。负债结算类账户的贷方登记本期借入款项、应付款项或预收款项的增加数；借方登记本期借入款项、应付款项或预收款项的减少数；负债结算类账户如果有余额，在贷方，表示结欠的借入款项、应付款项或尚未结算的预收款项的实有数。

负债结算类账户的结构如图 6-4 所示。

负债结算类账户

借方	贷方
	期初余额：期初借入款项、应付账款或预收款的结存数
发生额：借入款项、应付账款或预收账款的减少数	发生额：借入款项、应付账款或预收账款的增加数
	期末余额：借入款项、应付账款或预收账款的结存数

图 6-4　负债结算类账户

属于负债结算类账户的主要有“应付账款”、“预收账款”、“短期借款”、“长期借款”、“应付职工薪酬”、“应交税费”、“应付利润”、“其他应付款”等账户。

(3) 资产负债结算类账户又称债权债务结算类账户。顾名思义，这类账户既反映债权结算业务，又反映债务结算账户，是双重性质的结算账户，用来反映企业同其他单位或个人之间的往来结算款项。该类账户的借方既登记债权的增加，又登记债务的减少；贷方既登记债务的增加，又登记债权的减少；余额在借方，表示尚未收回的应收款项，余额在贷方，表示尚未偿付的应付款项。

资产负债结算类账户的结构如图 6-5 所示。

资产负债结算类账户

借方	贷方
期初余额：期初应收款项大于应付款项的差额 发生额：(1) 本期应收款项的增加数 (2) 本期应付账款的减少数	期初余额：期初应收款项小于应付款项的差额 发生额：(1) 本期应收款项的减少数 (2) 本期应付账款的增加数
期末余额：应收款项大于应付款项的总额	期末余额：应收款项小于应付款项的总额

图 6-5　资产负债结算类账户

企业在经济活动中，会与某些单位有着经常性的往来业务。这些单位和个人有时是企业的债务人，有时是企业的债权人。也就是说，企业与该单位相互发生债权债务，导致双方债权人债务人地位经常转换，为了集中反映企业与这类单位或个人之间发生的债权与债务往来结算情况，在会计实务中，可以设置一个账户核算某一单位或个人款项增减变动及其余额，从而简化核算手续。在会计实务中，如果企业不单独设置“预付账款”账户，而用“应付账款”账户同时核算和监督企业应付账款和预付账款的增减变动情况及其结果，则此时的“应付账款”账户就是一个债权债务类账户；如果企业不单独设置“预收账款”账户，而用“应收账款”账户同时核算和监督企业应收账款和预收账款的增减变动情况及其结果，则此时的“应收账款”账户就是一个债权债务类账户。

类似性质的账户还有“其他往来”账户，“衍生工具”、“套期工具”和“被套期项目”等账户。

（四）集合分配类账户

集合分配类账户是用来归集和分配企业生产经营过程中某个阶段所发生的各种费用，是反映和监督有关费用计划执行情况以及费用分配情况的账户。企业在生产经营过程中发生的一些应由各个成本计算对象共同负担的间接费用，这些费用不能直接计入某个成本计算对象，而应首先通过集合分配账户进行归集，然后再按照一定标准进行分配，计入各个成本计算对象。企业可以通过集合分配类账户来核算和监督有关费用计划的执行及分配情况，加强间接费用的管理，正确确定产品的生产成本。

集合分配类账户的基本结构是借方登记各种费用的发生数，贷方登记按照一定标准分配到各个成本计算对象的费用分配数。除季节性生产的企业以外，这类账户借方归集的费用一般在当期的期末都全部分配到各个成本计算对象中去，所以集合分配类账户一般在期末没有余额。

集合分配类账户的基本结构如图表 6－6 所示。

集合分配类账户

借方	贷方
发生额：汇总归集某项成本或费用的本期发生额	发生额：期终按一定标准分配给受益产品的数额

图 6－6　集合分配类账户

集合分配类账户的特点如下：

（1）由于该类账户归集的成本费用一般要在期末时全部分配到各受益对象中去，因此，费用经分配结转后，本账户一般无余额。

（2）为了考核费用的发生情况，该账户一般要分项目进行明细分类核算。

（3）集合分配类账户所归集和分配的费用，是反映经营过程耗费的综合性信息，因而这类账户只需提供货币信息。

属于集合分配类账户的主要有“制造费用”等账户。

（五）跨期摊提类账户

跨期摊提类账户是按照权责发生制的要求，核算应由各个会计期间共同摊提的费用，并将这些费用在各个会计期间摊配或预提的账户。设置跨期摊提类账户的目的在于按照权责发生制原则和配比原则，合理地划清费用的受益期限，把应由几个会计期间共同负担的产品生产成本或期间费用，合理地分配到各个受益期，以便正确地计算各期产品成本和期间费用。跨期摊提类账户有“长期待摊费用”、“待摊费用”和“预提费用”等账户。“长期待摊费用”账户属于资产类账户，该账户在结构上是借方登记费用的支出额或发生数额；贷方登记应由各会计期间产品成本或期间费用负担的费用摊配数额；借方余额表示已经支付或发生但尚未摊配的数额。

跨期摊提类账户的结构如图 6-7 所示。

跨期摊提类账户

借方	贷方
期初余额：以前支付但应由本期或以后各期产品成本负担的费用数额 发生额：本期支付但应由本期或以后各期产品成本负担的费用数额	发生额：按一定标准分配应由本期成本负担的费用数额
期末余额：在本期和以前各期支付但应计入以后各期产品成本的费用数额	

图 6-7　跨期摊提类账户

跨期摊提类账户的特点如下：

(1) 费用由相连的若干会计期间共同负担；借方登记费用的实际支出数，贷方登记分摊或提取数。

(2) 当实际支出的费用摊配完毕后，这类账户应无余额。跨期摊提类账户主要有“长期待摊费用”等账户。

(六) 成本计算类账户

成本计算类账户是用来反映和监督企业生产经营过程中，某一阶段所发生的应计入成本的全部费用，并确定各个成本计算对象的实际成本的账户。

成本计算类账户的借方登记应计入成本的全部费用，包括直接计入各个成本计算对象的费用和按一定标准分配计入各个成本计算对象的费用；贷方登记转出的已完成某一过程的成本计算对象的实际成本；成本计算类账户期末余额在借方，表示尚未完成某一过程的成本计算对象的实际成本。成本计算类账户应按成本计算对象分别成本项目设置明细账分类账户，进行明细分类核算。

成本计算类账户的结构如图 6-8 所示。

成本计算类账户

借方	贷方
期初余额：尚未完成生产经营过程的成本计算对象的实际成本 发生额：汇集生产经营过程发生的全部费用数额	发生额：分配转出已完成生产过程的成本计算对象的实际生产成本
期末余额：尚未完工的在产品的实际生产成本	

图 6-8　成本计算类账户

成本计算类账户的特点如下：

(1) 按照成本计算对象设置明细分类账户。

(2) 如果成本计算对象本期全部完工，则期末无余额；如果成本计算对象部分完工，则期末有余额。

属于成本计算类账户的主要有“材料采购”、“生产成本”、“在建工程”等账户。

(七) 财务成果类账户

财务成果类账户是用来核算企业在一定时期(月份、季度、年度)内全部生产经营活动的最终财务成果即利润或亏损的账户。财务成果类账户包括财务成果形成过程类账户和财务成果计算类账户。

1. 财务成果形成过程类账户

财务成果形成过程类账户是用来核算企业一定时期内财务成果形成的账户。这类账户的用途是全面反映和监督企业在一定时期内所取得的各种收入、发生的各种费用和支出的增减变动情况，以及结转至“本年利润”账户的数额。这类账户包括收入类账户和费用类账户。这些账户虽然性质不同，但是从平时所登记的内容来看，其结构有相同之处，即借方登记引起其财务成果减少的数额；贷方登记引起财务成果增加的数额；期末应将账户的借、贷方差额转入“本年利润”账户，结转后没有余额。

收入类账户是用来反映和监督企业在一定会计期间内所取得的各种收入的账户。其贷方登记本期收入的增加额；借方登记本期收入的减少额和期末转入“本年利润”账户贷方的数额；期末结转后收入类账户没有余额。

收入类账户的基本结构如图 6-9 所示。

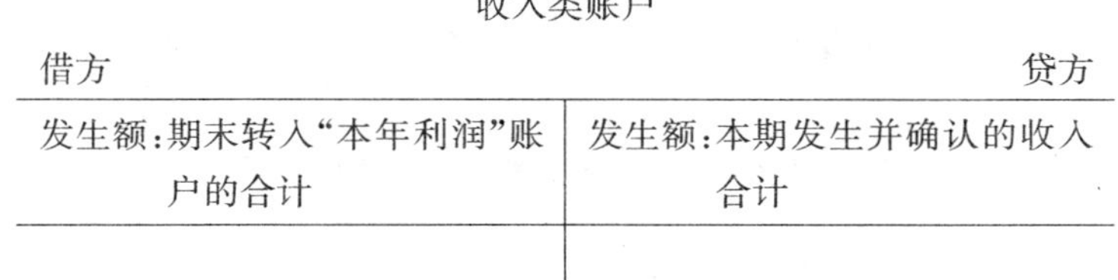

图 6-9　收入类账户

常见的收入类账户主要有“主营业务收入”、“其他业务收入”等账户。

费用类账户是用来反映和监督企业在一定会计期间内所发生的应计入当期损益的各种费用的账户。费用类账户的借方登记本期费用支出的增加数额；贷方登记本期费用支出的减少数额和期末转入“本年利润”账户借方的费用数额；期末结转后费用类账户没有余额。

费用类账户的基本结构如图 6-10 所示。

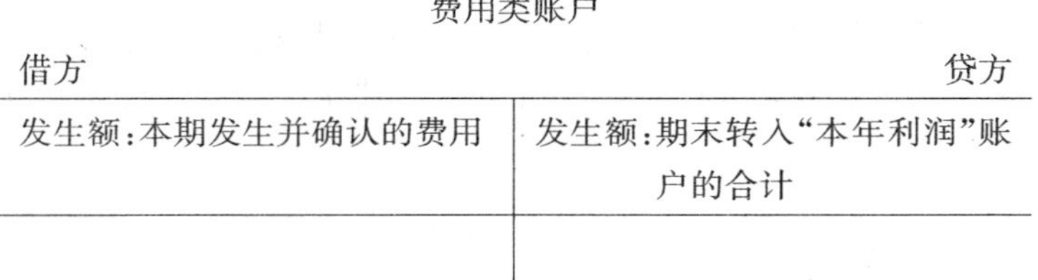

图 6-10　费用类账户

常见的费用类账户主要有“主营业务成本”、“营业税金及附加”、“管理费用”、“财务费用”、“销售费用”、“营业外支出”、“所得税费用”等账户。

2. 财务成果计算类账户

财务成果计算类账户是用来计算并确定企业在一定时期(月份、季度、年度)内全部生产经营活动最终财务成果的账户。

这类账户的基本结构是,借方登记一定时期内发生的,从费用类账户转入的各项费用的数额,贷方登记一定时期内发生的,从收入类账户转入的各项收入的数额。期末借、贷双方相抵的计算结果,如果是贷方余额则表示收入大于费用的差额,即企业实现的利润数额;如为借方余额则表示收入小于费用的差额,为企业发生的亏损数额。年末,本年实现的利润或发生的亏损都要结转记入“利润分配”账户,结转后财务成果计算类账户没有余额。由此可见,这类账户在年度中间,账户的余额无论是实现的利润,还是发生的亏损都不转账,要一直保留在这个账户内,目的是提供本期累计实现的利润或累计发生的亏损。因而,年度中间该账户有余额,而且余额可能在贷方,也可能在借方。年终结转,要将本年实现的利润或发生的亏损,从“本年利润”账户转入“利润分配”账户,因此,年末结转后,该账户没有余额。

财务成果计算类账户的基本结构如图 6－11 所示。

财务成果计算类账户

借方	贷方
发生额:从各费用账户转入的数额	发生额:从各收入账户转入的数额
期末余额:本年发生的亏损数	期末余额:本年实理的利润总额

图 6－11　财务成果计算类账户

财务成果计算类账户的特点如下:

(1) 年度内各期期末都有余额,贷方余额为累计净利润,借方余额为累计亏损。年度终了,企业应将本年实现的净利润或亏损总额全部转入“利润分配”账户。因此,年末本账户无余额。

(2) 无论总分类账或明细分类账,均只提供货币信息。

常用的财务成果计算类账户,如“本年利润”账户。

(八) 计价对比类账户

计价对比类账户是用来对某项经济业务按照两种不同的计价标准进行对比,借以确定其业务成果的账户。

该类账户的基本结构是,借方按一种计价标准登记其数额,贷方按另一种计价标准登记其数额,然后将借、贷双方的发生额进行对比就可以确定其业务成果。计价对比类账户的基本结构如图 6－12 所示。

计价对比类账户

借方	贷方
发生额:(1) 某项经济业务按一种计价标准核算的金额 (2) 该账户贷方大于借方的差额数	发生额:(1) 某项经济业务按另一种计价标准核算的金额 (2) 该账户贷方小于借方的差额数

图 6－12　计价对比类账户

计价对比类账户的特点如下：

(1) 该类账户的借方按一种价格标准计价；其贷方又按另一种价格标准计价。

(2) 该类账户具有明显的过渡性质。

常用的计价对比类账户主要有“固定资产清理”、“材料采购”(按计划成本核算)、“生产成本”(按计划成本核算)等账户。

(九) 调整类账户

在会计核算中，由于管理上的需要或其他方面的原因，对于某些会计要素，要求用两种数据从不同的方面进行反映，在这种情况下，就需要设置两个账户，一个用来反映其原始数据，另一个用来反映对原始数据进行调整后的数据，将原始数据与调整数据相加或相减，就可以求出调整后的实际数据。

调整类账户是用来调整相关账户的账面金额，以表示相关账户实际余额的账户。调整类账户依赖于被调整类账户而存在，两者核算的内容相同，但用途和结构不同；被调整类账户反映原始数据，调整类账户反映调整数额。这类账户与被调整类账户结合起来，才能确定某项资产、负债或所有者权益的实有数额。既有资产性质的调整类账户，又有权益性质的调整类账户，还有共同性质的调整类账户。调整类账户根据其调整方式不同，又分为抵减类账户、附加类账户和抵减附加类账户三种。

1. 抵减类账户

抵减类账户也叫备抵类账户。抵减类账户是用来抵减被调整类账户的余额，以求得被调整类账户的实际余额的账户。抵减类账户的余额与被调整类账户的余额必须方向相反。调整类账户与被调整类账户之间的计算公式如下：

被调整类账户余额－调整类账户的余额＝被调整类账户的实际数额

按照被调整类账户的性质，抵减类账户又可分为资产性质的抵减类账户和权益性质的抵减类账户两种。

(1) 资产性质的抵减类账户。资产性质的抵减类账户是用来抵减某一资产类账户(被调整类账户)的余额，以求得该资产的实际数额的账户。抵减类账户与被调整类账户的关系，如图 6－13 所示。

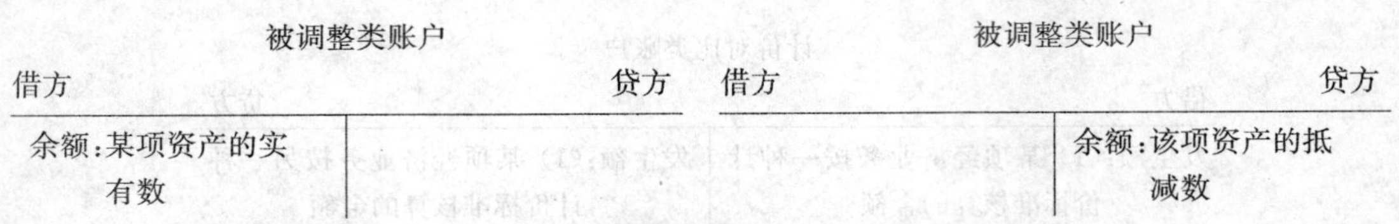

图 6-13　调整类账户与被调整类账户的关系(一)

常用的资产性质的抵减类账户主要有“坏账准备”账户，它是“应收账款”账户的调整账户；“累计折旧”、“固定资产减值准备”账户，它们是“固定资产”账户的调整账户；“累计摊销”账户，它是“无形资产”账户的调整账户；“存货跌价准备”账户，它是存货类账户的调整账户；“长期股权投资减值准备”账户，它是“长期股权投资”账户的调整账户。

(2) 权益性质的抵减类账户。权益性质的抵减类账户是用来抵减某一权益类账户（被调整类账户）的余额，以求得该权益类账户的实际余额的账户。权益性质的抵减类账户与被调整类账户之间的关系，如图 6-14 所示。

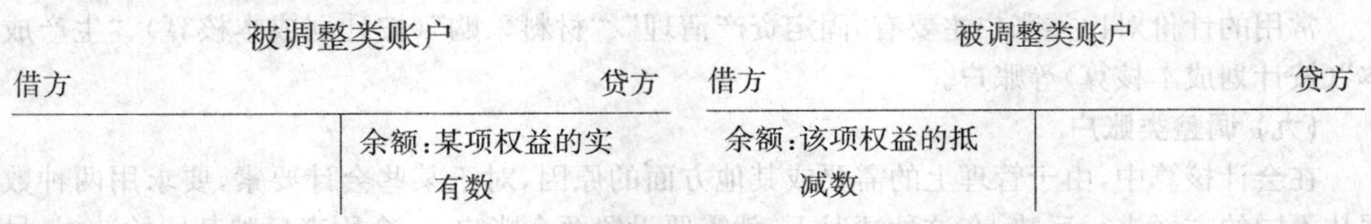

图 6-14　调整类账户与被调整类账户的关系(二)

常用的权益性质的抵减类账户有“利润分配”账户，它是“本年利润”账户的调整账户。

2. 附加类账户

附加类账户是用来增加被调整类账户的余额，以求得被调整类账户实际余额的账户。调整类账户与被调整类账户之间的计算公式为：

被调整类账户余额＋调整类账户的余额＝被调整类账户的实际数额

附加类账户与被调整类账户之间的关系如图 6-15 所示。

被调整类账户	
借方	贷方
余额：库存存货的实有数	

被调整类账户	
借方	贷方
余额：在途存货的增加数	

图 6-15　调整类账户与被调整类账户的关系(三)

常用的附加类调整账户有“材料采购”账户，它是“原材料”账户的调整账户。

3. 抵减附加类账户

抵减附加类账户是既用来抵减又用来增加被调整类账户的余额，以求得被调整类账户的实际余额的账户。抵减附加类账户兼有抵减类账户和附加类账户的双重作用。当其余额与被调整类账户的余额在相反的方向时，它所起的是抵减类账户的作用，其调整方式与抵减类账户相同；当其余额与被调整类账户余额在相同方向时，它所起的是附加类账户的作用，其调整方式与附加类账户相同。调整类账户与被调整类账户之间的计算公式为：

被调整类账户余额±调整类账户的余额＝被调整类账户的实际数额

实际工作中常用的抵减附加类账户有“材料成本差异”、“商品进销差价”等账户。

账户按其用途和结构的分类如表 6－2 所示。

表 6－2　账户按用途和结构的分类

<table>
<tr><td rowspan="12">账户按用途和结构分类</td><td>盘存类账户</td><td colspan="3">“库存现金”账户
“银行存款”账户
“原材料”账户
“库存商品”账户
“固定资产”账户</td></tr>
<tr><td rowspan="3">结算类账户</td><td>资产结算类账户</td><td colspan="2">“应收账款”账户
“应收票据”账户
“其他应收款”账户等</td></tr>
<tr><td>负债结算类账户</td><td colspan="2">“应付账款”账户
“应付票据”账户
“应付利息”账户
“短期借款”账户
“应付职工薪酬”账户
“应交税费”账户
“其他应付款”账户等</td></tr>
<tr><td>资产负债结算类账户</td><td colspan="2">“其他往来”账户
“衍生工具”账户
“套期工具”账户
“被套期项目”账户等</td></tr>
<tr><td>资本类账户</td><td colspan="3">“实收资本”账户
“资本公积”账户等</td></tr>
<tr><td>集合分配类账户</td><td colspan="3">“制造费用”账户等</td></tr>
<tr><td>跨期摊提类账户</td><td colspan="3">“待摊费用”账户
“长期待摊费用”账户</td></tr>
<tr><td>成本计算类账户</td><td colspan="3">“材料采购”账户
“生产成本”账户
“在建工程”账户等</td></tr>
<tr><td rowspan="3">财务成果类账户</td><td rowspan="2">账务成果形成过程类账户</td><td>收入类账户</td><td>“主营业务收入”账户
“其他业务收入”账户
“营业外收入”账户</td></tr>
<tr><td>费用支出类账户</td><td>“主营业务成本”账户
“其他业务成本”账户
“管理费用”账户
“销售费用”账户
“财务费用”账户
“营业税金及附加”账户等</td></tr>
<tr><td>财务成果计算类账户</td><td colspan="2">“本年利润”账户</td></tr>
<tr><td>计价对比类账户</td><td colspan="3">“材料采购”账户
“生产成本”账户
“固定资产清理”账户等</td></tr>
</table>

（续表）

<table>
<tr><td rowspan="4">账户按用途和结构分类</td><td rowspan="4">调整类账户</td><td rowspan="2">抵减类账户</td><td>资产性质的抵减类账户</td><td>“坏账准备”账户
“累计折旧”账户
“存货跌价准备”账户
“固定资产减值准备”账户
“累计摊销”账户
“长期股权投资减值准备”账户</td></tr>
<tr><td>权益性质的抵减类账户</td><td>“利润分配”账户</td></tr>
<tr><td>附加类账户</td><td colspan="2">“材料采购”账户</td></tr>
<tr><td>抵减附加类账户</td><td colspan="2">“材料成本差异”账户
“商品进销差价”账户等</td></tr>
</table>

以上重点介绍了按经济内容及按用途和结构分类的账户体系。此外，按账户与会计报表的关系，账户还可以分为资产负债表账户和利润表账户。

资产类账户、负债类账户、所有者权益账户和成本类账户的余额，是期末编制资产负债表的依据，被称为资产负债表账户。这类账户的特点是期末通常有余额，反映的是资金运动的静态状况，因此也称之为“实账户”。

损益类的收入、费用账户的发生额不能表示企业实际拥有或者控制的经济资源和对这些资源的要求权，但可以表示企业一定期间的损益形成情况。期末要根据这些账户的发生额编制损益表，因此，收入账户、费用账户被称为损益表账户。这类账户的特点是期末通常无余额，只有本期发生额，反映的是资金运动的动态状况，因此又称之为“虚账户”。

“实账户”与“虚账户”的实际差别主要表现在期末是否有余额上。因此，账户按其与会计报表的关系分类，也就是按有无期末余额分类，这种分类的目的在于正确把握期末余额代表的经济内容及期末账户结转的规律性，以便正确组织会计核算。

复习思考题

1. 账户的经济内容是什么？账户按经济内容分为哪几类？
2. 账户按用途和结构分为哪几类？
3. 简述盘存账户结构的特点。
4. 比较资产结算类账户、负债结算类账户及资产负债结算类账户结构的特点。
5. 简述集合分配类账户结构的特点。
6. 属于成本计算账户的有哪些？这类账户的结构特点是什么？
7. 简述调整类账户的特点。
8. 举例说明抵减调整类账户与被调整类账户的关系。
9. 举例说明计价对比类账户结构的特点。

第七章　会计凭证

【学习目标】

通过本章学习，了解会计凭证的传递原则，熟悉会计凭证的作用，原始凭证的分类、填制，记账凭证的审核，掌握会计凭证的分类，原始凭证的作用、审核要点，记账凭证的分类、作用、填制和会计凭证的传递。

第一节　会计凭证的作用和种类

一、会计凭证的作用

会计凭证，简称凭证，是记录经济业务、明确经济责任和据以登记账簿的书面证明。

会计主体办理任何一项经济业务，都必须办理凭证手续，由执行和完成该项经济业务的有关人员取得或填制会计凭证，记录经济业务的发生日期、具体内容以及数量和金额，并在凭证上签名或盖章，对经济业务的合法性、真实性和正确性负完全责任。所有会计凭证都要由会计部门审核无误后才能作为记账的依据。因此，填制和审核会计凭证，是会计信息处理的重要方法之一，同时也是整个会计核算工作的起点和基础。

会计凭证具有以下几个方面的作用：

（一）会计凭证是提供原始资料、传导经济信息的工具

会计信息是经济信息的重要组成部分。它一般是通过数据，以凭证、账簿、报表等形式反映出来的。随着生产的发展，及时准确的会计信息在企业管理中的作用愈来愈重要。任何一项经济业务的发生，都要编制或取得会计凭证。会计凭证是记录经济活动的最原始资料，是经济信息的载体。通过会计凭证的加工、整理和传递，可以直接取得和传导经济信息，既协调了会计主体内部各部门、各单位之间的经济活动，保证生产经营各个环节的正常运转，又为会计分析和会计检查提供了基础资料。

（二）会计凭证是登记账簿的依据

任何单位，每发生一项经济业务，如现金的收付、商品的进出以及往来款项的结算等，都必须通过填制会计凭证来如实记录经济业务的内容、数量和金额，然后经过审核无误，才能登记入账。如果没有合法的凭证作依据，任何经济业务都不能登记到账簿中去。因此，做好会计凭证的填制和审核工作，是保证会计账簿资料真实性、正确性的重要条件。

（三）会计凭证是加强经济责任制的手段

由于会计凭证记录了每项经济业务的内容，并要由有关部门和经办人员签章，这就要求有关部门和有关人员对经济活动的真实性、正确性、合法性负责。这样，无疑会增加有关部门和有关人员的责任感，促使他们严格按照有关政策、法令、制度、计划或预算办事。如有发生违法乱纪或经济纠纷事件，也可借助会计凭证确定各经办部门和人员所负的经济责任，并据以进行正确的裁决和处理，从而加强经济管理的岗位责任制。

（四）会计凭证是实行会计监督的条件

通过会计凭证的审核，可以查明各项经济业务是否符合法规、制度的规定，有无贪污盗窃、铺张浪费和损公肥私行为，从而发挥会计的监督作用，保护各会计主体所拥有资产的安全完整，维护投资者、债权人和有关各方的合法权益。

二、会计凭证的种类

会计凭证按其填制程序和用途的不同，可以分为原始凭证和记账凭证两大类。

（一）原始凭证

原始凭证是在经济业务发生时取得或填制的，用以证明经济业务的发生或者完成情况，并作为记账原始依据的会计凭证。它是进行会计核算的重要原始资料，是记账的原始依据，是会计核算中具有法律效力的一种证明文件。凡是不能证明经济业务已经发生或完成的凭证、文件，如购货合同、费用预算等，都不属于原始凭证，不能作为记账的原始依据。原始凭证的主要作用在于准确、及时、完整地反映经济业务的历史面貌，并据以检验有关业务的真实性、合法性和合理性。

原始凭证按其来源不同，可分为自制原始凭证和外来原始凭证两种。

自制原始凭证是由本单位经办业务的部门和人员在执行或完成某项经济业务时所填制的凭证。自制原始凭证按其填制程序和内容不同，又可分为一次凭证、累计凭证和汇总原始凭证三种。

一次凭证，亦称一次有效凭证，是指只记载一项经济业务或同时记载若干项同类经济业务，填制手续一次完成的凭证。例如，领料单（见表 7－1）、发票（见表 7－2）等都是一次凭证。一次凭证只能反映一笔业务的内容，使用方便灵活，但数量较多，核算较麻烦。

表 7－1 （企业名称）

领料单

领料单位：　　　　　　　　　　　　　　　　　　　　　编号：

用　　途：　　　　　　　年　　月　　日　　　　　　　仓库

材料类别	材料编号	材料名称	规　　格	计量单位	数　量		单　价	金　额
					请领	实发		

记账：　　　　　　发料：　　　　　　领料单位负责人：　　　　　　领料：

【相关链接】

“领料单”一式三联，一联留采购部门备查；一联留仓库，据以登记材料物资明细账和材料卡片；一联转会计部门或月末经汇总后转会计部门，据以进行总分类核算。

表 7－2　增值税专用发票

开票日期：　　　年　　月　　日　　　　　　　　　　　　　　　　　　　No

<table>
<tr><td rowspan="2">购货单位</td><td>名　称</td><td colspan="4"></td><td>纳税人登记号</td><td colspan="2"></td></tr>
<tr><td>地址、电话</td><td colspan="4"></td><td>开户银行及账号</td><td colspan="2"></td></tr>
<tr><td colspan="2">商品或劳务名称</td><td>规格型号</td><td>计量单位</td><td>数量</td><td>单价</td><td>金　额</td><td>税率（%）</td><td>税额</td></tr>
<tr><td colspan="2"></td><td></td><td></td><td></td><td></td><td></td><td></td><td></td></tr>
<tr><td colspan="2"></td><td></td><td></td><td></td><td></td><td></td><td></td><td></td></tr>
<tr><td colspan="2"></td><td></td><td></td><td></td><td></td><td></td><td></td><td></td></tr>
<tr><td colspan="2">合计</td><td></td><td></td><td></td><td></td><td></td><td></td><td></td></tr>
<tr><td colspan="2">价税合计（大写）</td><td colspan="7">拾　万　仟　佰　拾　元　角　分　￥</td></tr>
<tr><td rowspan="2">销售单位</td><td>名　称</td><td colspan="4"></td><td>纳税人登记号</td><td colspan="2"></td></tr>
<tr><td>地址、电话</td><td colspan="4"></td><td>开户银行及账号</td><td colspan="2"></td></tr>
</table>

销货单位（章）：　　　　　收款人：　　　　　复核：　　　　　开票人：

【特别提醒】

增值税专用发票只限于增值税的一般纳税人领购使用，增值税的小规模纳税人和非增值税纳税人不得领购使用。增值税专用发票一般为三联，分别为记账联、抵扣联、发票联。

累计凭证，亦称多次有效凭证，是指连续记载一定时期内不断重复发生的同类经济业务，填制手续是在一张凭证中多次进行才能完成的凭证。例如，限额领料单（见表 7－3）就是一种累计凭证。使用累计凭证，由于平时随时登记发生的经济业务，并计算累计数，期末计算总数后作为记账的依据，所以能减少凭证数量，简化凭证填制手续。

汇总原始凭证亦称原始凭证汇总表，是根据许多同类经济业务的原始凭证定期加以汇总而重新编制的凭证。例如，月末根据月份内所有领料单汇总编制的领料单汇总表，亦称发料汇总表见表 7－4，就是汇总原始凭证。汇总原始凭证可以简化编制记账凭证的手续，但它本身不具备法律效力。

表 7-3 （企业名称）

限额领料单

仓库:2 号

领料单位:加工车间　　　　计划产量:2 000 台

用途:制造甲产品　　　　单位消耗定额:0.5 千克/台

材料类别	材料编号	材料名称	规格	计量单位	单位	领料限额	全月实领	
							数量	金额
黑色金属	8303	圆钢	ϕ3 mm	千克	2	1 000	950	1 900

日期	请领			实发		代用料料			限额节余
	数量	领料单位负责人签章	领料人签章	数量	发料人签章	数量	单价	金额	
5	500	王克	赵明	500	李中				500
15	300	王克	赵明	300	李中				200
25	150	王克	赵明	150	李中				50

仓库负责人:林海　　　　生产计划部门负责人:张力

表 7-4 （企业名称）

领料单汇总表

年　月

<table>
<tr><th colspan="2">用途(借方科目)</th><th>上旬</th><th>中旬</th><th>下旬</th><th>月计</th></tr>
<tr><td rowspan="2">生产成本</td><td>甲产品</td><td></td><td></td><td></td><td></td></tr>
<tr><td>乙产品</td><td></td><td></td><td></td><td></td></tr>
<tr><td colspan="2">制造费用</td><td></td><td></td><td></td><td></td></tr>
<tr><td colspan="2">管理费用</td><td></td><td></td><td></td><td></td></tr>
<tr><td colspan="2">在建工程</td><td></td><td></td><td></td><td></td></tr>
<tr><td colspan="2">本月领料合计</td><td></td><td></td><td></td><td></td></tr>
</table>

外来原始凭证是指在经济业务发生时,从其他单位或个人取得的凭证。例如,供货单位开来的发票,运输部门开来的运费收据,银行开来的收款或支款通知等都属于外来原始凭证。外来原始凭证一般都是一次凭证。

(二) 记账凭证

记账凭证是根据原始凭证进行归类、整理编制的会计分录凭证。它是登记账簿的直接依据。由于原始凭证种类繁多、格式不一,不便于在原始凭证上编制会计分录,据以记账,所以有必要将各种原始凭证反映的经济内容加以归类整理,确认为某一会计要素后,编制记账凭证。从原始凭证到记账凭证是经济信息转换成会计信息的过程,是会计的初始确认阶段。

记账凭证按其用途不同,可以分为专用记账凭证和通用记账凭证两类。

专用记账凭证是指分类反映经济业务的记账凭证。这种记账凭证按其反映经济业务的内容不同,又可分为收款凭证、付款凭证和转账凭证。收款凭证和付款凭证是用来反映货币资金收入、付出业务的凭证。货币资金的收入、付出业务就是直接引起库存现金或银行存款增减变动的业务，如用现金发放职工工资、以银行存款支付费用收到销货款存入银行等。转账凭证是用来反映非货币资金业务的凭证。非货币资金业务亦称转账业务，是指不涉及货币资金增减变动的业务，如向仓库领料、产成品交库、分配费用等。

表 7-5　（企业名称）

收款凭证

借方科目：　　　　　　　　年　　月　　日　　　　　　　字第　　号

摘　要	贷方科目		金额	记账
	一级科目	二级科目或明细科目		
合　计				

附件　　张

会计主管：　　　　记账：　　　　出纳：　　　　审核：　　　　填制：

表 7-6　（企业名称）

付款凭证

贷方科目：　　　　　　　　年　　月　　日　　　　　　　字第　　号

摘　要	贷方科目		金额	记账
	一级科目	二级科目或明细科目		
合　计				

附件　　张

会计主管：　　　　记账：　　　　出纳：　　　　审核：　　　　填制：

表 7-7　（企业名称）

转账凭证

年　　月　　日　　　　　　　字第　　号

摘　要	一级科目	二级或明细科目	借方金额	贷方金额	记账
合　计					

附件　　张

会计主管：　　　　记账：　　　　出纳：　　　　审核：　　　　填制：

问题与思考

仅仅涉及货币资金之间的划转业务，如从银行提取现金或将现金存入银行，该填写哪种记账凭证呢？

通用记账凭证，是指用来反映所有经济业务的记账凭证。

专用记账凭证的一般格式见表7-5、表7-6、表7-7。至于通用记账凭证其一般格式与转账凭证相同。

【相关链接】

上述凭证中，收款凭证、付款凭证、转账凭证的划分适用于规模较大，收、付款业务较多的单位，这样可以区别不同经济业务进行分类管理，便于进行经济业务的检查。但对于经济业务较为简单，规模较小，收、付款业务较少的单位，可不对记账凭证作上述划分，而采用通用记账凭证对所有经济业务进行记录，从而减少工作量。

记账凭证按其填列会计科目的数目不同，可分为单式记账凭证和复式记账凭证两类。

单式记账凭证是在一张记账凭证上只填列每笔会计分录中的一方科目，其对应科目只作参考，不据以记账。填列借方科目的称为借项记账凭证，填列贷方科目的称为贷项记账凭证。这样，每笔会计分录至少要填制两张单式记账凭证，用编号将其联系起来，以便查对。设置单式记账凭证的目的：一是便于汇总，即每张凭证只汇总一次，并且可减少差错；二是为了实行会计部门内部的岗位责任制，即每个岗位人员都应对与其有关的账户负责；三是利于贯彻内部控制制度，防止差错和舞弊。但由于凭证张数多，不易保管，填制凭证的工作量较大，故使用的单位较少。单式记账凭证的一般格式见表7-8、表7-9。

表7-8 （企业名称）

借项记账凭证

对应科目：主营业务收入　　　　2×15年×月×日　　　　编号1

摘　要	一级科目	二级或明细科目	金额	记账
销售	银行存款		35 000	√

附件1张

会计主管：　　记账：　　出纳：　　审核：　　填制：

表7-9 （企业名称）

贷项记账凭证

对应科目：银行存款　　　　2×15年×月×日　　　　编号1

摘　要	一级科目	二级或明细科目	金额	记账
销售	主营业务收入		35 000	√

附件1张

会计主管：　　记账：　　出纳：　　审核：　　填制：

复式记账凭证是在一张凭证上完整地列出每笔会计分录所涉及的全部科目。上述专用记账凭证和通用记账凭证均为复式记账凭证。复式记账凭证的优点是在一张凭证上就能完整地反映一笔经济业务的全貌，且填写方便，附件集中，便于凭证的分析及审核。其缺点是不便于分工记账及科目汇总。

记账凭证按其包括的内容不同，可以分为单一记账凭证、汇总记账凭证和科目汇总表（亦称记账凭证汇总表、账户汇总表）三类。

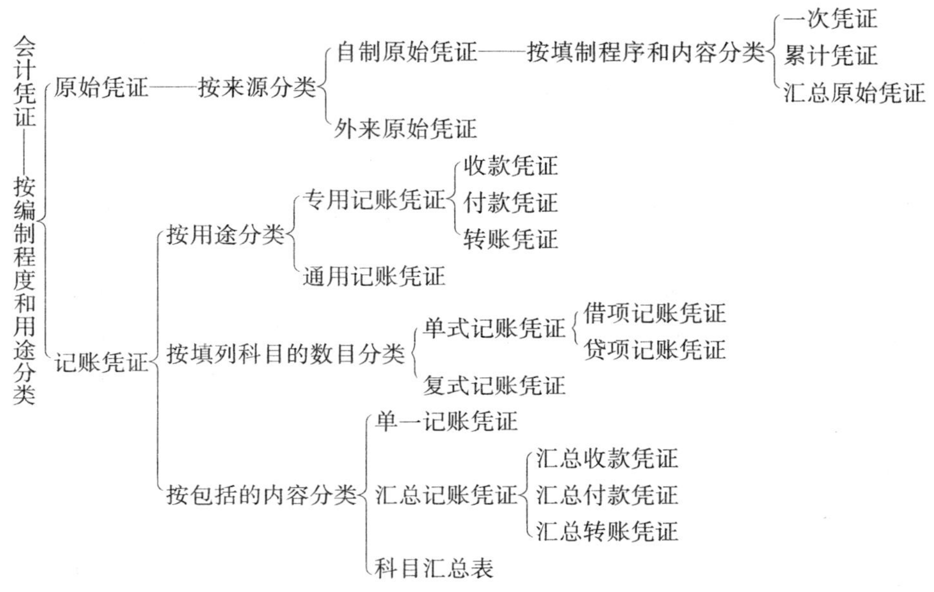

图 7-1　会计凭证分类示意图

单一记账凭证是指只包括一笔会计分录的记账凭证。上述的专用记账凭证和通用记账凭证，均为单一记账凭证。

汇总记账凭证是指根据一定时期内同类单一记账凭证定期加以汇总而重新编制的记账凭证。其目的是为了简化总分类账的登记手续。汇总记账凭证又可进一步分为汇总收款凭证、汇总付款凭证和汇总转账凭证，其一般格式见表 7-14、表 7-15、表 7-16。

科目汇总表是指根据一定时期内所有的记账凭证定期加以汇总而重新编制的记账凭证。其目的也是为了简化总分类账的登记手续。科目汇总表的一般格式见表 7-17。

综合上述，会计凭证的分类如图 7-1 所示。

第二节　原始凭证

一、原始凭证的基本要素

由于经济业务的种类和内容不同以及经营管理的要求不同，实际工作中，原始凭证的格式和反映的内容也各不相同。但无论哪一种原始凭证，都必须客观、真实地反映济业务的发生和完成情况，明确有关部门和人员的责任。因此，各种原始凭证都必如备以下基本内容：

(1) 原始凭证的名称。它标明原始凭证所记录的经济业务的种类,如“领料单”。

(2) 原始凭证的填制日期。它一般是经济业务发生或完成的日期,若经济业务发生或完成时没有及时编制,应以实际编制日期为准。

(3) 原始凭证的编号。

(4) 接受原始凭证单位的名称。

(5) 经济业务的基本内容。它包括经济业务的内容摘要、实物数量、单价、金额等。

(6) 填制原始凭证的单位或个人名称。

(7) 经办人的签名或盖章。如果是外来原始凭证,还要有填制单位的财务专用章或公章。

实际工作中,原始凭证除了具有以上基本内容外,还可以根据经营管理和特殊业务的需要,补充一些必要的内容,如合同号数等。有些特殊的原始凭证,可不加盖公章,但这种凭证一般有固定的特殊标志,如铁道部统一印制的火车票等。

各会计主体根据会计核算和管理的需要,按照原始凭证应具备的基本内容和补充内容,即可设计和印制适合本主体需要的各种原始凭证。但是,为了加强宏观管理,强化监督,堵塞偷税、漏税的漏洞,各有关主管部门应当为同类经济业务设计统一的原始凭证格式。例如,由中国人民银行设计统一的银行汇票、本票、支票;由交通部门设计统一的客运、货运单据;由税务部门设计的发票、收款收据等。这样,不但可使反映同类经济业务的原始凭证内容在全国统一,便于加强监督管理,而且也可以节省各会计主体的印刷费用。

二、原始凭证的填制

(一) 原始凭证的填制要求

原始凭证是记账的原始依据,为了保证原始凭证能够正确、及时、清晰地反映各项经济业务的真实情况,提高会计工作质量,填制原始凭证时必须符合如下要求:

1. 记录真实可靠

原始凭证填制的内容和数字,必须反映经济业务的实际情况,不得匡算和估算,更不能伪造,以确保提供的信息真实可靠。对于遗失的或确实无法取得的经济业务的记录,由经办单位负责人批准,可编制代用原始凭证。

2. 内容完整规范

原始凭证规定的各项内容,必须填写齐全,不得遗漏或省略不填。项目填列不全的原始凭证,不能作为经济业务的合法证明,也不能作为编制记账凭证的依据和附件。

3. 书写清楚规范

原始凭证上的数字和文字必须填写清楚,文字要简明,字迹要清楚,易于辨认。如果发生错误,不得随意涂抹、刮擦或挖补,必须由出具单位重开或者更正,更正处应加盖出具单位的公章。如果金额出现错误,必须由出具单位重开。有关现金、银行存款收付的原始凭证(如支票)如果填写失误,不得在凭证上进行更正,只能按照规定手续作废,重新填写。

有关经办人员在填制原始凭证的数字和货币符号时,必须做到以下几点:

(1) 阿拉伯金额数字应一个一个地写,不得连笔写,阿拉伯数字前面应当书写货币币种符号或者名称,如人民币符号为“¥”,币种符号与阿拉伯数字之间不得留有空白。凡阿拉伯数字前写有币种符号的,数字后面不再写有货币单位。

(2) 所有以“元”为单位的阿拉伯数字,除表示单价等情况外,一律填写到角分;无角分的,角位和分位可写“00”，或者用符号“—”表示；有角无分的，分位应当写“0”，不得用符号“—”代替。

(3) 汉字大写金额数字，如壹、贰、叁、肆、伍、陆、柒、捌、玖、拾、佰、仟、万、亿、元、角、分、零、整等，应一律用正楷字或行书字书写，不得涂改，不得任意自造简化字。

(4) 大写金额数字到元或角为止的，在“元”或“角”字之后应写“整”或“正”字；大写金额数字到分的，分字后面不写“整”或“正”字。

(5) 大写金额数字前未印有货币名称的，应当加填货币名称。货币名称与大写金额数字之间不得留有空白。

(6) 阿拉伯金额数字中间有“0”时，汉字大写金额要写“零”字；阿拉伯金额数字中间连续有几个“0”时，汉字大写金额中可以只写一个“零”字；阿拉伯金额数字元位是“0”或者数字中间连续有几个“0”、元位也是“0”，但角位不是“0”时，汉字大写金额可以只写一个“零”字，也可以不写“零”字。例如￥39 000.75，汉字大写金额可以写成“人民币叁万玖仟元零柒角伍分”，也可以写成“人民币叁万玖仟元柒角伍分”。

问题与思考

“￥109.50”，“￥1 008.56”，“￥1 000.68”，“￥10.00”和“￥2 500.00”的大写金额如何书写？

4. 填制及时

原始凭证要在业务发生或完成时及时填制并按程序传递审核，做到不积压、不误时、不事后填补，以确保会计信息的时效性。

5. 手续齐备

凭证填写的手续必须完备，符合内部控制制度的要求。有关业务经办人员在取得或填制原始凭证时，必须遵照有关规定执行，做到操作规范、手续齐备。例如购买的货物，必须有验收证明；支付了货款，必须有收款单位和收款人的收款证明，等等。

6. 顺序使用

顺序使用要求收付款项或实物的凭证要顺序或分类编号，在填制时按照编号的次序使用，跳号的凭证应加盖“作废”戳记，不得撕毁。

(二) 原始凭证的填制方法

根据经济业务本身的性质不同，原始凭证填制的方法可以分为以下三种：

(1) 根据实际发生的经济业务直接填制。例如“收料单”是在采购材料验收入库时，根据供货单位发票及实际验收入库的材料类别、名称规格、数最、价格等填制的。

(2) 根据账簿记录对有关经济业务加以归类、整理、计算填制。例如“制造费用分配表”，是会计人员在计算产品生产成本时，根据制造费用明细账的记录，按一定标准(如生产工时)计算分配各产品应承担的制造费用而填制的，如表 7－10 所示。

表 7-10　制造费用分配表

年　　月　　日　　　　　　　　　　编号：

分配对象	分配标准(生产工时)	分配率(%)	分配金额(元)
合计			

会计主管：　　　　　　　　　　制表：

(3) 汇总原始凭证是以若干张反映同类交易或事项的原始凭证为依据加以汇总填列的。例如“发出材料汇总表”，是根据一定时期的领料单等领料凭证，按领料用途和材料类别分别归类汇总填制的。

三、原始凭证的审核

为了如实反映经济业务的发生和完成情况，充分发挥会计的监督职能，保证会计信息的真实性、可靠性，应由专门人员严格审核原始凭证。只有经审核无误的凭证，才能作为记账的依据。

原始凭证的审核主要包括以下几个方面的内容：

(一) 真实性的审核

真实性审核包括凭证日期、业务内容和数据是否真实；外来原始凭证是否有编制单位公章、编制人员签章；自制原始凭证是否有经办部门和经办人员的签名或盖章等。经办人员在审核中若发现假冒、伪造的凭证应拒绝办理。

(二) 合法性、合理性的审核

合法性、合理性审核包括审核所记录的经济业务是否有违反国家法律法规的问题；是否符合规定的审核权限；是否履行了规定的凭证传递和审核程序；是否符合企业生产经营活动的需要；是否符合计划、预算等。

(三) 完整性、正确性的审核

完整性、正确性的审核是指审核原始凭证所记录的经济内容是否完整、数字记录是否正确、手续是否齐全、有关经办人员是否都已签名或盖章等。

(四) 及时性的审核

及时性审核是指审核原始凭证是否是在经济业务发生或完成时及时填制的传递是否及时，有无提前或拖后现象。尤其是支票、商业汇票等时效性较强的原始凭证，更应仔细验证签发日期。

【相关链接】　**原始凭证审核后的有关处理**

原始凭证审核完毕，对于符合“合法、合理、完整、正确”要求的原始凭证，应及时进行账务处理，填制记账凭证并登记账簿；对于内容合法、合理，但是不够完整、正确的原始凭证，应该暂缓办理会计手续，退还给有关责任人，责令其改正或补办；对于内容完整、正确但不合法、不合理的原始凭证，会计人员应拒绝受理，并制止、纠正不法行为。

原始凭证经过审核无误后，才能作为编制记账凭证和登记账簿的依据。

第三节　记账凭证

记账凭证是会计人员根据审核无误的原始凭证，按照经济业务的内容加以归类，据以确定会计分录后所填制的、直接作为登记账簿依据的会计凭证。记账凭证是介于原始凭证与账簿之间的中间环节。它将原始凭证中的一般数据转化为会计语言，是登记明细分类账和总分类账的直接依据。会计人员要按照规定要求填制记账凭证，并根据审核无误的记账凭证登记账簿。

【特别提醒】

原始凭证和记账凭证虽然同属于会计凭证，但其性质却截然不同。原始凭证记录的是经济信息，是编制记账凭证的依据和会计核算的基础；记账凭证记录的则是会计信息，是会计核算的起点。

一、记账凭证的基本要素

记账凭证主要用于对原始凭证进行归类、整理，将原始凭证中所载有的原始数据通过会计分录转化为会计账簿所能接受的专用语言，从而成为登记账簿的直接依据。因此，作为登记账簿直接依据的记账凭证，虽然种类不同、格式各异，但一般要具备以下基本要素：

（1）记账凭证的名称，如“收款凭证”“付款凭证”“转账凭证”等。

（2）记账凭证的填制日期。

【特别提醒】

记账凭证的填制日期不一定就是经济业务发生的日期。

（3）记账凭证的编号。

（4）经济业务的内容摘要。

【特别提醒】

记账凭证是对原始凭证直接处理的结果，所以，只需将原始凭证上的内容简明扼要地在记账凭证中予以说明即可。

（5）经济业务所涉及的会计科目及金额。

（6）所附原始凭证的张数。

（7）会计主管、审核、记账、出纳、制单等有关人员签章。

（8）记账标记。

二、记账凭证的填制

（一）记账凭证的填制要求

编制记账凭证是会计核算的重要环节，编制正确与否，关系到记账的真实性。为了便于登记账簿，会计人员必须按照规定的方法填制记账凭证，在填制时应当符合以下要求：

1. 依据真实

记账凭证必须根据审核无误的原始凭证填制，除结账和错账更正外，记账凭证必须附有原始凭证，并注明所附原始凭证的张数。

【相关链接】

如果一张原始凭证涉及几张记账凭证，可以把原始凭证附在一张主要的记账凭证后面，并在其他记账凭证上注明所附原始凭证的记账凭证的编号或者附原始凭证的复印件。所附原始凭证张数的计算，一般以原始凭证的自然张数为准。如果记账凭证中附有原始凭证汇总表，则应该把所附的原始凭证和原始凭证汇总表的张数一起计入附件的张数之内。但报销差旅费等零星票券，可以粘贴在一张纸上，作为一张原始凭证。

如果一张原始凭证所列支出需要几个单位共同负担时，该原始凭证一般由主办单位保存，附在有关记账凭证后面；将其他单位负担的部分，开给对方原始凭证分割单，进行结算。

2. 内容完整

记账凭证应当具备各项基本要素，凡记账凭证中要求的内容必须填写齐全，并按规定的程序办理各项手续，不得简化。

3. 分类正确

经济业务发生时，要根据交易或事项的内容，区别不同类型的原始凭证，正确使用会计科目和记账凭证。

4. 连续编号

记账凭证的编号方法有多种，可以按所有业务统一编号，如总字第 8 号；也可以按业务类别分别编号，如收字第 10 号、付字第 12 号、转字第 18 号，或者现收字第 12 号、现付字第 8 号、银收字第 19 号、银付字第 31 号、转字第 28 号；还可以将统一编号与分类编号相结合。无论采用哪一种编号方法，都应该按月顺序编号，即每月都从 1 号编起，按自然数 1、2、3、4……顺序编至月末，不得跳号、重号。一笔经济业务需要填制两张或两张以上记账凭证的，可以采用分数编号法。如有一笔经济业务需要填制两张记账凭证，凭证顺序号为 9，则可以编成 $9\frac{1}{2}$，$9\frac{2}{2}$ 号。每月末最后一张记账凭证的编号旁应加注“全”字。

5. 书写清楚

填制记账凭证，字迹必须清晰、工整。

6. 空行注销

记账凭证填制完成经济业务事项后，如有空行，应当在金额栏自最后一笔金额数字下的空行处至合计数上的空行处划斜线或“S”形线注销。

7. 机制记账凭证应符合记账凭证的一般要求

实行会计电算化的单位，其机制记账凭证应当符合记账凭证的一般要求。打印出的机制记账凭证要加盖制单人员、审核人员、记账人员及会计机构负责人、会计主管人员的印章或签字，以加强审核，明确责任。

（二）记账凭证的填制方法

记账凭证在不同的记账方法下其格式不同，现按借贷记账法的要求介绍其填制方法。

1. 收款凭证的填制方法

收款凭证是用来记录货币资金收款业务的凭证，它是由出纳人员根据审核无误的原始凭证收款后编制的。在借贷记账法下，在收款凭证左上方所填列的借方科目，应是“库存现金”或“银行存款”科目；在凭证内所反映的贷方科目，应填列与“库存现金”或“银行存款”相对应的科目。记账栏注明记入总账或明细账、日记账的页次，也可以表示已登记入账。金额栏填列经济业务实际发生的金额，在凭证的右侧填写所附原始凭证张数，并在出纳及制单处签名或盖章。

【例7-1】 2014年12月2日，企业销售商品一批，开给H公司增值税发票一张，价款56 460元，税额9 598.2元，收到转账支票一张。出纳人员根据审核无误的原始凭证编制银行存款收款凭证，其内容与格式如表7-11所示。

表7-11　收款凭证

借方科目：银行存款　　　　2014年12月2日　　　　银收字第2号

摘要	贷方科目		金额											
	总账科目	明细科目	千	百	十	万	千	百	十	元	角	分	记账	
销售商品	主营业务收入					5	6	4	6	0	0	0		附件
	应交税费	应交增值税（销项税额）					9	5	9	8	2	0		
														张
合计					¥	6	6	0	5	8	2	0		

财务主管：　　记账：　　出纳：张丽　　审核：　　制单：王明

2. 付款凭证的编制方法

付款凭证是用来记录货币资金付款业务的凭证，它是由出纳人员根据审核无误的原始凭证付款后编制的。在借贷记账法下，在付款凭证左上方所填列的贷方科目，应是“库存现金”或“银行存款”科目；在凭证内所反映的借方科目，应填列与“库存现金”或“银行存款”相对应的科目。其他内容与收款凭证基本相同。

3. 转账凭证的填制方法

转账凭证是用来记录与货币资金收付无关的转账业务的凭证，它是由会计人员根据审核无误的转账原始凭证编制的。在借贷记账法下，将经济业务所涉及的会计科目全部填列在凭证内，借方科目在先，贷方科目在后，将各会计科目所记应借应贷的金额填列在“借方金额”或“贷方金额”栏内。借、贷方金额合计数应该相等。通用记账凭证的填制与转账记账凭证填制方法基本相同。

【例7-2】 2014年12月2日，企业供销科采购员刘军借差旅费1 000元。出纳人员根据审核无误的原始凭证编制库存现金付款凭证，其内容与格式如表7-12所示。

表 7－12　付款凭证

贷方科目：库存现金　　　　2014 年 12 月 2 日　　　　现付字第 1 号

摘要	借方科目		金额										记账	
	总账科目	明细科目	千	百	十	万	千	百	十	元	角	分		附件1张
刘军预借差旅费	其他应收款	刘军					1	0	0	0	0	0		
合计						¥	1	0	0	0	0	0		

财务主管：　　　记账：　　　出纳：张丽　　　审核：　　　制单：王明

【例 7－3】　2014 年 12 月 2 日，管理部门领用甲材料一批，该材料成本 2 000 元编制“转账凭证”，其格式与内容如表 7－13 所示。

表 7－13　转账凭证

2014 年 12 月 2 日　　　　转字第 2 号

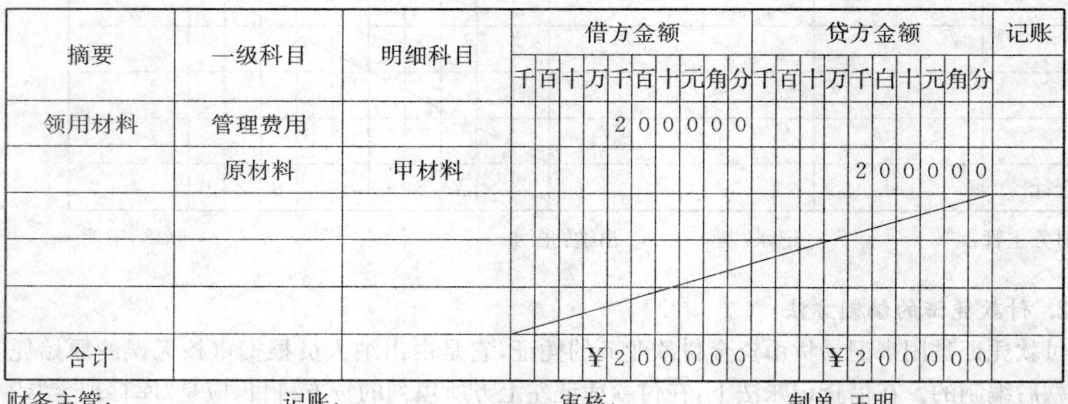

摘要	一级科目	明细科目	借方金额										贷方金额										记账	
			千	百	十	万	千	百	十	元	角	分	千	百	十	万	千	白	十	元	角	分		附件1张
领用材料	管理费用						2	0	0	0	0	0												
	原材料	甲材料															2	0	0	0	0	0		
合计						¥	2	0	0	0	0	0				¥	2	0	0	0	0	0		

财务主管：　　　记账：　　　审核：　　　制单：王明

4. 汇总记账凭证的填制方法

汇总记账凭证分为汇总收款凭证、汇总付款凭证和汇总转账凭证三种。汇总收款凭证是根据收款凭证分别按库存现金和银行存款账户的借方设置，并按对应的贷方账户归类汇总。汇总付款凭证是根据付款凭证分别按库存现金和银行存款账户的贷方设置，并按对应的借方账户归类汇总。汇总转账凭证是根据转账凭证按账户的贷方设置，并按对应的借方账户归类汇总。这三种汇总记账凭证都应定期（如每五天或每旬）汇总一次，每月填制一张。为了便于汇总，对转账凭证的对应关系，要求保持“一借一贷”或“一贷多借”，而不宜采用“一借多贷”。汇总记账凭证可以反映账户的对应关系，便于了解经济业务的来龙去脉，进而利于分析和检查。但是，汇总的工作量也较繁重。汇总记账凭证的一般格式见表 7－14、表 7－15、表7－16。

表 7－14　汇总收款凭证

借方科目：　　　　　　　　　　　　年　　月　　　　　　　　　　　　第　　号

贷方科目	金额				记账	
	(1)	(2)	(3)	合计	借方	贷方

附注：(1) 自____日至____日　收款凭证共计____张

(2) 自____日至____日　收款凭证共计____张

(3) 自____日至____日　收款凭证共计____张

表 7－15　汇总付款凭证

贷方科目：　　　　　　　　　　　　年　　月　　　　　　　　　　　　第　　号

贷方科目	金额				记账	
	(1)	(2)	(3)	合计	借方	贷方

附注：(1) 自____日至____日　付款凭证共计____张

(2) 自____日至____日　付款凭证共计____张

(3) 自____日至____日　付款凭证共计____张

表 7－16　汇总转款凭证

贷方科目：　　　　　　　　　　　　年　　月　　　　　　　　　　　　第　　号

贷方科目	金额				记账	
	(1)	(2)	(3)	合计	借方	贷方

附注：(1) 自____日至____日　转款凭证共计____张

(2) 自____日至____日　转款凭证共计____张

(3) 自____日至____日　转款凭证共计____张

科目汇总表是根据收款凭证、付款凭证、转账凭证或通用记账凭证，按照相同的会计科目归类，定期(每五天或每旬)汇总填制。为了便于编制科目汇总表，所有记账凭证的账户对应关系应保持一借一贷，转账凭证在填制时最好复写两联，一联作为借方账户的转账凭证，另一联作为贷方账户的转账凭证。这样，就可简化汇总的手续，也能减少差错。同汇总记账凭证相比较，科目汇总表既可以简化总分类账的登记手续，又能起到全部账户发生额的试算平衡作用，汇总的工作还比较简单，但它最大的缺点是无法反映账户的对应关系。科目汇总表的一般格式见表 7－17。

表 7－17　科目汇总表

年　　月　　日至　　日　　　　字第　　号

账户名称	总账页数	本期发生额		记账凭证起讫号数
		借方	贷方	

四、记账凭证的审核

记账凭证是登记账簿的直接依据，为了保证账簿记录的正确性，任何记账凭证在登记入账前都应由专人对其进行认真、严格的审核。只有经审核无误的记账凭证，才能作为记账的依据。审核的主要内容有：

1. 会计科目的使用是否正确

要审核记账凭证应借、应贷的会计科目是否正确，是否符合会计制度的规定，明细科目是否齐全，对应关系是否清晰，金额计算是否正确等。

2. 各项目填写是否齐全

要审核记账凭证中的日期、凭证编号、摘要等项目是否填列齐全，有关人员是否签字或盖章等。

3. 记账凭证内容与所附原始凭证内容是否相符

要审核记账凭证是否以原始凭证为依据，所附原始凭证的内容是否与记账凭证的内容一致，记账凭证上填写的附件的张数是否与实际原始凭证张数相符。

第四节　会计凭证的传递与保管

一、会计凭证的传递

会计凭证的传递是指从取得或填制时起，经过审核、记账、装订到归档保管时止，在单位内部有关部门和人员之间按规定的时间、路线办理业务手续和进行处理的过程。

正确、合理地组织会计凭证的传递，对于及时处理和登记经济业务，协调单位内部各部门、各环节的工作，加强经营管理的岗位责任制，具有重要作用。例如，对材料收入业务的凭证传递，应明确规定：材料运达企业后，需多长时间验收入库，由谁负责填制收料单，又由谁在何时将收料单送交会计及其他有关部门；会计部门由谁负责审核收料单，由谁在何时编制记账凭证和登记账簿，又由谁负责整理或保管凭证等。这样，既可以把材料收入业务从验收入库到登记入账簿的全部工作在本单位内部进行分工，并通过各部门的协作来共同完成，同时，也便于考核经办业务的有关部门和人员是否按照规定的会计手续办事。

各单位会计凭证的传递程序应当科学、合理，具体办法由各单位根据会计业务自行规定，一般应注意下列几个方面的问题：

(1) 确定会计凭证的传递程序。各单位应当根据经济业务的特点、机构设置和人员分工情况，适应经济管理和内部控制的需要，具体规定会计凭证在有关部门和人员之间的传递程序，使各有关部门和人员能够了解经济业务的情况，及时办理凭证手续，同时注意流程的设计是否合理，以避免不必要的环节，提高工作效率。

(2) 确定会计凭证的传递时间。应根据有关部门和人员办理经济业务的手续和要求，确定会计凭证在各个环节适当的停留时间，保证凭证及时传递，防止拖延积压。

(3) 建立会计凭证交接的签收制度。为了保证会计凭证的安全完整在会计凭证传递的各个环节应指定专人办理交接手续，做到责任明确、严格有序。

会计凭证的传递程序和时间确定后，可以绘制成流程图或流程表通知有关人员参照执行。执行中可随时根据实际情况加以修正。

二、会计凭证的保管

会计凭证是重要的经济档案和历史资料，各单位对会计凭证必须妥善保管，不得丢或任意销毁。会计凭证的保管，主要是指会计凭证在记账后所进行的整理、装订、编目和归档保管。保管的主要方法和要求是：

(1) 会计凭证记账完毕后，应当按照分类和编号顺序保管，不得散乱丢失。

(2) 企业记账后，应定期(一般按月)将会计凭证加以归类整理。将记账凭证连同所附的原始凭证等，按照编号顺序，折叠整齐，按期装订成册，并加具封面，注明单位名称、年度、月份和起讫日期、凭证种类、起讫号码，由装订人在装订线封签处签名或者盖章。

对于数量过多的原始凭证，可以单独装订保管，在封面上注明记账凭证日期、编号、种类，同时在记账凭证上注明“附件另订”和原始凭证名称及编号。各种经济合同、涉外文件等重要原始凭证，应当另编目录，单独登记保管，并在有关的记账凭证和原始凭证上相互注明日期和编号。

(3) 原始凭证不得外借，其他单位如因特殊原因需要使用原始凭证时，经本单位会计机构负责人、会计主管人员批准，可以复制。向外单位提供的原始凭证复制件，应当在专设的登记簿上登记，并由提供人员和收取人员共同签名或者盖章。

(4) 从外单位取得的原始凭证如有遗失，应当取得原开出单位盖有公章的证明，并注明原来凭证的号码、金额和内容等，由经办单位会计机构负责人、会计主管人员和单位负责人批准后，才能代作原始凭证。如果确实无法取得证明的，如火车、轮船、飞机票等凭证，由当事人写出详细情况，由经办单位会计机构负责人、会计主管人员和单位负责人批准后，代作原始凭证。

(5) 当年的会计凭证，在会计年度终了后，可暂由会计部门保管一年，期满后，原则上应由会计部门编造清册移交本单位档案部门保管。按《会计档案管理办法》的规定，会计凭证一般应保存 15 年。保存期满需要销毁时，须开列清单，按规定手续报经审批后方可销毁，任何单位和个人都不能随意销毁会计凭证。

会计档案保管期限表见表 7－18。

表 7－18　会计档案保管期限表

序号	档案名称	保管期限	备注
一	会计凭证类		
1	原始凭证	15 年	
2	记账凭证	15 年	
3	汇总凭证	15 年	
二	会计账簿类		
4	总账	15 年	
5	明细账	15 年	
6	日记账	15 年	现金和银行存款日记账保管 25 年
7	固定资产卡片账		固定资产报废清理后保管 5 年
8	辅助账簿	15 年	
三	财务报告类		
9	月、季度财务报告	3 年	包括文字分析
10	年度财务报告	永久	包括文字分析
四	其他类		
11	会计移交清册	15 年	
12	会计档案保管清册	永久	
13	会计档案销毁清册	永久	
14	银行存款余额调节表	5 年	
15	银行对账单	5 年	

【相关链接】

会计凭证装订前应怎样排序、粘贴和折叠？

对于纸张面积大于记账凭证的原始凭证，可按记账凭证的面积尺寸，先自右向左，再自下向上折叠两次。注意应把凭证的左上角或左侧面让出来，以便装订后，还可以展开查阅。

对于纸张面积过小的原始凭证，一般不能直接装订，可先按一定的次序和类别排列，再粘在一张同记账凭证大小相同的白纸上，粘贴时以胶水为宜。

对于纸张面积略小于记账凭证的原始凭证，可以用回形针或大头针别在记账凭证后面，待装订凭证时，抽去回形针或大头针。

原始凭证附加记账凭证后的顺序应与记账凭证所记内容的顺序一致，不应按原始凭证的面积大小来排序。

所有汇总装订好的会计凭证都要加具封面。封面应用结实、耐磨、韧性较强的牛皮纸等。

复习思考题

1. 什么是会计凭证？它有何重要作用？
2. 原始凭证应具备哪些基本内容？
3. 填制原始凭证应遵循哪些要求？
4. 如何审核原始凭证？
5. 记账凭证应具备哪些基本内容？
6. 填制记账凭证应符合哪些具体要求？
7. 如何审核记账凭证？
8. 收款、付款、转账凭证各填制何种经济业务？
9. 采用专用记账凭证时，涉及库存现金、银行存款之间的相互划转业务应填制哪种记账凭证？
10. 如何组织会计凭证的传递？
11. 会计凭证保管的一般要求是怎样的？

第八章　会计账簿

【学习目标】

本章主要讲述账簿的设置和登记。通过本章学习,要求理解设置账簿对提供会计信息的重要作用,要求熟悉总分类账、日记账和明细分类账的内容、格式、登记依据和登记方法,要求掌握登记账簿的各种规则,并学会熟练的登记账户和运用账簿。

第一节　会计账簿及其种类

一、会计账簿的含义

会计账簿是指以会计凭证为依据,在具有专门格式的账页中全面、连续、系统、综合地记录和反映企事业单位经济业务的簿籍。会计账簿是根据会计科目开设的。

每个企事业单位所发生的经济业务都必须取得、填制并审核原始凭证,对经济业务的详细内容加以记录,以反映和监督各项经济业务的完成情况。但会计凭证数量多且分散,每张会计凭证只能各自反映其不同的经济业务,说明个别经济业务的内容,而不能全面、连续、系统、综合地反映企事业单位在一定时期内的某类和全部资金运动变化情况,不能满足经济管理的要求。因此,只有通过账簿的记录,才能把会计凭证所提供的多且分散的会计资料加以归类整理,分类和综合地反映会计信息,以满足经济管理的要求。

二、会计账簿的作用

设置和登记账簿是会计核算工作的一个重要环节,对加强经济管理有十分重要的意义。

(一) 为经济管理提供连续、系统、完整的会计信息

账簿所反映的经济内容是按经济业务发生的时间顺序连续、全面地登记的,它把分散在各个会计凭证中的个别会计信息通过账簿记录进一步系统化。通过账簿的序时完整的记录,可以取得经济业务连续、全面的核算资料,而对经济业务的分类核算,既能系统、全面地提供各类经济业务的明细分类会计信息,又能够系统、全面地提供有关经济业务的综合会计信息。这些明细和综合的会计信息,是企业加强经营管理和分析经济活动的重要依据。

(二) 以保护企业财产物资的安全与完整

通过设置有关财产物资账簿,如固定资产、产成品、现金、银行存款等账簿,记录这些财产物资的增减变化情况,确定企业在一定会计期间所拥有的财产物资数量;通过定期对财产的清查盘点,并与账面结存数量相核对,使其达到账实相符,从而保护企业财产的安全与完整。

(三) 可以为编制会计报表和进行会计检查、会计分析提供依据

会计期末,对账、结账后的会计账簿是编制会计报表的直接依据。同时,账簿记录的资料又是进行会计检查和分析的依据。通过编制会计报表可以将账簿所记录的系统资料加以概括，借助会计报表提供的资料，会计报表使用者可以了解企业经济活动的全貌。

三、会计账簿的种类

（一）会计账簿按其用途的分类

会计账簿按其用途分为序时账簿、分类账簿和备查账簿三类。

1. 序时账簿

序时账簿亦称日记账，是指按照经济业务发生的时间先后顺序，逐日逐笔登记的账簿。按其记录的经济内容不同，它又分为普通日记账和特种日记账两种。

普通日记账是用来登记全部经济业务发生情况的日记账。它将每天发生的全部经济业务按其发生的先后顺序，编制记账凭证，根据记账凭证逐笔登记到普通日记账中。如企业设置的日记总账就是普通日记账。

特种日记账是用来记录某一类经济业务发生情况的日记账。将某一类经济业务按其发生的先后顺序记入账簿中，反映某一特定项目的详细情况。如企业为了对现金和银行存款加强管理，设置库存现金日记账和银行存款日记账，来记录现金和银行存款的收、付款业务。

是否需要设置普通日记账，企业可以根据自身的特点和管理的要求而定；而企业从加强货币资金的核算和管理的角度出发，应设置库存现金日记账和银行存款日记账两个特种日记账。

2. 分类账簿

分类账簿是指对全部经济业务按照总分类账户和明细分类账户进行分类登记的账簿。分类账簿可反映资产、负债、所有者权益、费用成本和收入利润等增减变化的情况，是企业经营管理的重要资料来源。按照分类的概括程度不同，分类账簿可以分为总分类账簿和明细分类账簿两种。按照总分类账户开设的账簿叫总分类账簿，是用来核算经济业务总括内容的。按照明细分类账户开设的账簿叫明细分类账簿，是用来核算经济业务明细内容的。某个总分类账簿的金额与其所属的明细分类账簿的金额之和相等。它们的作用各不相同，但互为补充。

3. 备查账簿

备查账簿是指对一些不能在序时账簿和分类账簿中记载的经济业务事项进行补充登记的账簿。该种账簿可以对一些经济业务的内容提供必要的参考资料。如租入固定资产登记簿、商业汇票登记簿等。

（二）会计账簿按其外表形式的分类

各种账簿都具有一定格式，按其外表形式不同，会计账簿可分为订本式账簿、活页式账簿和卡片式账簿。

1. 订本式账簿

订本式账簿是把许多印有专门格式的账页按页码先后顺序装订成册的账簿。这种账簿页数固定，不能增减抽换，既可防止账页散失，又可防止抽换账页的现象。由于账页固定，使用起来不灵活，在同一时间内只能由一人登账，不便于分工记账和提高工作效率；不便于调整各账户的页数，如果某账户预留空白账页过多，会造成浪费。订本式账簿适用于重要经济事项的记录，如库存现金日记账、银行存款日记账和总分类账等。

2. 活页式账簿

活页式账簿是指由若干零散的、具有专门格式的账页组成的账簿。这种账簿可根据实际需要确定账页，账页可随时增减，同时有利于分工记账，提高工作效率。账簿的空白账页，在使用时须连续编号，并装置在账夹中保管使用，应由有关人员的签章，以防散失。使用完毕，不登记时，将其装订成册，以便保管。

3. **卡片式账簿**

卡片式账簿是指印有专门格式的卡片组成的账簿。卡片不固定在一起，数量可根据经济业务增减。如材料卡片、固定资产卡片等。使用完毕，则将卡片穿孔固定保管。

（三）会计账簿按其账页格式的分类

会计账簿按其账页格式不同主要分为三栏式账簿、数量金额式账簿和多栏式账簿。

1. **三栏式账簿**

三栏式账簿设有“借方”、“贷方”、“余额”三栏。这种格式通常适用于只需要反映金额，不需要提供数量变化情况的账户，如“应收账款”、“其他应收款”、“预付账款”、“预收账款”、“其他应付款”、“应付账款”等账户的核算。其格式如表 8－9 所示。

2. **数量金额式账簿**

数量金额式账簿设有“收入”、“发出”、“结存”三栏，在每个栏目下增设“数量”、“单价”和“金额”专栏。这种格式适用于原材料、库存商品等存货的明细分类核算。其格式如表 8－10 所示。

3. **多栏式账簿**

多栏式账簿是将某一总账账户所属的明细账户分别设置专栏登记在一张账页上。这种格式适用于“生产成本”、“制造费用”、“管理费用”等账户的明细分类核算。其格式如表 8－11 所示。

会计账簿的分类如图 8－1 所示。

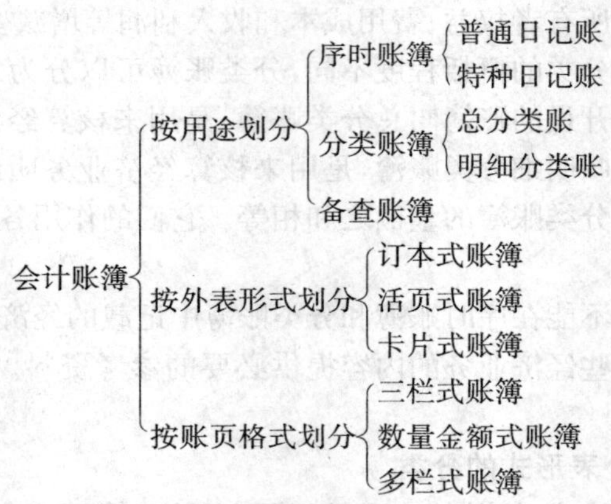

图 8－1　会计账簿的种类

第二节　会计账簿的设置与登记

一、会计账簿的设置要求与基本内容

（一）账簿的设置要求

会计账簿的设置，首先要遵守国家有关会计制度的规定；其次要根据企业规模大小、业务繁简、会计人员的多少，从加强管理的实际需要和具体条件出发设置相应的账簿，及时登记发生的各种经济业务。账簿的设置应科学、合理、系统、严密，便于会计人员的操作使用，同时又

要防止账簿设置过于烦琐。设置会计账簿应遵循下列原则：

(1) 会计账簿的设置必须遵守国家有关会计制度的规定，结合单位的经营规模和业务特点，使账簿能全面地反映经济活动情况，满足经营管理的需要。

(2) 会计账簿的设置必须做到总账与明细账、日记账相结合，既要保证账簿之间相互衔接、配合严密，又要避免重复设账。

(3) 会计账簿的设置必须有利于财会部门内部的分工，便于会计人员记账、算账和报账，节省核算时间。

(二) 账簿的基本内容

账簿的格式是多种多样的，但账簿的基本内容大致相同。账簿的基本内容包括以下几部分：

(1) 封面。写明记账单位的名称和账簿的名称。

(2) 扉页。主要有两个内容：一是经管账簿人员一览表，见表 8-2；二是账户目录，见表 8-1。设置账户目录主要是便于查阅账簿中登记的内容。

表 8-1　账户目录(科目索引)

科目	页数	科目	页数

(3) 账页。账页的格式，因反映经济业务的内容的不同而存在差异，但基本内容包括：

① 账户的名称，包括总账科目、明细科目；

② 登账日期栏；

③ 凭证种类、号数栏；

④ 摘要栏；

⑤ 金额栏；

⑥ 总页次和分户页次。

(三) 账簿的启用

为了保证账簿记录的合法性，明确记账责任，每本账簿起用时，应在账簿扉页填列启用及交接表(活页式账簿和卡片式账簿应在装订成册后填列)。启用会计账簿时，应当在账簿封面上写明单位名称和账簿名称。账簿扉页上的内容包括启用日期、账簿页数、账簿编号、账簿册数，以及记账人员和会计主管人员姓名等并加盖私章和公章。记账人员、会计机构负责人和会计主管人员调动工作时，应办理交接手续，在表内注明交接日期、接办人员和监交人员姓名，并由双方签字或盖章。“账簿启用及经管人员一览表”的格式如表 8-2 所示。

表 8-2　账簿启用及经管人员一览表

<table>
<tr><td colspan="3">单位名称</td><td colspan="4"></td><td colspan="5" rowspan="5">公　章</td></tr>
<tr><td colspan="3">账簿名称</td><td colspan="4"></td></tr>
<tr><td colspan="3">账簿编号</td><td colspan="4"></td></tr>
<tr><td colspan="3">账簿页数</td><td colspan="4">本账簿共　页</td></tr>
<tr><td colspan="3">启用日期</td><td colspan="4">年　月　日</td></tr>
<tr><td rowspan="5">经管人员</td><td colspan="3">负责人</td><td colspan="3">会计主管</td><td colspan="3">复　核</td><td colspan="2">记　账</td></tr>
<tr><td colspan="2">姓　名</td><td>签章</td><td colspan="2">姓　名</td><td>签章</td><td colspan="2">姓　名</td><td>签章</td><td>姓名</td><td>签章</td></tr>
<tr><td colspan="2"></td><td></td><td colspan="2"></td><td></td><td colspan="2"></td><td></td><td></td><td></td></tr>
<tr><td colspan="2"></td><td></td><td colspan="2"></td><td></td><td colspan="2"></td><td></td><td></td><td></td></tr>
<tr><td colspan="2"></td><td></td><td colspan="2"></td><td></td><td colspan="2"></td><td></td><td></td><td></td></tr>
<tr><td rowspan="4">交接记录</td><td colspan="2">经　管</td><td colspan="4">接　管</td><td colspan="4">监　交</td><td rowspan="2">备注</td></tr>
<tr><td>姓名</td><td>性别</td><td>年</td><td>月</td><td>日</td><td>签章</td><td>年</td><td>月</td><td>日</td><td>签章</td></tr>
<tr><td></td><td></td><td></td><td></td><td></td><td></td><td></td><td></td><td></td><td></td><td></td></tr>
<tr><td></td><td></td><td></td><td></td><td></td><td></td><td></td><td></td><td></td><td></td><td></td></tr>
<tr><td colspan="2">印花税票
粘贴处</td><td colspan="10"></td></tr>
</table>

启用订本式账簿应从第一页起连续编定页数，中间不得跳页、缺页。启用活页式账页，应按账户顺序编号。

（四）账簿登记的规则

登记账簿时，一般应遵循以下原则，以保证账簿提供信息的质量：

（1）必须根据经过审核无误的会计凭证登记账簿。为了保证账簿记录的客观正确，必须以经过审核无误的会计凭证为依据。登记时应当将会计凭证的日期、凭证字号、经济业务摘要和金额逐项记入账簿内。

（2）必须使用蓝黑墨水或者碳素墨水的钢笔书写，不允许用铅笔或圆珠笔（银行的复写账簿除外）记账。由于各种账簿归档保管的年限国家规定一般都在 10 年以上，有些关系到重要经济资料的账簿则要长期保管，因此，要求账簿记录保持清晰、耐久，以便长期查核使用，防止涂改。红色墨水通常用于更正错账、冲账、画线，在不设借贷、收付的多栏式账簿中登记减少金额，以及账簿余额前没有印有余额方向出现负数时。

（3）必须按顺序逐页、逐行登记。记账时应按账户页次顺序逐页登记，不得跳行、隔页。如果发生跳行、隔页时，应在空行和空页处用红色墨水画对角线注销，并注明“此行空白”或“此页空白”字样，并由记账人员签章证明。

（4）登记账簿时，每一笔账都要写明日期、凭证号数、摘要和金额。登账后，要在记账凭证上注明所记账簿的页数或划“√”，表示已经登记入账，避免重记和漏记。

（5）文字和数字的书写必须工整、规范。记账要保持清晰、整洁，记账的文字和数字都要端正、清楚，不得潦草。文字和数字都应紧靠行格底线书写，只占格高度的 1/2，留有余地，以便更正错误时书写正确的文字和数字。

(6) 凡需结出余额的账户，在结出余额后，应在“借或贷”等栏内写明“借”或“贷”字样。没有余额的账户，应在“借或贷”等栏内写“平”字，并在余额栏内用“0”表示。现金日记账、银行存款日记账必须逐日结出余额。

(7) 每张账页记完时，应做转页处理。每张账页登记完毕结转下页时，要在该账页的最末一行加计发生额合计数和结出余额，并在该行的“摘要”栏内注明“过次页”字样；然后，再把这个发生额合计数和余额结转到下一页的第一行内，并在下一页的“摘要”栏内注明“承前页”字样，以保证账簿记录的连续性。

(8) 账簿记录如果发生错误，应按照规定的方法进行更正，严禁刮擦、挖补、涂改或用药水消除字迹，不准撕毁账页，也不准重新抄写。

二、总分类账的格式及其登记方法

总分类账是根据一级会计科目设置，连续地记录和反映资金增减变动情况的账簿。总分类账总括全面地反映企业和事业单位经济活动的情况，它只提供金额指标，是编制会计报表的依据。一切企业、事业单位都要设置总分类账。通常采用三栏式订本账簿。总分类账账页的格式一般设有借方、贷方和余额三栏，其格式如表 8－3 所示。

表 8－3　总　账

科目：________　　　　　　　　　　　　　　　　　　　　　　　第×页

年		凭证		摘要	借方									贷方									借或贷	余额								
月	日	字	号		百	十	万	千	百	十	元	角	分	百	十	万	千	百	十	元	角	分		百	十	万	千	百	十	元	角	分
				过次页																												

总分类账的登记方法较多，究竟采用哪种方法，要根据单位所采用的会计核算组织程序来确定。不同的会计核算组织程序所采用的登记总账的依据是不同的。这些内容将在会计核算组织程序这一章来分别加以介绍。

三、日记账的格式及其登记方法

(一) 库存现金日记账

库存现金日记账是指由出纳员根据现金收款凭证、现金付款凭证和部分银行存款付款凭证逐日逐笔按经济业务发生的先后顺序进行登记的账簿。其格式有三栏式和多栏式,均采用订本式账簿。格式不同,其登记的方法也有一定的差异。

1. 三栏式库存现金日记账及其登记方法

三栏式库存现金日记账如表 8-4 所示。

库存现金日记账各栏目的登记方法如下:

(1) 日期栏是指现金实际收付的日期。

(2) 凭证栏是指入账的收、付款凭证的种类,如"现金收(付)款凭证",简写为"现收(付)"、"银行存款收(付)款凭证",简写为"银收(付)"。对于从银行提取现金的收入数,根据银行存款付款凭证登记现金日记账。凭证栏还应登记凭证的编号数,以便于查账和核对;

表 8-4 库存现金日记账

第　页

年		凭证号数	摘要	对方科目	借方								贷方								余额							
月	日				十	万	千	百	十	元	角	分	十	万	千	百	十	元	角	分	十	万	千	百	十	元	角	分
			过次页																									

(3) 摘要栏,简要说明入账的经济业务的内容,文字既要简练,又要能说明问题。

(4) 对方科目栏是指现金收入的来源科目或支出的用途科目。如从银行提取现金,其来源科目(即对应科目)为"银行存款"科目。其用途在于了解经济业务的来龙去脉。

(5) 借方、贷方栏是指现金实际收付的金额。

(6) 余额栏根据公式"当日现金余额=昨日现金余额+当日收入现金合计-当日支出现金合计"计算填列。

每日终了,应将余额与出纳员的库存现金核对,即通常所说的"日清"。如账存与实存金额不符应查明原因,并记录备案。月终同样要计算现金收、付和结存的合计数,通常称之为"月结"。

2. 多栏式库存现金日记账及其登记方法

多栏式库存现金日记账是指分别按现金收入和支出的对应科目设若干专栏,以详细反映现金收入来源和支出去向的账簿。其具体格式如表 8-5 所示。

表 8－5　库存现金日记账(多栏式)

第　　页

年		凭证		摘要	贷方科目														收入现金合计							借方科目																					支出现金合计							余额						
月	日	字	号		银行存款							其他业务收入														银行存款							应付工资							管理费用																				
					万	千	百	十	元	角	分	万	千	百	十	元	角	分	万	千	百	十	元	角	分	万	千	百	十	元	角	分	万	千	百	十	元	角	分	万	千	百	十	元	角	分	万	千	百	十	元	角	分	万	千	百	十	元	角	分
				过总账页码								第　页							第　页														第　页							第　页							第　页							第　页						

多栏式库存现金日记账是在三栏式日记账的基础上发展建立起来的。现金支出按应借科目分设专栏,现金收入按应贷科目分设专栏,各有关专栏的合计数就是登记总账的依据。这种账簿由于现金对应科目较多,账页会很大,给登账工作带来一定困难。因此,又可以将多栏式库存现金日记账分为库存现金收入日记账和库存现金支出日记账。其格式如表8-6、表8-7所示。

表8-6 库存现金收入日记账

第　　页

年		凭证		摘要	应贷科目														现金收入合计							现金支出合计							结余						
月	日	字	号																																				
					万	千	百	十	元	角	分	万	千	百	十	元	角	分	万	千	百	十	元	角	分	万	千	百	十	元	角	分	万	千	百	十	元	角	分

表8-7 库存现金支出日记账

第　　页

年		凭证		摘要	应借科目																												现金支出合计						
月	日	字	号																																				
					万	千	百	十	元	角	分	万	千	百	十	元	角	分	万	千	百	十	元	角	分	万	千	百	十	元	角	分	万	千	百	十	元	角	分

多栏式库存现金日记账的登记方法,其基本原理与三栏式一样,区别在于现金收入和现金支出分别反映在两本账上。根据现金付款凭证登记库存现金支出日记账,并按日结出每天的现金支出总数填记在"现金支出合计"栏内,同时将库存现金支出日记账上的支出合计数转记到库存现金收入日记账上。根据现金收入凭证登记库存现金收入日记账,并按日结出每天现金收入总数,登记在"现金收入合计"栏内,同时按公式"当日现金余额=昨日现金余额+当日

收入现金合计一当日支出现金合计”结出当天现金的结存余额，与现金实存数核对相符。

(二) 银行存款日记账

银行存款日记账是指由出纳员根据银行存款收款凭证、银行存款付款凭证和部分现金付款凭证逐日逐笔按经济业务发生的先后顺序进行登记的账簿。其格式也有三栏式和多栏式，均采用订本式账簿。

1. 三栏式银行存款日记账及其登记方法

三栏式银行存款日记账主要设有“借方”、“贷方”和“余额”三栏。其格式如表 8－8 所示。

表 8－8 银行存款日记账

第　　页

年		凭证		摘要	结算凭证		借方								贷方								余额							
月	日	字	号		种类	编号	十	万	千	百	十	元	角	分	十	万	千	百	十	元	角	分	十	万	千	百	十	元	角	分

银行存款日记账的登记方法与现金日记账的登记方法和要求基本相同。对于现金存入银行的收入数，应根据现金付款凭证进行登记。每日终了和月终要进行“日清月结”工作，并与银行的对账单进行核对，编制出“银行存款余额调节表”。

2. 多栏式银行存款日记账及其登记方法

多栏式银行存款日记账分别按照银行存款收入和支出的对应科目设若干专栏，以详细反映银行存款的收入来源和支出去向。其格式可参照多栏式现金日记账的格式。

多栏式银行存款日记账的登记方法是，逐日、逐笔将银行存款收款凭证中“银行存款”科目的对应科目及其金额登记在日记账中“贷方科目”相应栏目内，将银行存款付款凭证中“银行存款”科目的对应科目及其金额登记在日记账中“借方科目”相应栏目内，登记完毕后，计算出银行存款的收入合计和支出合计，并结出余额。期末，可根据日记账中各栏目会计科目的合计数，登记相应的总分类账。

多栏式银行存款日记账也可以分别设置多栏式银行存款收入日记账和多栏式银行存款支出日记账。其格式可参照多栏式现金收入日记账和现金支出日记账的格式。

四、明细分类账的格式及其登记方法

明细分类账是根据实际需要，分别按照二级科目或明细科目开设的账簿。明细分类账是对总分类账的补充，它能反映经济活动的详细情况，提供较全面的资料，以满足经济管理工作的需要。

明细分类账的账页格式有三栏式、数量金额式和多栏式等，分别反映不同总分类账的详细情况。

（一）三栏式明细分类账的登记方法

三栏式明细分类账的格式设有“借方”、“贷方”和“余额”三个栏目。这种格式通常适用于只需要反映金额，不需要提供数量变化情况的账户，如“应收账款”、“其他应收款”、“预付账款”、“预收账款”、“其他应付款”、“应付账款”等账户的核算。三栏式明细分类账簿多为活页式账簿。其格式如表 8－9 所示。

表 8－9　明细分类账

总页	分页

总账科目＿＿＿＿

子目或户目＿＿＿＿

年		凭证		摘要	借方									贷方									借或贷	余额								
月	日	字	号		百	十	万	千	百	十	元	角	分	百	十	万	千	百	十	元	角	分		百	十	万	千	百	十	元	角	分
				过次页																												

三栏式明细分类账的登记方法是，根据有关记账凭证及其所附的原始凭证逐笔进行借方和贷方金额登记，然后结出余额。如果余额在借方，在“借或贷”栏内填写“借”字；如果余额在贷方，在“借或贷”栏内填写“贷”字。

（二）数量金额式明细分类账的登记方法

数量金额式明细分类账的格式是在“收入”、“发出”、“结存”栏内分别设有“数量”、“单价”和“金额”小栏。它主要用来反映财产物资的数量和金额。它适用于既要核算金额又要核算数量的财产物资，如“原材料”、“库存商品”等账户的核算。其格式如表 8－10 所示。

表 8－10　原材料明细账

总页	分页

明细科目：__________

品名：____________　存放地点：______________　计量单位：____________　编号：____________

年		凭证		摘要	收入									发出									结存								
月	日	字	号		数量	单价	金额							数量	单价	金额							数量	单价	金额						
							万	千	百	十	元	角	分			万	千	百	十	元	角	分			万	千	百	十	元	角	分

数量金额式明细分类账的登记方法是，根据财产物资的收入、发出的原始凭证或原始凭证汇总表内容登记“收入”栏、“发出”栏。如原材料明细账的“收入”栏是根据“收料单”登记的，“发出”栏是根据“发料单”登记的。登记材料收入、材料发出后计算出“结存”栏的数量、单价和金额。

（三）多栏式明细分类账的登记方法

多栏式明细分类账是根据经济业务的特点和经营管理的需要，在账页上设置若干专栏，集中反映某明细账户核算资料的账簿。这种账簿一般适用于登记明细项目多、借贷方向单一的经济业务，如“材料采购”、“生产成本”、“制造费用”、“管理费用”、“财务费用”、“销售费用”、“营业外支出”等账户的核算。其格式如表 8－11、表 8－12 所示。

表 8－11　生产成本明细账

产品名称：__________　　　　第　　页

年		凭证		摘要	成本项目																											合计								
					直接材料									直接人工									制造费用																	
月	日	字	号		百	十	万	千	百	十	元	角	分	百	十	万	千	百	十	元	角	分	百	十	万	千	百	十	元	角	分	百	十	万	千	百	十	元	角	分

表 8－12　管理费用明细账

第　　页

年		凭证		摘要	合计							费用项目																											
												工资							福利费							物料消耗							……						
月	日	字	号		万	千	百	十	元	角	分	万	千	百	十	元	角	分	万	千	百	十	元	角	分	万	千	百	十	元	角	分	万	千	百	十	元	角	分

“主营业务收入”和“营业外收入”等账户所属明细分类账户一般采用贷方多栏的明细账。其格式如表 8－13 所示。

表 8－13　主营业务收入明细账

第　　页

年		凭证		摘要	贷方																												合计						
					甲产品							乙产品							丙产品							……													
月	日	字	号		万	千	百	十	元	角	分	万	千	百	十	元	角	分	万	千	百	十	元	角	分	万	千	百	十	元	角	分	万	千	百	十	元	角	分

“本年利润”、“利润分配”和“应交税费——应交增值税”等账户所属明细账户则需采用借、贷方分别多栏的明细账。其格式如表 8－14 所示。

表 8－14　本年利润明细账

第　　页

<table>
<tr><th colspan="2" rowspan="2">年</th><th colspan="2" rowspan="2">凭证</th><th rowspan="3">摘　要</th><th colspan="14">借　方</th><th colspan="14">贷　方</th><th colspan="7" rowspan="2">余　额</th></tr>
<tr><th colspan="7">主营业务成本</th><th colspan="7">……</th><th colspan="7">主营业务收入</th><th colspan="7">……</th></tr>
<tr><th>月</th><th>日</th><th>字</th><th>号</th><th>万</th><th>千</th><th>百</th><th>十</th><th>元</th><th>角</th><th>分</th><th>万</th><th>千</th><th>百</th><th>十</th><th>元</th><th>角</th><th>分</th><th>万</th><th>千</th><th>百</th><th>十</th><th>元</th><th>角</th><th>分</th><th>万</th><th>千</th><th>百</th><th>十</th><th>元</th><th>角</th><th>分</th><th>万</th><th>千</th><th>百</th><th>十</th><th>元</th><th>角</th><th>分</th></tr>
<tr><td></td><td></td><td></td><td></td><td></td><td></td><td></td><td></td><td></td><td></td><td></td><td></td><td></td><td></td><td></td><td></td><td></td><td></td><td></td><td></td><td></td><td></td><td></td><td></td><td></td><td></td><td></td><td></td><td></td><td></td><td></td><td></td><td></td><td></td><td></td><td></td><td></td><td></td><td></td><td></td></tr>
<tr><td></td><td></td><td></td><td></td><td></td><td></td><td></td><td></td><td></td><td></td><td></td><td></td><td></td><td></td><td></td><td></td><td></td><td></td><td></td><td></td><td></td><td></td><td></td><td></td><td></td><td></td><td></td><td></td><td></td><td></td><td></td><td></td><td></td><td></td><td></td><td></td><td></td><td></td><td></td><td></td></tr>
<tr><td></td><td></td><td></td><td></td><td></td><td></td><td></td><td></td><td></td><td></td><td></td><td></td><td></td><td></td><td></td><td></td><td></td><td></td><td></td><td></td><td></td><td></td><td></td><td></td><td></td><td></td><td></td><td></td><td></td><td></td><td></td><td></td><td></td><td></td><td></td><td></td><td></td><td></td><td></td><td></td></tr>
<tr><td></td><td></td><td></td><td></td><td></td><td></td><td></td><td></td><td></td><td></td><td></td><td></td><td></td><td></td><td></td><td></td><td></td><td></td><td></td><td></td><td></td><td></td><td></td><td></td><td></td><td></td><td></td><td></td><td></td><td></td><td></td><td></td><td></td><td></td><td></td><td></td><td></td><td></td><td></td><td></td></tr>
<tr><td></td><td></td><td></td><td></td><td></td><td></td><td></td><td></td><td></td><td></td><td></td><td></td><td></td><td></td><td></td><td></td><td></td><td></td><td></td><td></td><td></td><td></td><td></td><td></td><td></td><td></td><td></td><td></td><td></td><td></td><td></td><td></td><td></td><td></td><td></td><td></td><td></td><td></td><td></td><td></td></tr>
<tr><td></td><td></td><td></td><td></td><td></td><td></td><td></td><td></td><td></td><td></td><td></td><td></td><td></td><td></td><td></td><td></td><td></td><td></td><td></td><td></td><td></td><td></td><td></td><td></td><td></td><td></td><td></td><td></td><td></td><td></td><td></td><td></td><td></td><td></td><td></td><td></td><td></td><td></td><td></td><td></td></tr>
<tr><td></td><td></td><td></td><td></td><td></td><td></td><td></td><td></td><td></td><td></td><td></td><td></td><td></td><td></td><td></td><td></td><td></td><td></td><td></td><td></td><td></td><td></td><td></td><td></td><td></td><td></td><td></td><td></td><td></td><td></td><td></td><td></td><td></td><td></td><td></td><td></td><td></td><td></td><td></td><td></td></tr>
</table>

各种明细账的登记方法应根据本单位业务量的大小和经营管理上的需要，以及所记录的经济业务内容而定，可以根据原始凭证、汇总原始凭证或记账凭证逐笔登记，也可以根据这些凭证逐日或定期汇总登记。

五、备查账簿的格式及其登记方法

备查账簿属于临时登记用以备查性质，所以也称辅助登记簿，没有规范的统一格式，根据企业实际需要确定其内容、格式与登记方法。

六、总分类账户和明细分类账户的平行登记

(一) 总分类账户和明细分类账户的关系

1. 总分类账户和明细分类账户的设置

在会计工作中，为了更好地适应企业经济管理和决策的需要，会计核算既要提供综合的、总括的会计信息，又要提供具体而详细的会计信息。因此，按提供信息的详细程度不同，将账户分为总分类账户和明细分类账户。

(1) 总分类账户。总分类账户也称一级账户，是对会计要素的具体内容进行总括反映，用货币作为统一的计量单位记录的账户。它只能提供各种有关的总括信息。如“固定资产”总账账户，是根据《会计科目表》中所列的会计科目直接设置的。它只能提供固定资产增减变化和变化结果的总括情况，但不能满足经济管理的具体要求。因此，在设置总分类账户的同时，还应根据经济管理的具体要求设置相应的明细分类账户。

(2) 明细分类账户。明细分类账户简称明细账户，是根据总分类账户的核算内容，按照实际需要和更加详细的分类分别设置的，它是总分类账户的补充说明。如在“固定资产”总账账户下，为了详细地反映固定资产的实际占用情况，应按各种固定资产的品名和规格等分别设置明细账户。

有些企业为了管理上的需要，往往还需要在总分类账户和明细分类账户之间设置二级账

户。如商品流通企业的“库存商品”账户，企业为了加强对商品的管理，在“库存商品”总账账户下，除了按商品的品名、规格设置明细账外，还要按商品的类别设置类目账(如“家电类”、“纺织类”等)。

2. 总分类账户与明细分类账户的关系

总分类账户是根据一级会计科目设置的，它提供的是总括信息；明细分类账户是根据明细科目设置的，它提供的是详细信息。总分类账户是所属明细分类账户信息的综合，对其所属的明细分类账户起着统驭的作用；而明细分类账户是对有关总分类账户的补充说明，对总分类账户起着辅助作用。两者结合起来既能总括又能详细地反映各类经济业务的增减变化情况。

如“原材料”总账账户和“原材料”明细账户。原材料总账是以货币来反映企业全部材料的收入、发出和结存的金额。实际工作中，原材料的品种、规格是多种多样的，且各自的计量单位也不同，总账只提供了货币金额指标但不能进行实物核算。因此，为了提供更详细的货币及实物核算资料，就必须设置原材料明细账。通过原材料明细账既能提供各种材料的收入、发出和结存的数量，又能提供各种材料的收入、发出和结存的金额。

(二) 总分类账户和明细分类账户的平行登记

1. 总分类账户和明细分类账户平行登记的要点

为了使总分类账与其所属的明细分类账之间起到互补的作用，便于账户核对，并保证会计核算资料的正确、完整，必须采用平行登记的方法，在总分类账户和明细分类账户中进行记录。平行登记就是在登记总分类账的时间、方向和金额上应该与明细分类账所登记的时间、方向和金额一致。具体地说，它有以下三个要点：

(1) 总分类账户和明细分类账户登记的时间相同。这是指对发生的每项经济业务在登记总分类账户的时间应该与其所属的明细分类账户的登记时间一致。需要说明的是，这里的“时间”概念是一个期间，不是一个时点。因为明细分类账户一般是根据记账凭证及其所附的原始凭证在平时登记的，而总分类账户的登记由于账务处理的程序不同，可能在平时登记，也可能定期登记，但登记总分类账户和明细分类账户必须在同一会计期间完成。

(2) 总分类账户和明细分类账户登记的方向相同。这是指将发生的经济业务记入某一总分类账户和其所属明细分类账户时，必须在相同的方向，即应记借方的都记借方，应记贷方的都记贷方。

(3) 总分类账户和明细分类账户登记的金额相同。这是指记入某一总分类账户的金额必须与记入其所属一个或几个明细分类账户的金额合计一致。其用公式表示如下：

总分类账户的期初余额＝所属各明细分类账户的期初余额之和

总分类账户的借方发生额＝所属各明细分类账户的借方发生额之和

总分类账户的贷方发生额＝所属各明细分类账户的贷方发生额之和

总分类账户的期末余额＝所属各明细分类账户的期末余额之和

2. 总分类账户和明细分类账户平行登记的方法

现以某企业的“原材料”和“应付账款”两个账户为例，来说明总分类账户和明细分类账户的平行登记。

设某企业 2013 年 12 月 1 日“原材料”账户所属明细账户的余额如下：

A材料 40 000千克	每千克1.00元	40 000元
B材料 20 000千克	每千克0.60元	12 000元
C材料 254千克	每千克2 000元	508 000元
合　计		560 000元

设某企业2013年12月1日“应付账款”账户所属明细账户的余额如下：

甲公司	50 000元
乙公司	28 000元
丙公司	33 800元
合　计	111 800元

设某企业2013年12月份发生以下有关材料采购的业务：

(1) 12月3日，以银行存款偿还丙公司应付账款20 000元。

(2) 12月10日，向甲公司购进A材料28 400千克，每千克1.00元，共计28 400元，货款未付。

(3) 12月20日，向乙公司购进B材料60 000千克，每千克0.60元，共计36 000元，货款未付。

(4) 12月25日，向甲公司购进A材料20 000千克，每千克1.00元，共计20 000元，货款未付。

(5) 12月27日，以银行存款偿还甲公司货款30 000元，乙公司货款24 000元，合计54 000元。

(6) 12月31日，结转本月发出的材料。其中，生产产品耗用A材料15 200千克，每千克1.00元，共计15 200元；B材料8 000千克，每千克0.60元，共计4 800元；C材料20千克，每千克2 000元，共计40 000元。

根据以上资料采用以下步骤进行会计处理：

第一，将“原材料”和“应付账款”账户的期初余额记入总账及其所属的明细分类账。

第二，根据经济业务编制会计分录。

(1) 12月3日，根据原始凭证编制会计分录如下：

借：应付账款——丙公司　　20 000

　贷：银行存款　　20 000

(2) 12月10日，根据原始凭证编制会计分录如下：

借：原材料——A材料　　28 400

　贷：应付账款——甲公司　　28 400

(3) 12月20日，根据原始凭证编制会计分录如下：

借：原材料——B材料　　36 000

　贷：应付账款——乙公司　　36 000

(4) 12月25日，根据原始凭证编制会计分录如下：

借：原材料——A材料　　20 000

　贷：应付账款——甲公司　　20 000

(5) 12 月 27 日，根据原始凭证编制会计分录如下：

借：应付账款——甲公司　　30 000

　　　　　——乙公司　　24 000

　贷：银行存款　　54 000

(6) 12 月 31 日，根据原始凭证编制会计分录如下：

借：生产成本　　60 000

　贷：原材料——A 材料　　15 200

　　　　　——B 材料　　4 800

　　　　　——C 材料　　40 000

第三，根据各项经济业务的会计分录，采用平行登记的方法分别记入“应付账款”和“原材料”的总分类账户及其所属的明细分类账户。其结果如表 8－15 至表 8－22 所示。

表 8－15　总　账

科目：应付账款　　　　第×页

2013 年		凭证		摘　要	借　方									贷　方									借或贷	余　额								
月	日	字	号		百	十	万	千	百	十	元	角	分	百	十	万	千	百	十	元	角	分		百	十	万	千	百	十	元	角	分
12	1			承前页																			贷		1	1	1	8	0	0	0	0
	3			归还丙公司货款			2	0	0	0	0	0	0										贷			9	1	8	0	0	0	0
	10			应付甲公司货款												2	8	4	0	0	0	0	贷		1	2	0	2	0	0	0	0
	20			应付乙公司货款												3	6	0	0	0	0	0	贷		1	5	6	2	0	0	0	0
	25			应付甲公司货款												2	0	0	0	0	0	0	贷		1	7	6	2	0	0	0	0
	27			归还甲、乙公司货款			5	4	0	0	0	0	0										贷		1	2	2	2	0	0	0	0

表 8－16　明细分类账

总页 ×	分页 ×

总账科目应付账款

子目或户目甲公司

2013 年		凭证		摘　要	借　方									贷　方									借或贷	余　额								
月	日	字	号		百	十	万	千	百	十	元	角	分	百	十	万	千	百	十	元	角	分		百	十	万	千	百	十	元	角	分
12	1			承前页																			贷			5	0	0	0	0	0	0
	10			应付甲公司货款												2	8	4	0	0	0	0	贷			7	8	4	0	0	0	0
	25			应付甲公司货款												2	0	0	0	0	0	0	贷			9	8	4	0	0	0	0
	27			归还甲公司货款			3	0	0	0	0	0	0										贷			6	8	4	0	0	0	0

表 8－17　明细分类账

总页　×　　分页　×

总账科目应付账款

子目或户目乙公司

2013年		凭证		摘要	借方									贷方									借或贷	余额								
月	日	字	号		百	十	万	千	百	十	元	角	分	百	十	万	千	百	十	元	角	分		百	十	万	千	百	十	元	角	分
12	1			承前页																			贷			2	8	0	0	0	0	0
	20			应付乙公司货款												3	6	0	0	0	0	0	贷			6	4	0	0	0	0	0
	27			归还乙公司货款			2	4	0	0	0	0	0										贷			4	0	0	0	0	0	0

表 8－18　明细分类账

总页　×　　分页　×

总账科目应付账款

子目或户目丙公司

2013年		凭证		摘要	借方									贷方									借或贷	余额								
月	日	字	号		百	十	万	千	百	十	元	角	分	百	十	万	千	百	十	元	角	分		百	十	万	千	百	十	元	角	分
12	1			承前页																			贷			3	3	8	0	0	0	0
	3			归还丙公司货款			2	0	0	0	0	0	0										贷			1	3	8	0	0	0	0

表 8－19　总　账

科目:原材料　　　　第×页

2013年		凭证		摘要	借方									贷方									借或贷	余额								
月	日	字	号		百	十	万	千	百	十	元	角	分	百	十	万	千	百	十	元	角	分		百	十	万	千	百	十	元	角	分
12	1			承前页																			借		5	6	0	0	0	0	0	0
	10			购进A材料			2	8	4	0	0	0	0										借		5	8	8	4	0	0	0	0
	20			购进B材料			3	6	0	0	0	0	0										借		6	2	4	4	0	0	0	0
	25			购进A材料			2	0	0	0	0	0	0										借		6	4	4	0	0	0	0	0
	31			发出A、B、C材料												6	0	0	0	0	0	0	借		5	8	4	4	0	0	0	0

表 8－20　原材料明细分类账

总页　×　　分页　×

品名:A材料　存放地点:__________　计量单位:千克　编号:__________

2013年		凭证		摘要	收入									发出									结存								
					数量	单价	金额							数量	单价	金额							数量	单价	金额						
月	日	字	号				万	千	百	十	元	角	分			万	千	百	十	元	角	分			万	千	百	十	元	角	分
12	1			期初余额																			40 000	1.00	4	0	0	0	0	0	0
	10			入库	28 400	1.00	2	8	4	0	0	0	0										68 400	1.00	6	8	4	0	0	0	0
	25			入库	20 000	1.00	2	0	0	0	0	0	0										88 400	1.00	8	8	4	0	0	0	0
	31			发出										15 200	1.00	1	5	2	0	0	0	0	73 200	1.00	7	3	2	0	0	0	0

表 8－21　原材料明细分类账

总页 ×	分页 ×

品名:B材料　存放地点:________　计量单位:千克　编号:________

2013年		凭证	摘要	收入									发出									结存								
月	日	字号		数量	单价	金额							数量	单价	金额							数量	单价	金额						
						万	千	百	十	元	角	分			万	千	百	十	元	角	分			万	千	百	十	元	角	分
12	1		期初余额																			20 000	0.60	1	2	0	0	0	0	0
	20		入库	60 000	0.60	1	2	0	0	0	0	0										80 000	0.60	4	8	0	0	0	0	0
	30		发出										8 000	0.60		4	8	0	0	0	0	72 000	0.60	4	3	2	0	0	0	0

表 8－22　原材料明细分类账

总页 ×	分页 ×

品名:C材料　存放地点:________　计量单位:千克　编号:________

2013年		凭证	摘要	收入										发出										结存									
月	日	字号		数量	单价	金额								数量	单价	金额								数量	单价	金额							
						十	万	千	百	十	元	角	分			十	万	千	百	十	元	角	分			十	万	千	百	十	元	角	分
12	1		期初余额																					254	2 000	5	0	8	0	0	0	0	0
	31		发出											20	2 000	4	0	0	0	0	0	0		234	2 000	4	6	8	0	0	0	0	0

第三节　对账与结账

一、对账

如实反映企业经济活动情况是会计核算的一个基本原则。为了各种账簿记录的完整和正确,如实地反映和监督经济活动,并为编制会计报表提供真实可靠的数据资料,必须做好对账工作。对账即核对账目,是把账簿上记载的资料进行内部核对、内外核对、账实核对,以保证账证相符、账账相符和账实相符。

对账的具体内容包括:账簿记录与会计凭证互相核对;总分类账记录与有关明细分类账记录、日记账记录互相核对;账簿记录与有关财产物资的实有数互相核对;对债权债务的查询核对。上述账证核对、账账核对、账实核对不仅可以及时纠正差错,为企业在生产经营过程中提供正确、可靠的数据资料,还可以及时地揭露营私舞弊和违法乱纪行为,保护企业财产的安全与完整。

(一)账证核对

账证核对是将各种账簿记录与记账凭证及其所附的原始凭证进行核对。这种核对除在日常制证、记账过程中进行以外,每月终了,如果发现账证不符时,尚须溯本追源,进行账簿与会计凭证的检查核对,以确保账证相符。

具体核对方法包括：账簿中记录是否为记账凭证中所列示的会计科目；记账凭证中所列示的经济业务内容、记账方向、金额、凭证编号等是否与账簿记录一致等。

（二）账账核对

账账核对是指各种账簿之间的有关数字进行核对。它主要包括：总分类账各账户本月借方发生额合计数与贷方发生额合计数是否相等；总分类账各账户余额与其所属有关明细分类账各账户余额合计数是否相等；现金日记账和银行存款日记账的余额与现金和银行存款总分类账各该账户余额是否相符；会计部门有关财产物资的明细分类余额，与财产物资保管或使用部门的登记簿所记录的余额是否相符。企业应该按月或定期相互核对，保证相符。

通过以上的核对，达到账账相符。具体可以通过编制"总分类账户本期发生额及余额试算平衡表"（格式见账务处理核算程序这一章节的内容）来检查核对总分类账的借贷余额是否相符；通过编制"明细分类账户本期发生额及余额表"（格式见账务处理核算程序这一章节的内容）并与总账进行核对，可以检查总账与所属明细账余额合计是否相符。

（三）账实核对

账实核对是指各种财产物资的账面余额与实存数额相核对。其具体内容包括：现金日记账账面余额与现金实际库存数相核对；银行存款日记账账面余额与开户银行账目相核对；各种财产物资明细分类账账面余额与财产物资实存数相核对；各种债权、债务明细分类账账面余额与对方单位相应的债权、债务的账目相核对。在实际会计核算工作中，账实核对一般是通过财产清查进行的。财产清查是会计核算的一种专门方法，其具体方法与内容将在后面章节专门加以介绍。

二、结账

结账是指按照规定把一定时期（如月份、季度、年度）内所发生的经济业务登记入账，并将各种账簿结算清楚，以便进一步根据账簿记录编制会计报表的工作。另外，企业因撤销、合并而办理账务交接时也需要办理结账。通过结账可以反映一定时期内经济业务的发生所引起的资金增减变动情况及其结果，并为编制会计报表提供资料。结账工作主要包括以下内容：

（1）将本期内所发生的经济业务全部记入有关账簿，既不能提前结账，也不能将本期发生的业务延至下期登账。

（2）对于期末需要转账的业务应按照权责发生制原则调整和结转有关账项。本期内所有的转账业务，都应编制记账凭证记入有关账簿，以调整账簿记录。

（3）结账时应计算出各账户的期末余额，本期发生额的结转应视实际情况而定。在本期全部经济业务登记入账的基础上，应当结算现金日记账、银行存款日记账，以及总分类账和各明细分类账各账户的本期发生额和期末余额，并结转下期。

结账工作通常是为了总结一定时期内经济活动的变化情况和结果。因此，月份、季度、年度终了，一般应结出月份、季度和年度发生额，在"摘要"栏注明"本月合计"或"本季合计"或"本年合计"字样；在月结、季结数字上端和下端均画单红线，以示区别。但结转的数字本身，不得以红字书写；发生额只有一笔的账户，可以不予结账。年终结账时为了各账户借方、贷方平衡起见，应将各账户上年结转的借方（或贷方）金额，按照原来相同的方向，填列在全年发生额合计数下一行的"借方（或贷方）"栏内；并在"摘要"栏内注明"上年结转"字样，同时将本年余额按相反方向填列在全年发生额合计下一行（借方余额应填列在"贷方"栏），并在"摘要"栏内注明

“结转下年”字样。然后分别借方和贷方加总填列在一行，并在“摘要”栏内注明“合计”字样（借方、贷方金额应相符），最后在合计数下端划双红线，表示借方、贷方平衡和年度记录结束。现以“原材料”账户为例加以说明，结果如表 8－23 所示。

表 8－23　总　账

科目：原材料　　　　第×页

2013年		凭证		摘　要	借　方									贷　方									借或贷	余　额								
月	日	字	号		百	十	万	千	百	十	元	角	分	百	十	万	千	百	十	元	角	分		百	十	万	千	百	十	元	角	分
1	1			上年结转																			借			1	2	5	0	0	0	0
	10			入库			1	0	0	0	0	0	0										借			2	2	5	0	0	0	0
				领用													4	0	0	0	0	0	借			1	8	5	0	0	0	0
				领用													8	0	0	0	0	0	借			1	0	5	0	0	0	0
				本月合计			1	0	0	0	0	0	0			1	2	0	0	0	0	0	借			1	0	5	0	0	0	0
2	1			上月结转																			借			1	0	5	0	0	0	0
				……																												
				……																												
				……																												
12	31			领用													3	0	0	0	0	0	借			1	0	0	0	0	0	0
12	31			本月合计			3	0	0	0	0	0	0			2	5	0	0	0	0	0	借			1	0	0	0	0	0	0
				本季合计			5	0	0	0	0	0	0			4	3	0	0	0	0	0	借			1	0	0	0	0	0	0
				本年合计		1	5	0	0	0	0	0	0		1	5	2	5	0	0	0	0	借			1	0	0	0	0	0	0
				上年结转			1	2	5	0	0	0	0																			
				结转下年												1	0	0	0	0	0	0										
				合　计		1	6	2	5	0	0	0	0		1	6	2	5	0	0	0	0										

注：单波浪线表示单红线；双波浪线表示双红线。年终结转方法是，将年初数按相同的方向转入借方，将年末数按相反的方向转入贷方，本年合计的借方数加上上年结转的借方的合计数等于本年合计的贷方数加上结转下年的合计数。

第四节　错账的更正

一、查找错账的基本方法

如果记账发生错误会造成总账的借、贷双方不平衡，以及总账与所属的明细分类账金额不平衡。因此，应首先复核试算平衡表，检查表中各账户的期初、期末余额，本期借、贷方发生额与账簿中相应账户的期初、期末余额，借、贷方发生额是否相符，表中金额方向与账户中方向是否一致。这样，可以发现试算表中有无记错账户、重记、漏记等情况。其次，复核“明细分类账户本期发生额及余额表”，检查其编制的正确性。以上复核工作完毕后，如果试算表的借、贷方仍不平衡，总账金额与所属明细账金额仍不相等，则说明记账本身有差错。对于错账的查找主要有两种方法，即个别检查法和全面检查法。

（一）个别检查法

个别检查法就是针对试算平衡的借、贷方合计数的差额来检查的方法。这种方法适用于检查金额记漏、方向记反、数字记错位和数字记颠倒等造成的账簿记录错误。具体来说，个别检查法又分为差数法、除二法和除九法。

1. 差数法

即按差额数查找错账的方法。在记账时，如果某账户的金额记漏了，则会出现一方合计数大于另一方的合计数，而且借、贷方的合计数的差额必然等于漏记的金额数字。然后可以在账簿查找与此差额数相同的数字，找到错账所在。

2. 除二法

即将差额数除以 2 以查找错账的方法。在记账时，如果某账户的金额记错了方向，如应记入借方的金额记入了贷方或应记入贷方的金额记入了借方，则必然会出现一方合计数增多，而另一方合计数减少的情况，其差额应是记错方向金额数字的两倍，且差错数必为偶数，那么，以该差额数除以 2，结果即为记错的数字。然后在账簿中查找与之相同的数字，而不必逐笔查找，这样，很容易找出错账所在。例如，某账户贷方总额超过借方总额 12 000 元，用 12 000 除以 2 得出 6 000 元，则在该账户中查找是否有一笔金额为 6 000 元的记录，错将借方金额登记在贷方了。

3. 除九法

即将差数除以 9 来检查错账的方法。记账时，如果出现数字移位情况，如把十位数记成百位数或把千位数记成百位数，那么，正确数与移位数之差可被 9 除尽，以此为线索，查找记账错误。如移一位，使原数扩大或缩小 9 倍，除以 9；如移两位，便原数扩大或缩小 99 倍，除以 99，以此类推。

（1）小数记成大数的移位，如将 100 误记为 1 000，差数为 900，除 9 得 100，则 100 应为正确数。

（2）大数记成小数的移位，如将 5 400 误记为 54，差数为 5 346，除以 99 得 54，则 54 为错记数。

在实际查账工作中，如怀疑某数为移位数。首先判断是扩大移位还是缩小移位，若为扩大移位，则将其差数除以 9 或 99 等，那么商数可能为正确数；若为缩小移位，则将其差数除以 9 或 99 等，那么商数可能为错误数。

（二）全面检查法

全面检查法就是对一段时期内的账目进行全面核对的检查方法。具体来说，全面检查法又分为顺查法和逆查法。

1. 顺查法

即按会计核算程序，从会计凭证到账簿，按先后顺序进行查错。顺查内容包括：检查记账凭证与所附原始凭证内容是否相符，金额是否正确；将记账凭证与有关总账、日记账、明细账逐笔核对，以发现错误所在。

2. 逆查法

即与会计核算程序相反,从账簿到凭证,逆向查找。逆查的内容包括:检查各账户余额计算是否正确;将总分类账与明细分类账进行核对,检查平行登记是否正确;逐笔核对账簿记录是否与记账凭证相符;逐项核对记账凭证与所附原始凭证是否相符,记账凭证中会计分录是否正确。

二、错账的更正方法

会计人员填制会计凭证和登记账簿,必须认真、细致地做好记账工作,一丝不苟地把账记好、算好、算对,防止差错,保证核算质量。在记账过程中,如果账簿记录错误,如账户名称记错、借贷方向记错以及重记、漏记等,不得任意用刮擦、挖补、涂改或用褪色药水等方法去更正字迹,必须根据错误的具体情况,采用相应的方法予以更正。更正错账的方法一般有以下三种:

(一) 划线更正法

在记账之后、结账之前,如果发现账簿记录有文字或数字上的错误,而记账凭证没有错误,应采用划线更正法更正。划线更正法的具体做法是,在错误的数字或文字上划一条红线予以注销;然后将正确的文字或数字填写在被注销的文字或数字上方,并由更正人员在更正处盖章,以明确责任。但不得只划线更正其中个别数字,应整个划销。对已划销的数字,应当保持原有字迹仍可辨认,以备查核。例如,把 158 932.66 元误记为 159 832.66 元时,应将错误数字用红线居中全部注销,然后在错误数字的上方写上正确的数字,即 158 932.66,而不能只删改数字"9"和"8",如表 8-24 所示。

表 8-24 总 账

科目:原材料　　　　第×页

2013年		凭证		摘要	借方									贷方									借或贷	余额								
月	日	字	号		百	十	万	千	百	十	元	角	分	百	十	万	千	百	十	元	角	分		百	十	万	千	百	十	元	角	分
12	1			月初余额																			借		2	3	4	1	0	0	0	0
															1	5	8	9	3	2	6	6				7	5	1	6	7	3	4
	6			生产产品领用											~~1~~	~~5~~	~~9~~	~~8~~	~~3~~	~~2~~	~~6~~	~~6~~	借			~~7~~	~~4~~	~~2~~	~~6~~	~~7~~	~~3~~	~~4~~

(二) 红字更正法

红字更正法又称红字冲销法,一般适用于下列两种情况:

(1) 记账之后、结账之前,发现记账凭证中应借应贷符号、科目有错误时,采用红字更正法更正。更正时应先用红字填写一张与原用科目、借贷方向和金额相同的记账凭证并登记入账,以冲销原来的记录;然后用蓝字重新填制一张正确记账凭证,并登记入账。

【例 8-1】 某企业 2013 年 9 月 5 日从新华公司购进甲材料,货款 1 000 元,货款尚未支付。(第 10 笔转账经济业务)编制记账凭证时,误编制下列会计分录,并已登记入账。

① 借:原材料　　　　1 000

　贷:应收账款　　　　1 000

当发现错误记账后,先按照原会计分录用红字填制一张记账凭证冲销原会计分录:

② 借：原材料　　　　　　　　　　　　　　　　　　[1 000]

　　贷：应收账款　　　　　　　　　　　　　　　　　　　[1 000]

同时再用蓝字填制一张正确的记账凭证，其分录为：

③ 借：原材料　　　　　　　　　　　　　　　　　　1 000

　　贷：应付账款　　　　　　　　　　　　　　　　　　　1 000

注：[　　]表示红字，下同。

以上有关账户的更正记录如图 8－2 所示。

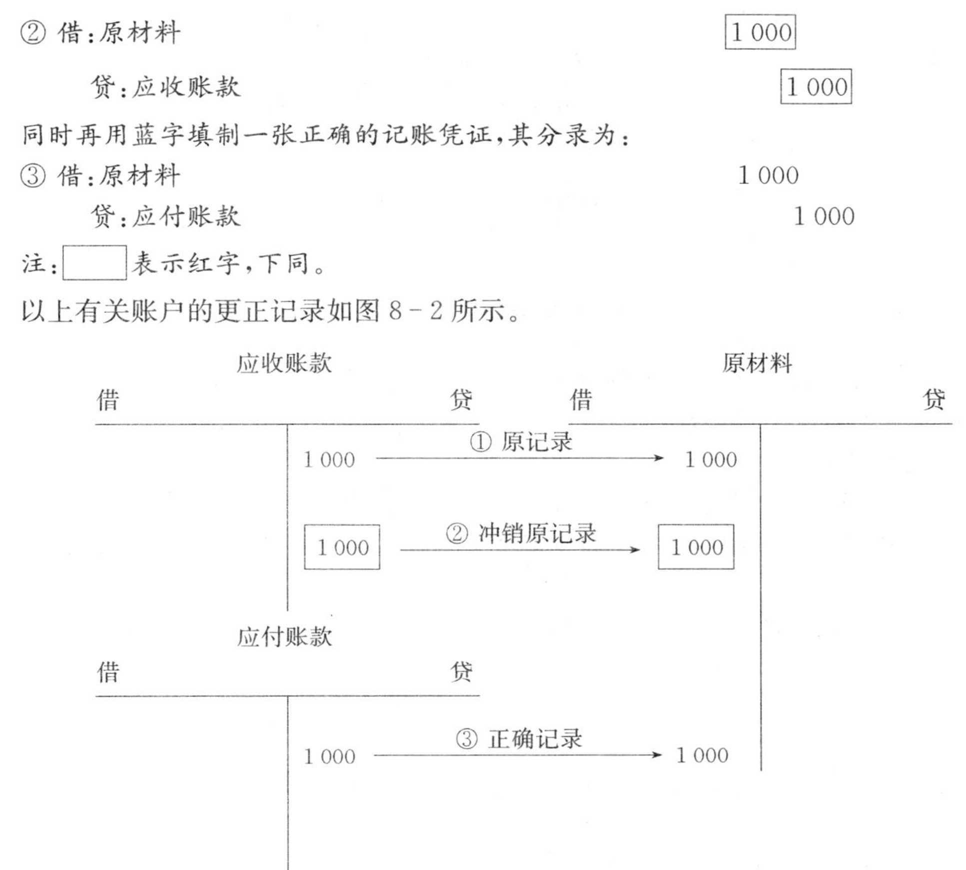

图 8－2　红字更正法(一)

(2) 记账之后、结账之前，如发现记账凭证上应借、应贷的会计科目并无错误，但所记金额大于应记金额，则采用红字更正法，将多记的金额(即正确数与错误数之间的差数)用红字填写一张记账凭证，用以冲销多记金额，并据以登记入账。

【例 8－2】　某企业以银行存款归还购货欠款 1 000 元。误编制如下会计分录，并已登记入账。

① 借：应付账款　　　　　　　　　　　　　　　　10 000

　　贷：银行存款　　　　　　　　　　　　　　　　　　10 000

发现错误后，应将多记的金额用红字编制会计分录如下：

② 借：应付账款　　　　　　　　　　　　　　　　9 000

　　贷：银行存款　　　　　　　　　　　　　　　　　　9 000

以上账户的更正记录如图 8－3 所示。

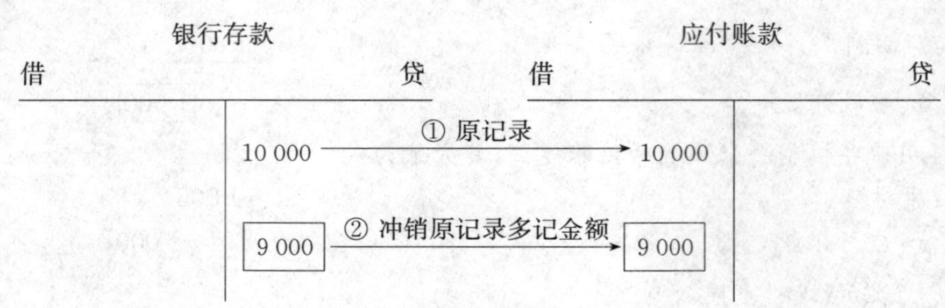

图 8-3 红字更正法(二)

红字更正法不仅能保持账户之间的对应关系，而且还能保持账户中的正确发生额，不至于因改正错账而使数字虚增或虚减。

(三) 补充登记法

记账之后、结账之前，如果发现记账凭证上应借、应贷的会计科目并无错误，但所记金额小于应记金额，可采用补充登记法更正，即将少记金额用蓝字再补填一张记账凭证，并将其补记入账。它也称为蓝字更正法。

【例 8-3】 某企业销售产品一批，货款计 20 000 元，货款尚未收到，金额误记为 2 000 元，即记账凭证少记 18 000 元。原分录如下：

① 借：应收账款　　2 000

　　贷：主营业务收入　　2 000

当发现上述错账时，可将少记的 18 000 元再编制一张记账凭证如下：

② 借：应收账款　　18 000

　　贷：主营业务收入　　18 000

上列会计分录入账后，有关账户记录如图 8-4 所示。

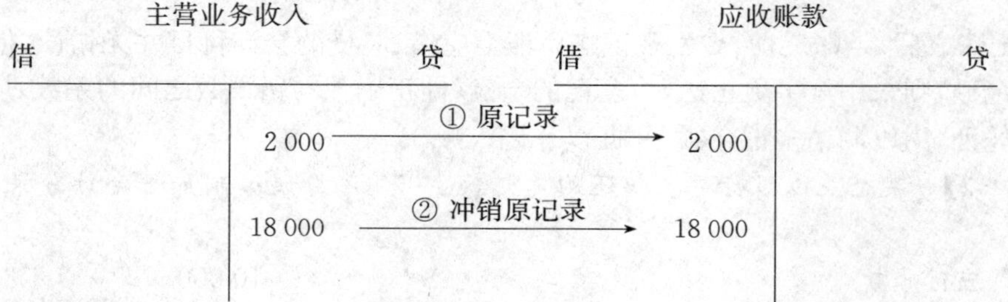

图 8-4 补充登记法

第五节 账簿的更换与保管

为了保持会计账簿资料的连续性、系统性和完整性，在每一会计年度终了，新的会计年度开始时，应按照会计制度的规定进行各类账簿的更换。

具体更换规则为总分类账、现金日记账和银行存款日记账以及大部分的明细分类账，必须每年更换一次。只有少部分明细分类账，如固定资产明细账——固定资产卡片，不必每年更换，可以连续使用。更换账簿时，一般只需要将各账户的余额直接抄入新账户的第一页的第一行，并在“摘要”栏内注明“上年结转”或“年初余额”字样，不必填制记账凭证。

订本式的账簿，如在年度中间记满需要更换新账时，也与年初更换新账一样，办理同样手续。

会计账簿与会计凭证、会计报表一样，都是企业重要的经济档案和历史资料，必须按照国家规定的《会计档案管理办法》妥善保管，不得丢失或任意销毁。

年末结账后，活页账簿应在其首页前加放“账簿启用及经管人员一览表”装订成册，而后加上封面并统一编号，与各种订本式账簿一并归档。

复习思考题

1. 什么是会计账簿？它有什么作用？
2. 账簿按用途和外表形式各分为哪几类？
3. 登记账簿有哪些基本规则？
4. 总分类账应采用什么格式和外表形式？如何进行登记？
5. 现金日记账和银行存款日记账的格式有哪几种？
6. 明细分类账的格式有哪几种？它们各适用于哪些账户？
7. 总分类账户和明细分类账户平行登记的要点有哪些？
8. 什么是对账？对账包括哪些具体内容？
9. 什么是结账？如何进行结账？
10. 错账更正方法有哪些？它们各适用于什么情况？
11. 账簿的更换和保管要注意哪些问题？

第九章　财产清查

【学习目标】

通过本章学习，了解财产清查的意义和种类，熟悉财产清查的过程和方法，掌握财产清查含义，现金清查的方法，银行存款余额调节表编制，存货和固定资产盘盈盘亏的处理。

第一节　财产清查概述

一、财产清查的概念及账实不符的原因

（一）财产清查的概念

财产清查是指通过对企业单位的各项财产物资、货币资金和债权债务进行盘点和核对，以查明各项财产物资、货币资金及债权债务的实存数，并与账面数进行对比，从而核实账实是否相符的一种专门方法。

在实际工作中，由于各种主观和客观原因的存在，各项财产的账存数和实存数往往会发生差异，造成这种差异的原因是多方面的，有正常原因，也有非正常原因；有些是可以避免的，有些是不能完全避免的。

为了正确掌握各项财产的真实情况，保证会计资料的真实正确，为企业会计信息使用者提供有用的信息资料，各企业、行政、事业等单位，必须通过财产清查这一行之有效的会计核算方法，对各项财产物资进行日常或定期的清查，确定财产的实有数，并与账簿记录进行核对，将账面数调整为实际数，做到账实相符。

（二）财产账实不符的原因

1. 造成账实不符的正常原因

（1）财产在保管过程中，由于发生物理和化学变化从而引起财产物资在数量上的自然损耗、自然溢余或质量上的变化。例如，有些财产物资在保管过程中受气候的干湿冷热影响，会发生自然损耗或溢余，如汽油的自然挥发、油漆的干耗等原因造成的数量短缺；有些财产物资在加工时，由于机械操作、切割等工艺技术原因，会造成一些数量短缺。

（2）因于企业和银行对收付款项入账时间的不同所形成的未达账项而引起的银行存款数额不符。

2. 造成账实不符的非正常原因

（1）收发差错。企业在收发财产时，由于计量、检验不准，造成品种、数量或质量上的差错。例如，散装材料的收发由于计量上发生磅差造成短缺或溢余；又如，同类材料在收发中将规格搞错，应发放甲类A规格材料却发放了甲类B规格材料等。

（2）保管不善。有些财产物资由于保管时间过久或保管条件不善或保管人员失职等引起残损、霉变、短缺、过时、价值降低等。

(3) 记账错误。这是指对于有些财产物资,由于手续不全、凭证不全或登账时漏登账、重复登账或登错账等引起的差错。

(4) 贪污盗窃。因不法分子的营私舞弊、贪污盗窃等非法行为而产生的财产损失。

为了正确掌握各项财产的真实情况,保证会计资料的真实正确,为企业会计信息使用者提供有用的信息资料,各企业、行政、事业等单位必须通过财产清查这一行之有效的会计核算方法,对各项财产物资进行日常或定期的清查,确定财产的实有数,并与账簿记录进行核对,将账面数调整为实际数,做到账实相符。

二、财产清查的作用

财产清查是发挥会计监督职能的一种必要手段。财产清查的重要作用如下:

(一) 保证会计核算资料的真实性和客观性

通过财产清查可以查明各项财产的实存数,将实存数与账面数进行对比,确定盘盈、盘亏,及时调整账簿记录,做到账实相符,从而为编制报表做好准备,为经济管理提供可靠的数据资料。

(二) 改善经营管理,促进财产物资的有效利用

通过财产清查可以查明各种财产的盘盈、盘亏的原因和责任,从而发现企业财产管理中存在的问题,改善经营管理。在财产清查过程中,还能查明各项财产物资的储备和利用情况,分析其占用资金的合理性,如有无储备不足或者积压、呆滞以及不需用,应及时处理,以便挖掘各项财产物资的潜力,提高财产物资的使用效能,及时处理不合理的占用和积压,避免损失浪费,加速资金周转,提高经济效益。

(三) 保护财产物资的安全完整

财产清查既是会计核算的一种专门方法,也是一种行之有效的会计监督和控制手段。通过财产清查可以查明财产账实不符的情况和原因。对于管理制度方面存在的问题,应采取建立和健全管理制度的措施;对于管理人员失职而造成的损失,应追究经济责任,并给予必要的纪律处分;对于贪污、盗窃行为,应给予必要的法律制裁,从而保证财产物资的安全完整。

(四) 保证财经纪律和结算制度的贯彻执行

通过财产清查可以查明应上缴国家的款项是否及时足额上缴,与各往来单位和个人的往来账款是否及时进行了结算。如有违反财经纪律和结算制度的情况,必须采取坚决的措施纠正,促进经办人员自觉遵守结算纪律和国家财政、信贷政策的有关规定,以维护结算纪律和商业信用。对债权债务长期拖欠的问题,要查明原因,采取措施,特别是对长期未能收回的应收账款,要加紧催收,尽量避免坏账损失的发生。

三、财产清查的种类

财产清查按照不同的标准,可以分为不同的种类。

(一) 按财产清查的对象和范围分类

财产清查按其对象和范围可划分为全部清查和局部清查。

1. 全部清查

全部清查又称全面清查,是指对一个单位所有财产物资、货币资金和各项债权债务进行的

全面盘点和核对。其清查范围广，清查彻底，工作量大，耗时较长，一般情况下不能进行全部清查。通常在以下几种情况下才进行全部清查：

(1) 年终决算前为确保会计资料的真实、正确而进行的清查；

(2) 单位撤销、合并或改变隶属关系时需要进行全部清查；

(3) 单位主要领导调离工作前需要进行全部清查；

(4) 中外合资、国内合资前、企业股份制改制前需要进行全部清查；

(5) 开展资产评估，清产核资等专项活动前需要进行全部清查。

2. 局部清查

局部清查是对企业的财产物资、货币资金和债权债务中的一部分所进行的清查。其清查范围小，针对性强，耗时短，工作量小。局部清查一般在平时进行，根据实际情况决定清查的对象和清查的时间。需要进行局部清查的主要有以下几种情况：

(1) 对于库存现金，每日业务终了应由出纳人员当日清点核对，以保持实存数和现金日记账结存额相符；

(2) 对于银行存款，出纳人员至少每月要同银行核对一次；

(3) 对于贵重物资，每月都应清查盘点一次；

(4) 对于各种往来款项，每年至少同对方企业核对一至两次；

(5) 通常情况下，对于流动性较大的材料物资，除年度清查外，年内还要轮流盘点或重点抽查；

(6) 遭受自然灾害、发生盗窃事件以及更换相关工作人员时，对财产物资或货币资金进行局部的清点或盘查。

(二) 按财产清查的时间分类

财产清查按其时间可划分为定期清查和不定期清查。

1. 定期清查

定期清查是指根据事先计划或管理制度规定的时间安排对财产进行的清查，一般在年末、季末和月末结账时进行。例如，每日结账时，要对库存现金进行账实核对；每月终了结账时，要对银行存款日记账进行对账。定期清查对象的范围，可以是全部清查，也可以是局部清查。

2. 不定期清查

不定期清查又称临时清查，是指事先没有规定清查的时间，而是根据实际情况的要求临时进行的清查。不定期清查同定期清查一样，可以是全部清查，也可以是局部清查。不定期清查主要是在以下几种情况下进行的：

(1) 更换出纳和财产物资的经管人员；

(2) 财产物资由于非常灾害发生意外损失；

(3) 上级机关、审计机关、财政和银行等部门对企业进行的会计检查；

(4) 进行临时性的清产核资工作；

(5) 单位兼并、重组、清算、迁移和改变隶属关系。

(三) 按财产清查的内容分类

财产清查按其内容可划分为实物资产清查、货币资金清查和结算资金清查。

1. 实物资产清查

实物资产清查是指对企业各种具有实物形态的资产，如固定资产、原材料、库存商品等进行的清查。

2. 货币资金清查

货币资金清查是对企业的货币资产，如库存现金、银行存款等进行的清查。

3. 结算资金清查

结算资金清查是指对企业的债权债务，如应收账款、其他应收款、应付账款、其他应付款等进行的查询核对。

(四) 按财产清查的执行单位分类

财产清查按其执行单位，可以分为内部清查和外部清查。

1. 内部清查

内部清查是全部由企业内部职工组成清查工作小组来担任财产清查工作。大多数的财产清查都是内部清查。

2. 外部清查

外部清查则是由上级主管部门、审计机关、司法机关、注册会计师等企业外部有关部门或人员根据国家的有关规定或情况的需要，对企业实体所进行的财产清查。

四、财产清查的准备工作

财产清查是一项复杂细致的工作，其工作内容涉及面广、涉及的人员多。为了有领导、有组织、有计划地进行财产清查，必须认真做好清查前的准备工作。

(一) 组织上的准备

财产清查应在企业主管领导的领导下，成立由有关职能部门的主管人员、技术人员、会计人员、实物保管人员和职工代表参加的财产清查小组，具体负责财产清查的组织和实施工作。该小组的主要任务是，根据财产物资管理制度和有关部门的要求，研究制定财产清查的计划，在计划中确定清查的对象和范围，安排清查工作的进度，配备清查工作的人员以及提出清查工作的具体要求等；做好财产清查的具体组织工作，在清查过程中要进行检查督促，对发现的问题要及时研究解决，保证清查工作的顺利进行；清查工作结束后，写出财产清查工作的书面工作报告，将清查结果和处理意见上报审批。

(二) 业务上的准备

业务上的准备是进行财产清查的必要的前提条件。为了使财产清查工作能够迅速而顺利进行，各业务部门特别是会计部门和会计人员应主动配合，做好准备工作。各部门应做的准备工作包括以下内容：

(1) 会计部门。应在财产清查之前把截至清查日止的所有经济业务根据记账凭证登记入账，结出各账簿的余额，进行试算平衡，并认真核对总账和所属明细账的余额，做到账证相符、账账相符，保证账簿记录的正确性，为财产清查提供可靠依据。

(2) 财产物资保管部门。应在财产清查之前把截至清查日止的有关收发业务全部入账，并计算出结存数量；同时将其保管的各项财产物资整理清楚，按其类别排列整齐，分别挂上标签，详细标明其编号、名称、规格和数量，以便查对。

(3) 业务部门和其他有关部门。应在清查地点，准备好各种必要的度量衡器具，并对它们进行严格的检查校正，以保证计量的准确性。同时，还应事先准备好各种记录表单，以备清查盘点之用。

第二节　存货的盘存制度

一、永续盘存制

（一）永续盘存制的概念

永续盘存制又称账面盘存制，是指通过设置各种财产物资品种明细账，平时对各项财产物资的收入和发出逐笔或逐日连续登记，并随时结出账面结存数的核算方法。

采用这种盘存制度时，实物资产的明细账应按每一种品名及规格设置，在明细账中，既要登记收、发、结存数量，还要同时登记金额。采用这种盘存制度，尽管能在账簿中及时反映各种实物资产增加、减少和结存的数量，但是由于各种原因，很可能产生账实不符的情况，因此，对各种实物资产应定期或不定期地进行实地盘点，以便及时查明账实是否相符或账实不符的原因。

（二）期末存货的计价和本期发出存货成本的计算

在永续盘存制下，存货明细分类账能随时反映存货的结存数量和发出数量，其计算公式如下：

账面期末结存存货成本＝账面期初结存存货成本＋本期收入存货成本－本期发出存货成本

上式中的“账面期初结存存货成本”和“本期收入存货成本”是根据有关存货明细账的记录确定的。“本期发出存货成本”则根据发出存货的数量和存货的单位成本加以确定。为了方便核算，会计上规定了不同的发出存货的单位成本确定方法，主要有个别计价法、先进先出法、全月一次加权平均法和移动加权平均法等。

下面以原材料明细账为例，来说明各种方法的运用。

某企业甲原材料 12 月收入、发出和结存情况见表 9－1。下面分别采用个别计价法、先进先出法、加权平均法和移动加权平均法计算发出存货和结存存货的实际成本。

表 9－1　原材料明细账（一）

材料名称：甲材料　　　　千克

××年		摘　要	收　入			发　出			结　余		
月	日		数量	单价	金额	数量	单价	金额	数量	单价	金额
12	1	结余							1 000	40	40 000
	5	入库	2 000	41.50	83 000				3 000		
	8	领用				800			2 200		
	15	入库	600	43.60	26 160				2 800		
	25	领用				700			2 100		

1. 个别计价法

个别计价法就是逐一辨认各批发出存货和期末存货所属的购进批别，分别按其购入时所确定的单位成本计算各批发出存货和期末存货的成本的方法。个别计价法适用于不能替代使用的存货、为特定项目专门购入的存货以及提供的劳务。个别计价法确定的存货成本最为准确。

表 9－1 中，假设 12 月 8 日发出的 800 千克甲材料，其中，600 千克为 12 月 1 日的存货，

200 千克为 12 月 5 日的存货；12 月 25 日发出的 700 千克甲材料全部为 12 月 5 日购入的存货。那么发出存货成本和期末结存存货成本计算如下：

本期发出甲材料成本＝600×40＋200×41.5＋700×41.5＝61 350(元)

期末结存甲材料成本＝400×40＋1 100×41.5＋600×43.6＝87 810(元)

2. 先进先出法

先进先出法是指以先购入的存货应先发出(耗用或销售)这样一种存货实物流动假设为前提，对发出存货进行计价。采用这种方法，先购入的存货在后购入存货成本之前转出，据此确定发出存货和期末存货的成本。仍以表 9－1 的数据为例，其具体计算见表 9－2。

表 9－2　原材料明细账(二)

材料名称：甲材料　　　　千克

××年		摘　要	收　入			发　出			结　余		
月	日		数量	单价	金额	数量	单价	金额	数量	单价	金额
12	1	结余							1 000	40.00	40 000
	5	入库	2 000	41.50	83 000				1 000 2 000	40.00 41.50	40 000 83 000
	8	领用				800	40.00	32 000	200 2 000	40.00 41.50	8 000 83 000
	15	入库	600	43.60	26 160				200 2 000 600	40.00 41.50 43.60	8 000 83 000 26 160
	25	领用				200 500	40.00 41.50	8 000 20 750	1 500 600	41.50 43.60	62 250 26 160

采用先进先出法可以随时计算出每次发出存货的实际成本，发出存货出现多种不同单位成本会比较麻烦。在物价上涨的情况下，期末存货的成本接近当期的实际成本水平，而发出的存货成本则偏离了当期的实际成本水平。

3. 全月一次加权平均法

全月一次加权平均法是指在期末将本期收入与期初结存的金额和数量加权计算的计价方法。即以本期收入存货的实际成本与期初结存存货的实际成本之和，除以本期收入存货的数量与期初结存存货的数量之和，求得平均单位成本。其计算公式如下：

$$\text{加权平均单位成本}=\frac{\text{月初结存存货金额}+\text{本月收入存货金额}}{\text{月初结存存货数量}+\text{本月收入存货数量}}$$

本月发出存货成本＝本月发出存货数量×加权平均单位成本

月末存货成本＝月末结存存货数量×加权平均单位成本

根据表 9－1 提供的数据，采用加权平均法计算发出存货和库存存货的实际成本。

$$\text{加权平均单位成本}=\frac{1\,000\times40+2\,000\times41.5+600\times43.6}{1\,000+2\,000+600}=41.43$$

本月发出甲材料成本＝1 500×41.43＝62 145(元)

月末结存甲材料成本＝1 000×40＋2 000×41.5＋600×43.6－1 500×41.43＝87 015(元)

将上述计算结果填入表 9－3。

表 9－3 原材料明细账(三)

材料名称:甲材料　　　　千克

××年		摘　要	收　入			发　出			结　余		
月	日		数量	单价	金额	数量	单价	金额	数量	单价	金额
12	1	结余							1 000	40	40 000
	5	入库	2 000	41.50	83 000				3 000		
	8	领用				800			2 200		
	15	入库	600	43.60	26 160				2 800		
	25	领用				700			2 100		
		合　计	2 600		109 160	1 500	41.43	62 145	2 100	41.43	87 015

加权平均法适合于混合在一起的存货。其计算方法简单,但转账在月末进行会影响价值核算的及时性。

4. 移动加权平均法

移动加权平均法是指在每次购入存货后,根据库存存货的成本和数量,计算出新的平均单位成本,并据以计算发出存货和结存存货实际成本的计价方法。其计算公式如下:

$$移动平均单位成本=\frac{上次结存存货金额+本次收入存货金额}{上次结存存货数量+本次收入存货数量}$$

发出(结存)存货的成本＝发出(结存)存货的数量×移动平均单位成本

根据表 9－1 提供的数据,采用移动加权平均法计算发出存货和库存存货的实际成本。

$$12月5日购入后平均单位成本=\frac{1\,000\times40+2\,000\times41.5}{1\,000+2\,000}=41.00(元)$$

$$12月15日购入后平均单位成本=\frac{2\,200\times41.00+600\times43.60}{2\,200+600}=41.56(元)$$

将上述计算结果填入表 9－4。

表 9－4 原材料明细账(四)

材料名称:甲材料　　　　千克

××年		摘　要	收　入			发　出			结　余		
月	日		数量	单价	金额	数量	单价	金额	数量	单价	金额
12	1	结余							1 000	40	40 000
	5	入库	2 000	41.50	83 000				3 000	41	123 000
	8	领用				800	41	32 800	2 200	41	90 200
	15	入库	600	43.60	26 160				2 800	41.56	116 360
	25	领用				700	41.56	29 092	2 100	41.56	87 268
		合　计	2 600		109 160	1 500		61 892	2 100	41.43	87 268

采用移动加权平均法计算发出和结存存货的实际成本的结果，比较符合企业存货的当时情况，而且可以随时核算发出存货和结存存货的实际成本，但如果采购存货的次数频繁会增加计算工作量。

（三）永续盘存制的优缺点

永续盘存制的优点是：① 核算手续严密，有利于加强财产物资的管理。由于对财产物资的增减变动和结存都通过账簿从数量和金额两方面进行控制，在账面上反映的同时，进行实地盘点后能准确知道财产物资是盘盈或盘亏，从而使财产物资的管理更加严密。② 使财产物资的管理更加有效。由于财产物资明细账上随时结出其结存数量，可以将明细账上的结存数随时与预定的最高和最低库存限额进行比较，以便取得库存积压或不足的资料，及时组织库存财产物资的购销或处理，加速资金周转。永续盘存制的缺点是核算工作量大。

由于永续盘存制具有严格控制、保护财产安全的显著优点，所以在实际工作中得到了广泛运用。我国现行会计制度规定，除价值低廉或在管理上不便于实行永续盘存制的财产物资外，企业、行政单位都应采用永续盘存制来确定账面财产物资结存数。

二、实地盘存制

（一）实地盘存制的概念及基本程序

实地盘存制是指企业平时对实物资产只登记增加数，不登记减少数，期末结账时，通过实地盘存，确定财产物资的实存数，再倒挤推算出实物资产的减少数，并据以登记入账的方法。

采用这种方法时，对收入的存货应逐笔登记在账簿中，而对发出的存货则不做记录，期末通过盘点确定出库存存货的实际数量，并以此分别乘以单价，计算出期末存货成本，然后根据期初存货成本、本期购进成本和期末存货成本，计算发出存货的成本，再登记入账。通常也称之为“以存计耗”或“以存计销”。

（二）期末存货数量的确定及成本的计算

在实地盘存制下，要计算发出存货的成本，关键是要确定期末存货的数量和单位成本。期末存货的数量通常是在月末通过实地盘点来确定结存存货的数量，然后利用以下公式计算：

期末结存存货成本＝实地盘点数量×单位成本

本期发出存货成本＝期初结存存货成本＋本期收入存货成本－期末结存存货成本

由于移动加权平均法在计算新的加权平均单位成本时要考虑原有存货的数量和成本，而在实地盘存制下又不需要随时算出存货结存数，所以移动加权平均法无法在实地盘存制下使用。因此，在实地盘存制下关于存货的计价方法主要有个别计价法、先进先出法、加权平均法等。

下面我们仍然采用表 9－1 提供的数据，分别计算在个别计价法、先进先出法、加权平均法等不同计价方法下发出存货和结存存货的实际成本。

1. 个别计价法

采用个别计价法，由于发出的存货成本和期末结存存货成本都是根据个别存货的实际成本计算的。因此，无论采用账面盘存制还是实地盘存制，确定的发出存货成本和期末结存存货成本的结果完全相同。

假设月末盘点甲原材料，确定其期末结存数是 2 100 千克（其中，400 千克系期初存货，1 100 千克系 12 月 5 日购进，600 千克系 12 月 15 日购进），则本期甲材料发出量为 1 500（1 000＋2 000

＋600－2 100)千克。按个别计价法计算期末结存存货成本和本期发出存货成本如下：

期末结存材料成本＝400×40＋1 100×41.5＋600×43.6＝87 810(元)

本期发出材料成本＝1 000×40＋(2 000×41.5＋600×43.6)－87 810＝61 350(元)

这里的计算结果与永续盘存制中的计算结果完全一致。

2. 先进先出法

在实地盘存制下，按照先进先出法计算的期末存货成本及发出存货成本，与永续盘存制所得的结果完全相同。

仍以表 9－1 的数据为例。假设月末盘点甲原材料，确定其期末结存数是 2 100 千克，则本期甲材料发出量为 1 500(1 000＋2 000＋600－2 100)千克。按先进先出法计算期末结存存货成本和本期发出存货成本如下：

期末结存材料成本＝600×43.6＋1 500×41.5＝88 410(元)

本期发出材料成本＝1 000×40＋(2 000×41.5＋600×43.6)－88 410＝60 750(元)

这里的计算结果与永续盘存制中的计算结果完全一致。

3. 全月一次加权平均法

根据表 9－1 提供的数据，假设月末盘点甲原材料，确定其期末结存数是 2 100 千克，则本期甲材料发出量为 1 500(1 000＋2 000＋600－2 100)千克。采用加权平均法计算发出存货和库存存货的实际成本如下：

$$\text{加权平均单位成本}=\frac{1\,000\times40+2\,000\times41.5+600\times43.6}{1\,000+2\,000+600}=41.43$$

期末结存材料成本＝2 100×41.43＝8 7003(元)

本期发出材料成本＝1 000×40＋(2 000×41.5＋600×43.6)－2 100×41.43＝62 157(元)

在这里需要指出的是，本例计算出的结果和在永续盘存制下计算的结果之所以有区别，主要是因为计算加权平均单位成本时四舍五入导致的。否则，无论采用账面盘存制还是实地盘存制，确定的发出存货成本和期末结存存货成本的结果完全相同。

(三) 实地盘存制的优缺点

实地盘存制的优点在于简化了会计核算工作。在实地盘点制度下，由于平时对实物资产减少不做明细记录，也不计算财产物资结存数，使实物资产明细核算工作量大大减少。实地盘点制的缺点是不利于实物资产的管理。其表现在以下几个方面：

(1) 这种办法的所谓账存数实际上也就是实存数，因而它们之间无法控制和相互核对；

(2) 实地盘点制不能随时反映库存财产物资的收入、发出、结存动态；

(3) 由于以存计耗或以存计销，倒算耗用成本或销售成本，这就把非耗用或非销售的存货损耗，如差错事故和短缺等，全部算入耗用或销售成本之中，从而削弱了对存货的控制作用，也影响了成本计算的正确性；

(4) 只能定期结转耗用成本或销售成本，而不能随时结转，影响了成本计算的及时性，也不便于成本控制。

由于实地盘存制存在上述缺点，因此，这种方法一般只适用于一些价值低、品种杂、交易频繁的财产物资和一些损耗大、数量不稳定的鲜活商品。即使采用实地盘存制，也应采取相应的管理措施。

第三节　货币资金和债权债务的清查核算

一、库存现金的清查核算

(一) 库存现金的清查

现金的清查是通过实地盘点的方法确定库存现金的实存数，再与现金日记账的账面余额进行核对，确定账存数与实存数是否相等。库存现金的盘点应由清查人员会同出纳人员共同负责。

库存现金的清查主要包括两种情况：① 经常性的现金清查。即由出纳人员每日清点库存现金实有数，并与现金日记账的账面余额核对，这是出纳人员日常进行的工作。② 定期或不定期清查。在经常性的现金清查的基础上，为了加强对出纳工作的监督，及时发现可能发生的库存现金差错或丢失，防止贪污、盗窃、挪用公款等不法行为的发生，确保库存现金安全完整，各单位应建立库存现金清查制度。由相关领导和专业人员组成清查小组，定期或不定期地对库存现金情况进行清查盘点。

在进行现金清查时，为了明确经济责任，出纳人员必须在场，库存现金由出纳人员经手盘点，清查人员从旁监督。在清查过程中，要特别注意是否有白条抵库，也就是是否用不具有法律效力的借条、收据等抵充库存现金的现象，并将清查的实存数当场填入"库存现金盘存单"(格式如表 9－5 所示)。现金清查完毕，还要及时填制"现金盘点报告表"(格式如表 9－6 所示)，由盘点人员、出纳人员及其相关负责人签名盖章，并据以调整库存现金日记账的账面记录。

表 9－5　库存现金盘存单

单位：　　　　　　　　　　　　　年　　月　　日

票　面	壹佰元	伍拾元	贰拾元	拾元	伍元	壹元	伍角	一角
把(百张)								
卡(廿张)								
合　计								

会计主管：　　　　　　出纳：

表 9－6　库存现金盘点报告表

单位：　　　　　　　　　　　　　年　　月　　日

实存金额	账存金额	实存与账存对比结果		备　注
		盘亏	盘盈	

盘点人签章：　　　　　　　　　出纳人员签章：

(二) 库存现金清查结果的处理

清查过程中,发现资产盘盈、盘亏或毁损时,首先应查明原因,并根据企业的管理权限,经股东大会或董事会,或经理(厂长)会议或类似机构批准后,在期末结账前处理完毕。如果在期末结账前尚未经批准,应在对外提供财务报告时先按上述规定进行处理,并在财务报表附注中做出说明,如果其后批准处理的金额与已处理的金额不一致,应按其差额调整会计报表相关项目的年初数。

为记录和反映在财产清查过程中查明的各种资产盘盈、盘亏和毁损的情况,应设置"待处理财产损溢"账户。"待处理财产损溢"账户是资产类账户,其借方登记清查时发现的财产物资的盘亏数和经批准转销的盘盈数;贷方登记清查时发现的财产物资的盘盈数和经批准转销的盘亏数;期末应无余额。该账户下设两个明细分类账户——"待处理流动资产损溢"和"待处理固定资产损溢"账户,用来分别核算固定资产和流动资产的待处理损溢。

企业平时如果发现现金长款或短款,除了设法查明原因外,还应及时进行账务处理,其核算是通过"待处理财产损溢——待处理流动资产损溢"账户进行的,按短款或长款的金额进行登记,待查明原因报经领导批准后再转账。如果是因单据丢失或记账产生了差错,应补办手续入账或更正错误;如果是出纳员工作失职造成的,则应追究其经济责任。

【例 9-1】 企业在进行库存现金清查中发现长款 200 元。

(1) 发现现金长款时,在批准处理之前,调整账面结存数,根据有关原始凭证,编制会计分录如下:

借:库存现金 200

　　贷:待处理财产损溢——待处理流动资产损溢 200

(2) 溢余的现金经过反复核查,未查明原因,经批准作为营业外收入处理。根据批准处理意见和有关原始凭证,编制会计分录如下:

借:待处理财产损溢——待处理流动资产损溢 200

　　贷:营业外收入 200

【例 9-2】 企业在库存现金清查中发现短款 400 元。

(1) 发现现金短款时,在批准处理之前,调整账面结存数。根据有关原始凭证,编制会计分录如下:

借:待处理财产损溢——待处理流动资产损溢 400

　　贷:库存现金 400

(2) 短缺的现金经过反复核查,经认定为出纳人员的责任,应由出纳人员李华赔偿。根据批准处理意见和有关原始凭证,编制会计分录如下:

借:其他应收款——李华 400

　　贷:待处理财产损溢——待处理流动资产损溢 400

二、银行存款的清查

银行存款的清查是采用与开户银行核对账目的方法进行的,即将本单位的银行存款日记账与开户银行转来的对账单逐笔核对。银行存款日记账与银行对账单的余额通常并不相符,不相符的原因主要是:① 企业和银行一方或两方登账时发生错误;② 未达账项。也就是说,即使双方记账都没有发生错误,银行存款日记账和银行对账单的余额也可能由于未达账项的存在而不一致。

所谓未达账项是指由于企业与银行(或企业)取得凭证的时间不同,导致记账时间不一致,发生的一方已取得结算凭证并登记入账,而另一方由于尚未取得结算凭证而尚未入账的款项。未达账项有以下四种:

(1) 企业已收,银行未收。即企业已经收款并登记入账,银行尚未收款入账。例如,企业销售产品收到支票,送存银行后即可根据银行盖章退回的“进账单”回单联登记银行存款的增加;而银行则要等款项收妥后再记增加。

(2) 企业已付,银行未付。即企业已经付款并登记入账,银行尚未付款入账。例如,企业开出一张支票支付购货款,企业可根据支票存根、发货票及收料单等凭证,登记银行存款的减少;而此时银行由于尚未接到支付款项的凭证而尚未登记减少。

(3) 银行已收,企业未收。即银行已经收款并登记入账,企业尚未收款入账。例如,外地某单位给企业汇来款项,银行收到汇款单后,马上登记存款增加;企业由于尚未收到汇款凭证而尚未登记银行存款增加。

(4) 银行已付,企业未付。即银行已经付款并登记入账,企业尚未付款入账。例如,银行接受企业委托代付款项,银行已取得支付款项的凭证并已登记银行存款的减少,企业尚未接到凭证而尚未登记银行存款的减少。

上述任何一项未达账项的存在,都会使银行存款日记账余额与银行对账单余额不符。其中(1)、(4)两种情况,使企业的银行存款日记账账面余额大于银行对账单的余额;而(2)、(3)两种情况,使企业的银行存款日记账账面余额小于银行对账单的余额。因此,在与银行对账时,首先应查明有无未达账项,如果有未达账项,可编制“银行存款余额调节表”,对未达账项进行调整后,再确定企业与银行双方记账是否一致,双方的账面余额是否相符。

银行存款的清查步骤如下:

首先,将银行存款日记账与银行对账单中的业务逐日逐笔核对,同一笔业务双方都有记录的,在金额旁边用铅笔划上“√”符号。

其次,编制“银行存款余额调节表”(格式如表 9-9 所示)。将在银行存款日记账中未划“√”符号的未达账项及对账单中未划“√”符号的未达账项都填入“银行存款余额调节表”中,并计算出经调整后企业的账面余额和调整后银行对账单余额,两者相等,说明银行存款日记账准确无误。

最后,将填制完毕的“银行存款余额调节表”经主管会计签章后,呈报开户银行,至此清查完毕。

在银行存款清查中,“银行存款余额调节表”的编制是一项重要的工作。调整后的企业银行存款日记账余额和调整后的银行对账单余额应相等,其计算公式如下:

调整后银行存款日记账余额=银行存款日记账期末余额+银行已收企业未收款-银行已付企业未付款

调整后银行对账单余额=银行对账单期末余额+企业已收银行未收款-企业已付银行未付款

下面举例说明“银行存款余额调节表”的编制方法。

【例 9-3】 永康商场 2013 年 2 月 28 日的银行存款日记账和银行对账单的情况如表 9-7 和表 9-8 所示。

表 9－7　银行存款日记账

账户：工商银行

账号：2745

2009年		凭证		摘　要	结算凭证		借方	贷方	余额
月	日	字	号		种类	号数			
2	21			承前页					36 240
	21			提现	现支	245		240	36 000
	23			送存销货款	进账	385	6 000		42 000
	24			销货款收回	信汇	423	2 000		44 000
	26			付进货款	转支	511		31 500	12 500
	28			收销货款	转支	003	6 750		19 250

表 9－8　中国工商银行对账单

账户：永康商场

账号：2745

2009年		凭证		摘　要	结算凭证		借方	贷方	余额
月	日	字	号		种类	号数			
2	21			承前页					36 240
	21			提现	现支	245	240		36 000
	23			送存销货款	进账	385		6 000	42 000
	24			销货款收回	信汇	423		2 000	44 000
	27			付水电费	委收	092	1 200		42 800
	28			收销货款	委收	672		5 000	47 800

经逐笔勾对后，查明有如下未达账项：

(1) 2 月 26 日，支付进货款 31 500 元，企业已付账，银行未付账；

(2) 2 月 27 日，水电局收水电费 1 200 元，银行已付账，企业未付账；

(3) 2 月 28 日，收回销货款 6 750 元，企业已收账，银行未收账；

(4) 2 月 28 日，收回销货款 6 750 元，银行已收账，企业未收账。

编制未达账项的“银行存款余额调节表”如表 9－9 所示。

表 9－9　银行存款余额调节表

户名：永康商场　　　　2013 年 2 月 28 日

银行存款日记账余额	19 250	银行对账单余额	47 800
加：银行已收企业未收款	5 000	加：企业已收银行未收款	6 750
减：银行已付企业未付款	1 200	减：企业已付银行未付款	31 500
调节后余额	23 050	调节后余额	23 050

经该表调节后，若双方账目余额相等，则其金额表示企业可动用的银行存款实有数；若双方账目余额不相等，则表示企业和开户银行双方至少有一方登账有错误，应进一步查明原因，采用正确的方法进行更正。

需要注意的是，按照我国会计规范的规定，不能以“银行存款余额调节表”中调整后的余额为依据调整企业银行存款日记账的余额，对于未达账项，企业只有在接到银行收付款结算的原始凭证时，才能据以登记入账。也就是说，“银行存款余额调节表”只能作为双方对账的依据，不能作为调整账面记录的依据。

三、债权债务的清查核算

（一）债权债务的清查

往来账项是指企业因商品购销和其他原因而形成的各种债权、债务，包括应收账款、应收票据、其他应收款、应付账款、应付票据和其他应付款等。往来款项的清查一般用发函询证的方法进行核对。

企业在保证本单位账簿记录正确的情况下，对账簿中记载的每笔往来款项，按明细账表明的往来对象逐户填制一式两联的“往来款项对账单”（如表 9 - 10 所示），寄送至对方进行核对，对账单的一联留在对方，另一联由对方核对后将情况注明并盖章后退回。如果发现双方账目不相符，应在回单上注明，以便查明原因。清查完毕，应根据各个单位退回的对账单将清查结果填入“往来款项清查报告单”（如表 9 - 11 所示）中，由清查人员和记账人员共同签名盖章，注明核对相符与不相符的款项，对不相符的款项按有争议、未达账项等情况归类，并针对具体情况及时采取措施予以解决。对于未达账项，其处理方法与银行存款相同。

表 9 - 10　往来款项对账单

往来款项对账单

××单位

贵单位于××年××月××日从我单位购入×产品××件，已付款××元，尚有××元货款尚未支付，请核对后将回联单寄回。

清查单位：（盖章）

年　　月　　日

如核对相符，请在数据无误处盖章确认（沿此虚线剪下，将以下回联单寄回）；如数据存在差异，请注明贵单位记载的金额。

- -

往来款项对账单（回联）

××清查单位

贵单位寄来的“往来款项对账单”已收到，经核对相符无误。

××单位：（盖章）

年　　月　　日

表 9-11　往来款项清查报告单

清查日期：年　　月　　日　　编制日期：　年　　月　　日

总分类账户名称：　　　　　　总分类账户结余余额：

<table>
<tr><th rowspan="2">明细账户名称</th><th rowspan="2">账面结存余额</th><th colspan="2">清查结果</th><th colspan="4">核对不符的原因和金额</th><th rowspan="2">备　注</th></tr>
<tr><th>核对相符原因</th><th>核对不符原因</th><th>有争执的款项</th><th>……</th><th>……</th><th>合　计</th></tr>
<tr><td></td><td></td><td></td><td></td><td></td><td></td><td></td><td></td><td></td></tr>
<tr><td></td><td></td><td></td><td></td><td></td><td></td><td></td><td></td><td></td></tr>
<tr><td></td><td></td><td></td><td></td><td></td><td></td><td></td><td></td><td></td></tr>
</table>

(二) 债权债务清查结果的处理

在财产清查过程中，如果发现有长期未清的往来款项，应及时处理。由于对方单位撤销等原因造成确实收不回的应收款项，应确认为坏账损失，经批准予以转销。坏账损失的转销在批准前不做账务处理，也就是不用通过"待处理财产损溢"账户进行核算，按规定的程序批准后，计入"管理费用"(采用备抵法核算的企业计入"坏账准备"账户)账户，根据有关原始凭证，编制会计分录如下：

借：管理费用

　贷：应收账款

采用备抵法的企业，发生坏账时应编制会计分录如下：

借：坏账准备

　贷：应收账款

对于长期无法支付的应付账款，经查证落实，对方单位已不复存在，可以按照规定程序经批准后，直接转作"营业外收入——长期挂账的应付款"账户，根据有关原始凭证，编制会计分录如下：

借：应付账款

　贷：营业外收入

第四节　存货和固定资产的清查核算

一、实物的清查

不同品种的实物资产由于其形态、体积重量和码放方式的不同而采取不同的清查方法，一般有实地盘点和技术推算法盘点两种方法。

实地盘点是指对各项实物资产通过逐一点数或用计量仪器来确定其实存数量的方法。它适用于可以逐一点数或用度量衡器具准确计量的财产物资及包装完好的大件材料、库存商品等。这种方法适用范围广，要求严格，清查质量高，但工作量大。

技术推算法是指利用技术方法对实物资产的实存数量进行推算的方法。这种方法适用于那些量大成堆、难于逐一清点数量的实物资产，对大量成堆的燃料用煤、矿石、生铁等都可以采用技术推算的方法来确定实物数量。

实物清查一般按下列步骤进行：

首先，按照清查工作计划，在规定的日期由指定的清查小组人员对实物资产进行实地盘点或技术推算。盘点时要注意逐一盘点，先查明各种实物资产的名称、规格，再盘点其数量，对有些物资，在清查数量的同时，还要注意实物的完好性并通过一定的技术方法来检查其质量有无变化，如发现不成套、变质、损坏等，应在备注中说明，此外，为了明确经济责任，实物保管人员必须在场。盘点结束后，清查人员要将盘点所确定的实物资产数量登记入“盘存单”(其一般格式见表 9-12)，并由盘点人员和实物保管人员签章，以明确经济责任，并作为财产清查的原始记录。

实物清查时，对于本企业委托外单位加工、保管的材料，以及在途材料等，可以采用询证等方法与有关单位进行核对，查明账实是否相符。另外，还要注意不要把本企业代管其他企业的财产物资也混到本企业财产的盘存单上去，而应单独列示，这些财产物资已于经济业务发生时记录在备查账簿上。

表 9-12　盘　存　单

编制单位：　　　　　　　年　　月　　日

财产类别：　　　　　　存放地点：　　　　　　　　　　　　　　　第　页

序号	名称	规格	计量单位	盘点数量	单价	金额	备注

盘点人员：　　　　　　　　实物保管人：

其次，填制“实存账存对比表”(其一般格式见表 9-13)。清查人员应将“盘存单”与账簿记录逐项核对，发现实物资产盘盈、盘亏，应逐笔记入“实存账存对比表”。“实存账存对比表”是财产清查的重要报表，既是分析发生差异原因和明确经济责任的依据，又是调整账簿记录的原始凭证。

表 9-13　实存账存对比表

年　　月　　日

编制单位：　　　　　　　　　　　　　　　　　　　　　　　　　　第　页

<table>
<tr><th rowspan="3">编号</th><th rowspan="3">类别及名称</th><th rowspan="3">规格或型号</th><th rowspan="3">计量单位</th><th rowspan="3">单价</th><th colspan="2">实存</th><th colspan="2">账存</th><th colspan="4">对比结果</th><th rowspan="3">备注</th></tr>
<tr><th rowspan="2">数量</th><th rowspan="2">金额</th><th rowspan="2">数量</th><th rowspan="2">金额</th><th colspan="2">盘盈</th><th colspan="2">盘亏</th></tr>
<tr><th>数量</th><th>金额</th><th>数量</th><th>金额</th></tr>
<tr><td></td><td></td><td></td><td></td><td></td><td></td><td></td><td></td><td></td><td></td><td></td><td></td><td></td><td></td></tr>
<tr><td></td><td></td><td></td><td></td><td></td><td></td><td></td><td></td><td></td><td></td><td></td><td></td><td></td><td></td></tr>
<tr><td></td><td></td><td></td><td></td><td></td><td></td><td></td><td></td><td></td><td></td><td></td><td></td><td></td><td></td></tr>
<tr><td></td><td></td><td></td><td></td><td></td><td></td><td></td><td></td><td></td><td></td><td></td><td></td><td></td><td></td></tr>
</table>

单位主管：　　　　　主管会计：　　　　　制表：

最后，对盘盈、盘亏的实物资产应查明原因，经主管人员复核，并签署意见，报经有关部门审批。

二、存货清查的核算

(一) 存货盘盈的核算

对于盘盈的存货，由于实存数大于账面数，所以在批准之前，为使实存数等于账面数，应调增相关资产账户的账面数，即记入“原材料”、“库存商品”等账户的借方，同时，记入“待处理财产损溢——待处理流动资产损溢”账户的贷方。而盘盈的存货一般是由于收发计量上的错误而造成的，待批准处理后应冲减管理费用。

【例 9-4】 某企业在财产清查中盘盈甲材料 500 千克。经查是由于收发计量上的错误所造成。甲材料每千克 5 元。根据“实存账存对比表”编制会计分录如下：

(1)批准前：

借：原材料——甲材料　　2 500

　贷：待处理财产损溢——待处理流动资产损溢　　2 500

(2) 报经批准后处理时：

借：待处理财产损溢——待处理流动资产损溢　　2 500

　贷：管理费用　　2 500

(二) 存货盘亏(或毁损)的核算

对于盘亏(或毁损)的存货，由于实存数小于账面数，所以在批准之前，为使实存数等于账面数，应调减相关资产账户的账面数，即记入“原材料”、“库存商品”等账户的贷方，同时记入“待处理财产损溢——待处理流动资产损溢”账户的借方。按管理权限报经批准后处理时，应视不同的原因进行以下不同的处理：

(1) 属于自然损耗产生的定额内的合理损耗，经批准后可记入“管理费用”账户；

(2) 属于超定额损耗的，能够确定过失人的应由过失人赔偿，记入“其他应收款——××(过失人)”账户；属于保险责任范围的应向保险公司索赔，记入“其他应收款——保险赔款(保险公司)”账户；扣除过失人或保险公司赔偿和残值后的余额，记入“管理费用”账户。

(3) 属于非常损失所造成的存货毁损，扣除保险赔偿和残值(残值记入“原材料”账户)后，应记入“营业外支出”账户。

【例 9-5】 某企业在期末盘点时发现 10 000 元的乙原材料毁损。经批准的处理意见是保管员赔偿 10%，保险公司赔偿 50%，其余属于管理不善所造成。

(1) 发现原材料毁损时，根据有关原始凭证编制会计分录如下：

借：待处理财产损溢——待处理流动资产损溢　　10 000

　贷：原材料——乙材料　　10 000

(2) 查明原因后，经批准处理时：

借：其他应收款——××保险公司　　5 000

　　　　　　——××保管员　　1 000

　管理费用　　4 000

　贷：待处理财产损溢——待处理流动资产损溢　　10 000

三、固定资产清查的核算

(一) 固定资产盘盈的核算

盘盈的固定资产作为前期差错更正处理，通过“以前年度损益调整”账户进行核算，而不通过“待处理财产损溢”账户进行核算。

【例 9－6】 期末对企业财产进行盘点，发现账外设备一台，价值 50 000 元，估计七成新。根据有关原始凭证编制会计分录如下：

借：固定资产　　35 000

　贷：以前年度损益调整　　35 000

(二) 固定资产盘亏(或毁损)的核算

对于盘亏(或毁损)的固定资产，由于实存数小于账面数，所以在批准之前，为使实存数等于账面数，应调减“固定资产”账户的账面数，即记入“固定资产”账户的贷方，同时记入“待处理财产损溢——待处理固定资产损溢”账户和“累计折旧”账户的借方；按管理权限报经批准后处理时，在扣除由过失人或保险公司等赔款和残料价值之后的净损失应计入“营业外支出”账户的借方。

【例 9－7】 某公司在财产清查中，盘亏设备一台，原值为 63 000 元，已提折旧 48 000 元。经批准，过失人赔偿 2 000 元，其他属于非正常损失。

(1) 发生盘亏时：

借：待处理财产损溢——待处理固定资产损溢　　15 000

　累计折旧　　48 000

　贷：固定资产　　63 000

(2) 经批准核销时：

借：其他应收款——××过失人　　2 000

　营业外支出——非常损失　　13 000

　贷：待处理财产损溢——待处理固定资产损溢　　15 000

复习思考题

1. 造成账实不符的原因有哪些？
2. 存货盘存制度包括哪两种？它们各自的优、缺点有哪些？
3. 全面清查适用于哪些情况？局部清查又适用于哪些情况？
4. 常见的存货计价方法有哪几种？为什么实地盘存制下不适用移动加权平均法？
5. 什么是未达账项？企业与银行之间可能发生哪些未达账项？怎样进行调整？
6. 对于流动资产的盘盈、盘亏如何进行账务处理？
7. 对于固定资产的盘盈、盘亏如何进行账务处理？

第十章　财务会计报告

【学习目标】

通过本章学习，了解财务会计报告的种类、组成以及编制财务会计报告的准备工作，熟悉资产负债表和利润表的基本格式，掌握财务会计报告和会计报表的含义，财务会计报告的编制要求，资产负债表和利润表编制的资料来源和编制方法。

第一节　财务会计报告概述

在市场经济社会中，企业的投资人和债权人、企业内部管理人员、税收和证券监督等政府管理部门，需要利用会计信息进行决策和控制。在日常会计工作中，通过编制会计凭证和登记账簿，虽然能对企业的经济业务进行连续、系统的记录，但会计凭证与账簿还不能高度概括会计信息。为了取得总括的会计信息，以便集中反映企业的资产、负债和所有者权益情况，以及一定期间内的经营成果和现金流量信息，会计人员必须提供满足多方面会计信息使用者需求的会计报告，即会计报表。

会计报表是会计核算的最终成果，是以会计账簿为主要依据，以货币为计量单位，全面、总括地反映会计实体在一定时期内财务状况、经营成果和现金流量等信息的报告文件。它是会计实体对经济活动进行预测、决策、控制和检查、分析的重要依据。

一、财务会计报告的分类

财务会计报告可按不同的标准进行多层次、多角度的分类。目前，财务会计报告主要的分类方法有如下几种：

(1) 财务会计报告按其反映的经济内容不同，可分为资产负债表、利润表、现金流量表、所有者权益变动表及其必要的附表。资产负债表是用来反映企业在某一特定时日财务状况的财务报表。利润表是用来反映企业在一段时期内经营成果的财务报表。现金流量表是用来反映企业在一定时期内现金流入和流出情况的财务报表。所有者权益变动表是用来反映企业构成所有者权益的各组成部分当期增减变动情况的财务报表。财务报表附表是对财务报表内某一项目或某些项目的经济内容作进一步解释说明的报表，如利润分配表和主营业务收支明细表等。

(2) 财务会计报告按其编制单位性质不同，可分为企业会计报表和事业单位会计报表。企业单位会计报表一般包括资产负债表、利润表、现金流量表和所有者权益变动表；事业单位会计报表包括资金活动情况表、经费支出明细表、拨入经费增减情况表以及经费支出决算表等。

(3) 财务会计报告按其编制的时间不同，可分为中期财务报表和年度财务报表。中期是指短于一个完整的会计年度的报告期间，包括月度、季度和半年度。中期财务报表至少应当包括资产负债表、利润表、现金流量表和附注。年度财务报表是在每年度终了时编报，至少应当包括资产负债表、利润表、现金流量表、所有者权益变动表和附注。根据我国现行相关会计法的规定，月报应于月份终了后的6日内报出，季报应于每季度终了后的15日内报出，半年报应在年度中期结束后的60日内报出，年报应在年度终了后4个月内报出。

(4) 财务会计报告按其编报主体不同，可分为个别财务报表和合并财务报表。个别财务报表是指由母公司或子公司单独编制的，仅反映母公司或子公司自身财务状况、经营成果和现金流量等相关信息的报表，它反映的对象是单个企业法人。合并财务报表是指由母公司编制的，将母、子公司形成的企业集团作为一个会计主体，综合反映企业集团整体财务状况、经营成果和现金流量等相关信息的报表，它反映的对象是由若干个法人组成的会计主体，是经济意义上的会计主体，而不是法律意义上的主体。合并财务报表以个别财务报表为基础编制，它是以纳入合并范围的企业个别财务报表为基础，根据其他有关资料，抵消有关会计事项，对个别财务报表的影响编制的，它并不需要在现行会计核算方法体系之外单独设置一套账簿体系。

(5) 财务会计报告按其编制用途不同，可分为外部报表和内部报表两类。外部报表是为了满足投资者和债权人、财政、税收、银行和证券监督等部门的需要，由财政部统一制定，单位编制报送的会计报表；内部报表是为了满足企业内部管理，进行会计预测、决策、控制和加强财务管理的需要，由单位会计部门统一制定，职能部门、车间和班组填报的会计报表。

在财务报表的几种主要分类方法之中，按其反映的经济内容分类是最基本的，其他分类方法都是在此基础上延伸、派生出来的，是辅助性的分类方法。

二、财务会计报告的组成

企业财务会计报告是反映企业财务状况和经营成果的书面文件。财务会计报告主要包括对外报送的财务报表、附注和其他需要披露的资料。

(一) 对外报送的财务报表

对外报送的财务报表，由主表和附表两部分构成。其中，主表包括资产负债表、利润表、现金流量表和所有者权益变动表。附表根据各行业、各企业的特点编制，如存货明细表、分部报表等。

(二) 附注

附注是对在资产负债表、利润表、现金流量表和所有者权益变动表中列示项目的文字描述或明细资料，以及对未能在这些报表中列示项目的说明等。附注应当披露财务报表的编制基础，相关信息应当与资产负债表、利润表、现金流量表和所有者权益变动表等报表中列示的项目相互参照。其披露的内容有：

(1) 财务报表的编制基础；

(2) 遵循会计准则的说明；

(3) 重要会计政策的说明，包括财务报表项目的计量基础和会计政策的确定依据；

(4) 重要会计估计的说明，包括下一会计期间内可能导致资产、负债账面价值重大调整的会计估计的确定依据等；

(5) 会计政策和会计估计变更以及差错更正的说明；

(6) 对已在资产负债表、利润表、现金流量表和所有者权益变动表中列示的重要项目的进一步说明，包括终止经营税后利润的金额及其构成情况等；

(7) 或有和承诺事项、资产负债表日后事项、非调整事项、关联方关系及其交易等需要说明的事项。

此外,企业应当在附注中披露在资产负债表日后、财务报告报出前提议或宣布发放的股利总额和每股股利金额。

(三) 其他需要披露的资料

除上述信息外,企业还应针对会计信息使用者的需要披露一些相关信息,如企业注册地、组织形式和总部地址;企业的业务性质和主要经营活动;母公司以及集团最终母公司的名称等。

三、会计报表的编制要求

(一) 编制会计报表的准备工作

会计报表的资料主要来源于账簿记录。为了如实地反映会计主体的财务状况和经营成果,在编制会计报表之前应做好以下准备工作:

(1) 检查本期发生的经济业务是否全部登记入账。为了保证财务报表所反映内容的完整性,只有在本期的经济业务全部被记账的基础上,才可以着手编制财务报表。不能为了赶编报表而提前结账,不得任意估计数字,更不能弄虚作假、篡改数字;当然,也不能推迟结账,把不属于本期的经济业务编入本期的财务报表中。

(2) 进行账项调整。按照权责发生制的要求,应对收入和费用项目进行调整,以便使收入和费用进行恰当的配比。

(3) 进行财产清查。在编制财务报表尤其是年度会计报表前,企业应对各种存货、固定资产和货币资产进行清查盘点,做到账物相符、账款相符。如有不符,应查明原因,按规定调整账目。

(4) 清理核对账目。结账前,对于企业同其他单位之间的往来款项,企业内部的应收、暂付等往来款项应进行清理核对,发现问题要及时查明原因,予以处理。对所发现的坏账,应按规定转销。

(5) 按时结账,进行试算平衡。在全部经济业务已经入账并且有关账项调整结束之后,企业应该按时结账,进行试算平衡,之后即可编制财务报表。

(二) 财务报表的编制要求

企业对外报送、公布的财务报表是一种具有法律效力的报告文件。因此,企业应按照严格的要求编制财务报表。

1. 会计资料真实性

财务报表中的各项数字必须以调整、核实相符后的账簿记录为依据,不能改变、增删应列入报表而且已经核算的信息资料,不能使用估计数字或推算数字,更不能捏造事实或数字。否则,虚假的信息不仅无助于投资者、债权人等财务报表使用者的决策,而且可能导致其做出错误的判断与评价,以致决策失误。

2. 会计信息准确性

财务报表中的各项数字主要来源于日常的账簿记录。但是,这并不是从账簿到报表数字的简单转化,财务报表中的有些项目金额是需要将有关账户的期末余额进行分析、计算整理后才能填列的,而且报表项目之间存在着一定的数字钩稽关系。各种报表之间、各个项目之间凡有对应关系的指标，应该相互一致，指标之间应该衔接的必须衔接。

3. 会计事项完整性

财务报表必须按照规定的种类、格式和内容来编制，不得漏编、漏报财务报表，也不得漏填、漏列报表项目。对于报表中需要进一步解释和说明的项目，应在报表的附注中加以说明，以便报表使用者理解和利用，对于需要编制合并报表的，也要完整编报。

4. 编报报表及时性

企业财务报表所提供的资料具有很强的时效性。只有及时编制和报送财务报表，才能为使用者提供决策所需的信息。否则，即使财务报表的编制非常真实可靠、全面完整，但由于编报不及时，也可能失去其应有的价值。随着市场经济和信息技术的迅速发展，财务报表的及时性要求将变得日益重要。

5. 会计指标可比性

各种财务报表的经济指标，应当尽可能内容相同，计算方法一致。这样不仅便于报表使用者比较企业不同时期的财务状况和经营成果，也有利于报表使用者用来比较不同企业的财务状况和经营成果。因此，企业在不同时期的报表指标和同类型企业之间的报表指标，应当尽可能一致。通过变动资料的比较可以鉴别同一个企业在不同时期以及不同企业之间的企业财务状况和经营成果之间的差别。

在本教材中，只介绍“资产负债表”和“利润表”，其他财务报表将在中级财务会计教材中加以介绍。

第二节　资产负债表

一、资产负债表的概念

资产负债表又称资金平衡表(Blance Sheet)，是反映企业某一特定日期财务状况的财务报表。该表按月编制，对外报送，年度终了还应编报年度资产负债表。

资产负债表编制的理论依据是“资产＝负债＋所有者权益”的会计恒等式。其编制原理是把企业特定日期(通常是期末)的资产、负债和所有者权益项目按一定的分类标准和排列次序予以排列而形成的一定格式的报表。

从性质上讲，资产负债表是一种静态报表，它是以相对静止的方式来反映企业的资产、负债和所有者权益的总量及构成。换言之，该报表中所反映的财务状况只是某一时点(编报日)上的状态，过了这一时点，企业的财务状况就会变化。因此，资产负债表只有对编报日来说才具有意义。从经济内容上分析，资产负债表实际上是用来反映企业从哪里取得资金，又将这些资金投放到哪些方面去了。前者可以理解为是一种筹资活动，后者可以认为是广义的投资活动。而筹资和投资通常是企业财务活动的主要内容，所以将资产负债表又称为财务状况表。

二、资产负债表的结构

一般来说，资产负债表分为基本部分和附注(补充资料)部分。该表的主体是基本部分，分为表头和表体两部分。表头部分列示报表的编制单位、编制日期、货币计量单位等。表体则列示一定时点上企业的资产、负债和所有者权益。附注部分(补充资料)主要用于进一步详细说明报表中的某些主要项目和编制基础。由于表头和附注的格式较为简单，所以一般所说的资产负债表格式即资产、负债和所有者权益的分类和排列形式。

根据资产负债表主体部分排列形式的不同，资产负债表的格式主要有账户式和报告式。

（一）账户式

账户式资产负债表直接根据"资产＝负债＋所有者权益"的等式，采用左、右对称排列的结构列示财务信息，具体格式（简式）如表 10－1 所示。

表 10－1　资产负债表

编制单位：　　　　　　　　　　　年　　月　　日　　　　　　　　　　　　元

资产	金　额	负债及所有者权益	金额
流动资产		流动负债	
……		……	
非流动资产		非流动负债	
……		……	
		所有者权益	
		……	
资产总计		负债及所有者权益总计	

这种表式较好地将资产负债表的形式和内容统一起来，揭示了各项目之间内在的钩稽关系，能够让报表使用者一目了然地了解企业所控制经济资源的来源，也便于对资产负债表进行结构分析。所以，这种表式为世界大多数国家所采用。我国的《企业会计准则》中规定，资产负债表也采用这种格式。

（二）报告式

报告式资产负债表将资产、负债和所有者权益项目按纵向顺序排列，其排列方式有两种。

第一种格式，按"资产＝负债＋所有者权益"等式纵向顺序排列，格式如表 10－2 所示。

表 10－2　资产负债表

编制单位：　　　　　　　　　　　年　　月　　日　　　　　　　　　　　　元

项　目	金　额
资产	
……	
资产总计	
负债	
……	
负债合计	
所有者权益	
……	
所有者权益合计	
负债及所有者权益总计	

第二种格式，按“资产－负债＝所有者权益”这一变形的等式纵向顺序排列，格式如表10－3所示。

表 10－3　资产负债表

编制单位：　　　　　　　　年　　月　　日　　　　　　　　元

项　目	金　额
资产	
……	
资产总计	
减：负债	
……	
负债合计	
资产减负债	
所有者权益	
……	
所有者权益合计	

上述两种格式的资产负债表在实务中均有采用。

在编制基础上，账户式资产负债表与报告式资产负债表基本相同，两者各有利弊。账户式资产负债表左右两边平衡、对称，而且有某种对应关系，因此比较直观，但不足之处是表页过宽。报告式资产负债表采用上下编排，虽然不会出现表页过宽之弊，但如果账户较多时会使报表过长，影响传递与使用。

三、资产负债表项目的分类排列

在编制资产负债表时，无论采用什么格式，都应依照编制会计报表的目的，把所有资产、负债和所有者权益项目按照一定的分类标准和一定的次序加以适当排列。目前，国际上有两种排列方式。

（一）按流动性分类排列

按流动性分类是指对企业的资产、负债按其流动性大小划分，分别列示在资产负债表上。依此分类标准，资产分为流动资产与非流动资产；负债分为流动负债与非流动负债；所有者权益分为实收资本和留存收益。具体排列次序上，流动性强的资产排列在前，流动性弱的排列于后；偿还期短的负债排列在前，偿还期长的负债排列在后；而所有者权益项目按其永久性程度的高低排列，永久性程度高的项目排在前，永久性程度低的项目排在后。

在会计实务中，绝大多数企业采用按流动性分类与排列的方法。我国的资产负债表也采用这种分类、排列方法。前述资产负债表的格式即是按这种方法分类和排列的。

（二）按货币性与非货币性分类排列

按货币性与非货币性分类时，要将资产、负债的所有项目分为货币性项目和非货币性项目两大类。在货币性项目下，再分为货币性资产与货币性负债，然后，进一步细分为货币性流动资产、货币性非流动资产、货币性流动负债、货币性非流动负债四项。将非货币性项目也分为非货币性流动资产、非货币性流动负债、非货币性非流动负债、非货币性非流动资产四项。在物价不稳定、货币价值波动剧烈的情况下，这种分类法的作用比较明显。因此，在编制"按一般物价水准调整的财务报表"时，必须按这种分类方法编制资产负债表。但在一般情况下，并不采用这种分类和排列方法。

四、资产负债表的编制方法

企业会计报表的编制主要是通过对日常会计核算记录的数据加以归集、整理，使之成为有用的财务信息。资产负债表是一种静态报表，它反映特定时日企业的财务状况，编表的资料主要来源于反映特定时日的财务状况的账户余额。我国企业资产负债表各项目数据的来源，主要通过以下几种方式取得：

(1) 根据总账期末余额填列。其中有些项目可根据总账期末余额直接填列，如"交易性金融资产"、"固定资产清理"、"递延所得税资产"、"短期借款"、"应付票据"、"应付职工薪酬"、"应交税费"、"应付利息"、"应付股利"、"其他应付款"、"递延所得税负债"、"实收资本"、"资本公积"、"盈余公积"、"未分配利润"等项目。有些项目则根据几个总账期末余额计算填列，如"货币资金"项目需根据"库存现金"、"银行存款"、"其他货币资金"三个总账的期末余额的合计数填列。

(2) 根据有关明细账期末余额填列。如"应付账款"项目需要根据"应付账款"和"预付账款"两个科目所属的相关明细科目的期末贷方余额计算填列；"应收账款"项目需要根据"应收账款"和"预收账款"两个科目所属的相关明细科目的期末借方余额计算填列。

(3) 根据总账和明细账期末余额分析计算填列。如"长期应收款"、"持有至到期投资"、"长期待摊费用"(其将于1年内到期或摊销完毕的部分在资产负债表的"一年内到期的非流动资产"项目中反映)、"长期应付款"、"长期借款"、"应付债券"、"预计负债"(其将于1年内到期的部分在资产负债表的"一年内到期的非流动负债"项目中反映)等项目。如"长期借款"项目需要根据"长期借款"总账科目余额扣除"长期借款"科目所属的明细科目中反映的将于1年内到期的长期借款部分分析计算填列。

(4) 根据有关账户余额减去其备抵科目余额后的净额填列。如"应收账款"项目应根据"应收账款"期末余额减去"坏账准备"期末余额后的净额填列；"长期股权投资"、"可供出售金融资产"、"持有至到期投资"、"在建工程"、"工程物资"、"商誉"项目，应根据其账面余额减去相应的减值准备期末余额后的净额填列；"固定资产"项目应根据"固定资产"期末余额减去"累计折旧"、"固定资产减值准备"期末余额后的净额填列；"无形资产"项目应根据"无形资产"期末余额减去"累计摊销"、"无形资产减值准备"期末余额后的净额填列。

(5) 综合运用上述填列方法分析填列。如"存货"项目，需要根据"原材料"、"委托加工物资"、"周转材料"、"材料采购"、"在途物资"、"发出商品"、"材料成本差异"等总账期末余额的分析汇总，再减去"存货跌价准备"期末余额后的净额填列。

(6) 根据备查登记簿记录填列。会计报表附注中的有些资料，需要按照备查登记簿中的记录编制。

在我国，资产负债表的"年初数"栏各项目数字，应根据上年年末资产负债表"期末数"栏内所列数字填列。如果本年度资产负债表规定的各个项目的名称和内容同上年度不相一致，应对上年年末资产负债表各项目的名称和数字按照本年度的规定进行调整，填入报表中的“年初数”栏内。资产负债表的“期末数”栏各项目主要是根据有关科目记录编制的。

五、资产负债表编制实例

中信实业股份有限公司20××年年初及年末的账户余额如表10－4所示。

表10－4　中信公司20××年年初及年末账户余额　　元

科目名称	期初借方余额	期末借方余额	科目名称	期初贷方余额	期末贷方余额
库存现金	40 000	60 000	短期借款	600 000	780 000
银行存款	200 000	500 000	交易性金融负债	63 000	86 000
交易性金融资产	500 000	800 000	应付票据	350 000	400 000
应收票据	360 000	365 000	应付账款	520 000	780 000
应收股利	80 000	150 000	预收账款	32 000	475 000
应收利息	24 000	68 000	应付职工薪酬	850 000	940 000
应收账款	1 600 000	2 400 000	应交税费	56 000	200 000
坏账准备	－32 000	－48 000	应付利息	75 000	64 000
其他应收款	20 000	30 000	应付股利	35 000	40 000
预付账款	350 000	500 000	其他应付款	18 000	24 000
其他流动资产	60 000	36 000	长期借款	1 000 000	1 500 000
材料采购	32 000	48 000	一年内到期的长期负债	200 000	500 000
原材料	50 000	150 000	应付债券	800 000	800 000
库存商品	400 000	450 000	实收资本（或股本）	6 000 000	6 000 000
可供出售的金融资产	75 000	40 000	资本公积	4 000 000	5 000 000
长期股权投资	650 000	850 000	盈余公积	500 000	600 000
持有至到期的投资	1 800 000	1 800 000	利润分配		
固定资产	6 500 000	7 600 000	未分配利润	1 200 000	2 600 000
累计折旧	－500 000	－600 000			
工程物资	680 000	450 000			
在建工程	1 800 000	2 800 000			
无形资产	1 250 000	2 100 000			
长期待摊费用	360 000	240 000			
合　计	16 299 000	20 789 000	合　计	16 299 000	20 789 000

根据上述余额编制该公司年度资产负债表如表10－5所示：

表10－5　资产负债表

编制单位:中信实业股份有限公司　　20××年12月31日　　单位:元

资　产	期末余额	年初余额	负债及所有者权益	期末余额	年初余额
流动资产			流动负债		
货币资金	560 000	240 000	短期借款	780 000	600 000
以公允价值计量且其变动计入当期损益的金融资产	800 000	500 000	以公允价值计量且其变动计入当期损益的金融负债	86 000	63 000
应收票据	365 000	360 000	应付票据	400 000	350 000
应收账款	2 352 000	1 568 000	应付账款	780 000	520 000
预付账款	500 000	350 000	预收账款	475 000	32 000
应收利息	68 000	24 000	应付职工薪酬	940 000	850 000
应收股利	150 000	80 000	应交税费	200 000	56 000
其他应收款	30 000	20 000	应付利息	64 000	75 000
存货	648 000	482 000	应付股利	40 000	35 000
划分为持有待售资产			其他应付款	24 000	18 000
一年内到期的非流动资产			划分为持有待售负债		
其他流动资产	36 000	60 000	一年内到期的非流动负债	500 000	200 000
流动资产合计	5 509 000	3 684 000	其他流动负债		
非流动资产			流动负债合计	4 289 000	2 799 000
可供出售金融资产	40 000	75 000	非流动负债		
持有至到期投资	1 800 000	1 800 000	长期借款	1 500 000	1 000 000
长期应收款			应付债券	800 000	800 000
长期股权投资	850 000	650 000	长期应付款		
投资性房地产			专项应付款		
固定资产	7 000 000	6 000 000	预计负债		
在建工程	2 800 000	1 800 000	递延所得税负债		
工程物资	450 000	680 000	其他非流动负债		
固定资产清理			非流动负债合计	2 300 000	1 800 000
生产性生物资产			负债合计	6 589 000	4 599 000
油气资产			所有者权益（或股东权益）		

（续表）

资　产	期末余额	年初余额	负债及所有者权益	期末余额	年初余额
无形资产	2 100 000	1 250 000	实收资本（或股本）	6 000 000	6 000 000
开发支出			资本公积	5 000 000	4 000 000
商誉			减：库存股		
长期待摊费用	240 000	360 000	其他综合收益		
递延所得税资产			盈余公积	600 000	500 000
其他非流动资产			未分配利润	2 600 000	1 200 000
非流动资产合计：	15 280 000	12 615 000	所有者权益（或股东权益）合计	14 200 000	11 700 000
资产总计	20 789 000	16 299 000	负债及所有者权益总计	20 789 000	16 299 000

注：补充资料（略）。

第三节　利润表

一、利润表的概念

利润表（Profit statement），也称作损益表（Profit and loss statement），是反映企业在一定时期内（如月份、季度或年度）经营成果的财务报表。企业在一定期间的经营成果，一般是指企业在一定期间内实现的利润。在内容上，利润是收入和费用相互比较的结果，前者是经营活动中经济利益的流入，后者是经营活动中发生的耗费和支出，两者相抵后的差额即是利润或亏损。由于收入和费用是企业在一定的时间长度内发生的，因此，利润表在性质上属于动态报表的范畴，反映的是企业的资金运动取得的成果。

利润表所报告的财务信息对会计报表使用者具有十分重要的作用，已逐渐成为人们关注的重点报表之一。结合国内外学者实证研究表明，在企业财务报告所提供的众多指标中，重要等级居前三位的指标分别是每股收益（EPS）、每股净资产（NA）及权益收益率（ROE），三者均为获利能力指标。在我国，与利润相关的财务指标同样备受会计信息使用者关注，中国证监会历次关于上市公司配股条件的控制参数设定、中国权威证券报刊与券商每年进行的“中国上市公司经营业绩排行榜”的评选、投资者和证券分析师们用于评价上市公司获利能力和企业成长所运用的指标均来源于利润表。公司利润表是会计信息使用者进行决策的重要依据。

二、利润表的内容和结构

（一）利润表的内容

利润表既然是反映一个企业特定期间经营成果的会计报表，其内容就必须包括影响企业该会计期间的所有损益的内容。也就是说，利润表既要包括来自在生产经营单位已实现的各项收入，以及与该收入相配比的各项成本、费用，也要包括来自其他方面的业务收支，如投资净收益，还要包括与生产经营活动无关的各项营业外收入和支出。

我国的《企业会计准则》规定，利润表内容具体包括主营业务收入、主营业务成本、营业税金及附加、销售费用、管理费用、财务费用、投资净收益、营业外收入、营业外支出、所得税费用等。

(二) 利润表的结构

利润表通常包括表首和表体两部分。

1. 表首

表首应列示编表单位的名称、报表名称、提供信息的时间、所用货币的名称和货币单位等，这些体现了会计基本假设的要求。

2. 表体

根据利润表的构成因素，按收益计算过程排列表中项目。利润表在项目排列方式上有两种格式，一种为单步式排列，用该方式排列的利润表称单步式利润表；另一种为多步式排列，与其相应的利润表称多步式利润表。

单步式利润表在列表时，首先列示所有的收入项目，然后再列示所有的费用项目。两者相减，收入与费用的差额部分即为净收益；若收入小于费用，差额即亏损额。对上市公司而言，在利润表最后还应列示“每股收益”项目。单步式利润表的基本格式如表 10－6 所示。

表 10－6　利润表(单步式)

编制单位：　　　　　　　　××年度　　　　　　　　货币单位：

收入：		
销售收入净额	×××	
其他收入	×××	×××
费用与成本：	×××	
销售成本	×××	
销售费用	×××	
管理费用	×××	
财务费用	×××	
其他费用	×××	
所得税费用	×××	×××
净收益		×××
普通股每股净收益		×××

单步式利润表的优点是简明易懂；其缺点是所提供信息较少，不便于分析收益的构成等情况。

多步式利润表将不同的收入与费用项目加以归类，按企业损益构成的内容列示，分步反映净收益的计算过程。其基本格式如表 10－8 所示。

多步式利润表将经营活动和非经营活动分开列示，不同的收入与相应的成本和费用进行分别配比，得出一些中间利润指标。其反映的重点不仅在于企业最终的利润，还在于企业利润形成的过程，这既有利于计算有关比率，又有利于报表使用者对企业经营业绩进行分析、评价和预测。但多步式利润表也存在一些不足，如编制时较烦琐，也较难理解。目前，各个国家基本上都采用多步式利润表，我国会计制度规定按多步式结构编制利润表。

三、利润表的编制方法

利润表是反映企业在一段时期内的财务成果，是动态性质的报表。其资料主要来源于当期损益类账户的发生额。在编制利润表时，月度报表应同时填报“本月数”和“本年累计数”。“本月数”栏内反映各项目本月份的实际发生数，“本年累计数”栏内反映各项目自年初起至本月止的累计发生数。年度报表应填列“上年数”和“本年数”。利润表各项目的具体填列方法如下：

(1)“营业收入”项目应根据“主营业务收入”和“其他业务收入”账户的发生额填列。

(2)“营业成本”项目应根据“主营业务成本”和“其他业务成本”账户的发生额填列。

(3)“税金及附加”项目应根据“税金及附加”账户的发生额填列。

(4)“销售费用”项目应根据“销售费用”账户的发生额填列。

(5)“管理费用”项目应根据“管理费用”账户的发生额填列。

(6)“财务费用”项目应根据“财务费用”账户的发生额填列。

(7)“资产减值损失”项目应根据“资产减值损失”账户的发生额计算填列。

(8)“公允价值变动损益”项目应根据“公允价值变动损益”账户的发生额计算填列。

(9)“投资收益”项目应根据“投资收益”账户的发生额分析填列。

(10)“营业利润”项目应根据“营业收入”、“营业成本”、“营业税金及附加”及其他期间费用项目计算填列

(11)“营业外收入”项目应根据“营业外收入”账户的发生额填列。

(12)“营业外支出”项目应根据“营业外支出”账户的发生额填列。

(13)“利润总额”项目应根据“营业利润”、“投资收益”、“营业外收入”、“营业外支出”等项目计算填列。

(14)“所得税费用”项目应根据“所得税费用”账户的发生额填列。

(15)“净利润”项目应根据“利润总额”、“所得税费用”项目计算填列。

(16)“每股收益”项目应根据净利润和公司发行在外的普通股股份计算填列。

其他项目填列方法略

四、利润表编制方法举例

中信实业公司20××年度损益类科目本年累计发生额资料如下表10－7所示：

表10－7　中信公司20××年度损益类科目本年累计发生额资料　　元

账户名称	借方发生额	贷方发生额
主营业务收入		20 000 000
其他业务收入		8 000 000
营业外收入		350 000
投资收益		230 000

（续表）

账户名称	借方发生额	贷方发生额
主营业务成本	19 000 000	
税金及附加	300 000	
管理费用	2 384 000	
销售费用	1 120 000	
财务费用	146 000	
资产减值损失	160 000	
其他业务成本	600 000	
营业外支出	200 000	
所得税费用	1 240 000	
未分配利润		
合　计	25 150 000	28 580 000

根据上述资料，编制利润表如表10－8所示。

表10－8　利　润　表

编制单位：　　20××年12月　　单位：元

项目	本期金额	上期金额
一、营业收入	28 000 000	
减：营业成本	19 600 000	
税金及附加	300 000	
销售费用	1 120 000	
管理费用	2 384 000	
财务费用	146 000	
资产减值损失	160 000	
加：公允价值变动收益（损失以"－"号填列）	0	
投资收益（损失以"－"号填列）	230 000	
其中：对联营企业和合营企业的投资收益		
二、营业利润（损失以"－"号填列）	4 290 000	
加：营业外收入	350 000	
减：营业外支出	200 000	
其中：非流动资产处置损失		
三、利润总额（损失以"－"号填列）	4 440 000	
减：所得税费用	1 240 000	

（续表）

项目	本期金额	上期金额
四、净利润（损失以"—"号填列）	3 200 000	
五、其他综合收益税后净额		
（一）以后不能重分类进损益的其他综合收益		
1. 重新计量设定受益计划净负债或净资产的变动		
2. 权益法下在被投资单位不能重分类进损益的其他综合收益中所享有的份额		
3. 其他		
（二）以后将重分类进损益的其他综合收益		
1. 权益法下在被投资单位以后将重分类进损益的其他综合收益中所享有的份额		
2. 可供出售金融资产公允价值损益		
3. 持有至到期投资重分类为可供出售金融资产损益		
4. 现金流量套期损益的有效部分		
5. 外部财务报表折算差额		
6. 其他		
六、综合收益总额		
七、每股收益：		
（一）基本每股收益（公司发行在外普通股 5 000 万股）	0.064 0	
（二）稀释每股收益（公司发行在外普通股 5 000 万股）	0.064 0	

复习思考题

1. 什么是资产负债表？资产负债表的格式有哪几种？
2. 资产负债表各项目应采用哪些填列方法？
3. 什么是利润表？利润表的格式和具体填列方法有哪些？
4. 什么是财务会计报告报表附注？财务报告报表附注包括哪些内容？

第十一章　会计核算的账务处理程序

【学习目标】

通过本章学习，了解会计核算账务处理程序意义、种类，熟悉和掌握会计核算账务处理程序含义，记账凭证账务处理程序含义、特点和处理方法，记账凭证汇总表账务处理程序含义、特点和处理方法，汇总记账凭证账务处理程序含义、特点和处理方法以及日记总账账务处理程序含义、特点和处理方法。

第一节　会计核算账务处理程序概述

一、会计核算账务处理程序的概念

(一) 会计核算账务处理程序的定义

会计核算账务处理程序也称会计核算组织形式或会计核算程序，是指会计凭证、会计账簿、会计报表相结合的方式，包括会计凭证和账簿的种类、格式，会计凭证与账簿之间的联系方法等。即由原始凭证到编制记账凭证、登记明细分类账和总分类账、编制会计报表的工作程序和方法。具体地说，就是从原始凭证的取得开始，整理、汇总、审核原始凭证，填制、汇总记账凭证，登记日记账、明细分类账、总分类账等各种账簿，编制会计报表的一系列业务处理的步骤和方法。

会计核算工作涉及会计凭证的填制、会计账簿的登记、会计报表的编制等不同的业务处理环节，不同的会计主体在会计核算工作中采用的步骤和方法是不完全相同的。不同的会计主体在会计核算工作中，应该使用哪些凭证，应该设置哪些账簿；怎样设计凭证和账簿的种类及格式；如何确定各种凭证之间、账簿之间、会计报表之间的相互关系，并使之协调配合；如何根据凭证登记账簿，尤其是登记总分类账；如何确定从填制凭证到登记账簿再到编制会计报表的程序和步骤，这些都是正确组织会计核算工作首先必须解决的重要问题。

在会计核算工作的各个环节中，账簿体系是核心。围绕账簿体系，将不同的凭证填制、账簿组织和记账方法相互结合在一起形成不同的记账程序，也就是构成了不同的账务处理程序。我国企业、机关、事业等单位一般都是根据单位的业务性质、经营规模和业务的繁简程度以及财会人员的配备等实际情况，选择适当的账务处理程序。

(二) 会计核算账务处理程序的意义

在实际工作中，由于各单位的业务性质不同，经营规模大小不同，经济业务繁简程度不同，它们所需要设置的会计凭证、会计账簿的种类和格式以及记账的程序和方法也不相同；又由于各单位的组织结构不同，会计管理的要求不同，导致会计处理的程序和形式也不同。为了科学、合理地组织会计核算工作，企业应该根据相关的法规并结合本单位的实际情况，设计或选用恰当的会计处理程序。合理地组织会计核算账务处理程序对于加强会计核算、提高会计核算水平具有重要意义。

(1) 可以保证会计核算各个环节有序地进行，有利于分工协作，明确责任，加强岗位责任制，提高会计工作效率。

(2) 可以正确、及时地提供会计信息，保证会计工作的质量，更好地发挥会计在经营管理中的作用。

(3) 可以简化会计核算手续，节约人力、物力和财力。

(三) 会计核算账务处理程序的选用原则

各单位应根据各自的实际情况和具体条件，把会计凭证和账簿合理地组织起来，设计出适合本单位经济业务特点的账务处理程序。会计核算账务处理程序的选用，总的来讲要求科学、适用，符合成本效益原则，一般应遵循以下原则：

1. 满足经济管理的需要

会计的本质是一种管理活动，因此，会计核算必须与经济管理的要求密切配合，贯彻国家的统一规定，符合财政部门制定的相关制度，为国民经济的综合平衡、为本单位的经济管理和国家及其有关部门监督经济活动提供正确、及时和完整的会计资料，以促进单位改进和提高经济管理工作。

2. 适应本单位的经济活动特点

账务处理程序要与本单位的业务性质、规模大小、繁简程度、经营管理的要求和特点等相适应，有利于加强会计核算工作的分工协作，有利于实现会计控制和监督目标以及建立岗位责任制。

3. 能够提高核算工作的质量与效率

账务处理程序的建立，一方面要能如实地反映经济活动情况，提供有用的会计信息；另一方面要在保证会计资料正确、真实和完整的前提下，力求简化核算手续，提高会计工作效率，节约人力、物力，使日常会计核算工作得到最佳的协调配合。

4. 有利于逐步采用现代化的核算工具，适应会计电算化的要求

随着电子计算机在会计领域里的逐步运用，客观上要求会计处理程序与之相适应，以提供快捷有用的信息资料，为企业现代化管理服务。

总之，各企业、机关和事业单位建立会计核算形式时，既要符合国家统一规定，又要切合本单位的实际情况，既有利于简化核算工作，又有利于经济管理。

二、会计核算账务处理程序的种类

目前，我国企业、机关和事业单位较常采用的会计账务处理程序主要有以下几种：

(1) 记账凭证账务处理程序；

(2) 记账凭证汇总表账务处理程序；

(3) 汇总记账凭证账务处理程序；

(4) 日记总账账务处理程序。

这些账务处理程序都有各自的特点和内容，但是在实际工作中，同一会计核算账务处理程序也会有大同小异的地方。

第二节　记账凭证账务处理程序

一、记账凭证账务处理程序的概念和特点

记账凭证账务处理程序是指直接以记账凭证为依据，登记总账获得总括数据的核算程序。

它是会计核算中最基本的一种账务处理程序，其基本特点是根据记账凭证逐笔登记总分类账，即根据收款凭证、付款凭证和转账凭证，不经过汇总而直接登记总分类账的一种核算形式。它是一种最基本的账务处理程序，其他账务处理程序都是在此基础上发展演变而形成的。

在记账凭证账务处理程序下，会计账簿一般应设置三栏式的库存现金日记账、银行存款日记账；总分类账均采用借贷余三栏式；明细分类账可根据实际需要，采用借贷余三栏式、数量金额式或多栏式。库存现金、银行存款日记账和总分类账一般采用三栏式；明细分类账可根据需要采用三栏式或数量金额式或多栏式。记账凭证可采用通用记账凭证，也可采用收款凭证、付款凭证和转账凭证等专用记账凭证。在这种核算形式下，总分类账一般是按账户设账页。

二、记账凭证账务处理程序的基本流程

记账凭证账务处理程序的基本步骤如下：

(1) 会计人员根据审核无误的原始凭证或原始凭证汇总表填制记账凭证，经凭证审核人员审核后将收款凭证和付款凭证传递给出纳人员，将转账凭证传递给各明细账的记账人员。

(2) 出纳人员根据审核无误的收款凭证和付款凭证，逐日逐笔登记库存现金日记账和银行存款日记账，凭证登记结束后再传递给明细账的记账人员。

(3) 明细账的记账人员根据收款凭证、付款凭证和转账凭证并结合其所附原始凭证逐笔登记各种明细分类账。

(4) 总账登记人员根据明细账记账人员转来的收款凭证、付款凭证和转账凭证逐笔登记总分类账。

(5) 期末，将库存现金日记账、银行存款日记账、各明细分类账分别与总分类账进行核对，做到账账相符和账实相符。

(6) 期末，根据审核无误的总分类账和明细分类账的资料编制会计报表。

记账凭证账务处理程序的基本流程如图 11－1 所示。

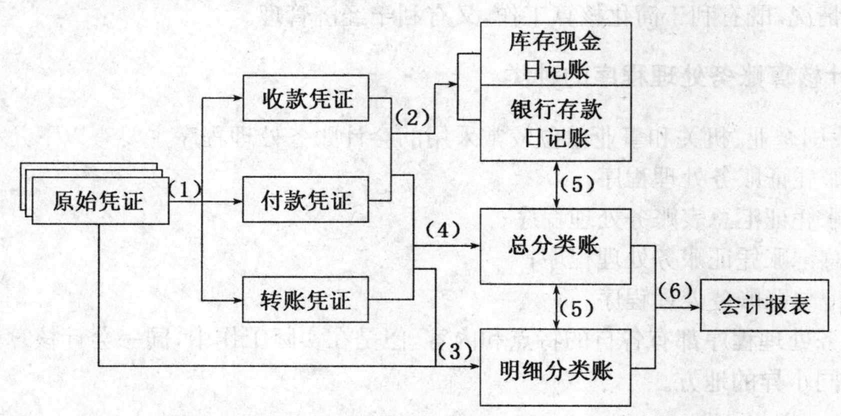

图 11－1　记账凭证账务处理程序

三、记账凭证账务处理程序的优缺点及适用范围

采用记账凭证账务处理程序的优点是在记账凭证上能够清晰地反映账户之间的对应关

系，总账登记方法简单，易于掌握。由于这种核算形式是根据记账凭证直接登记总账的，因此，总分类账能够比较详细地反映经济业务的发生情况，便于查账。

采用这种核算形式的缺点是登记总账的工作量较大，也不便于会计分工，而且有一部分内容与明细分类账基本上是重复的。因此，这种核算形式一般只适用于规模较小、经济业务较少、记账凭证数量不多的小型企业或单位。

根据记账凭证登记总账的示意图如图 11－2 所示。

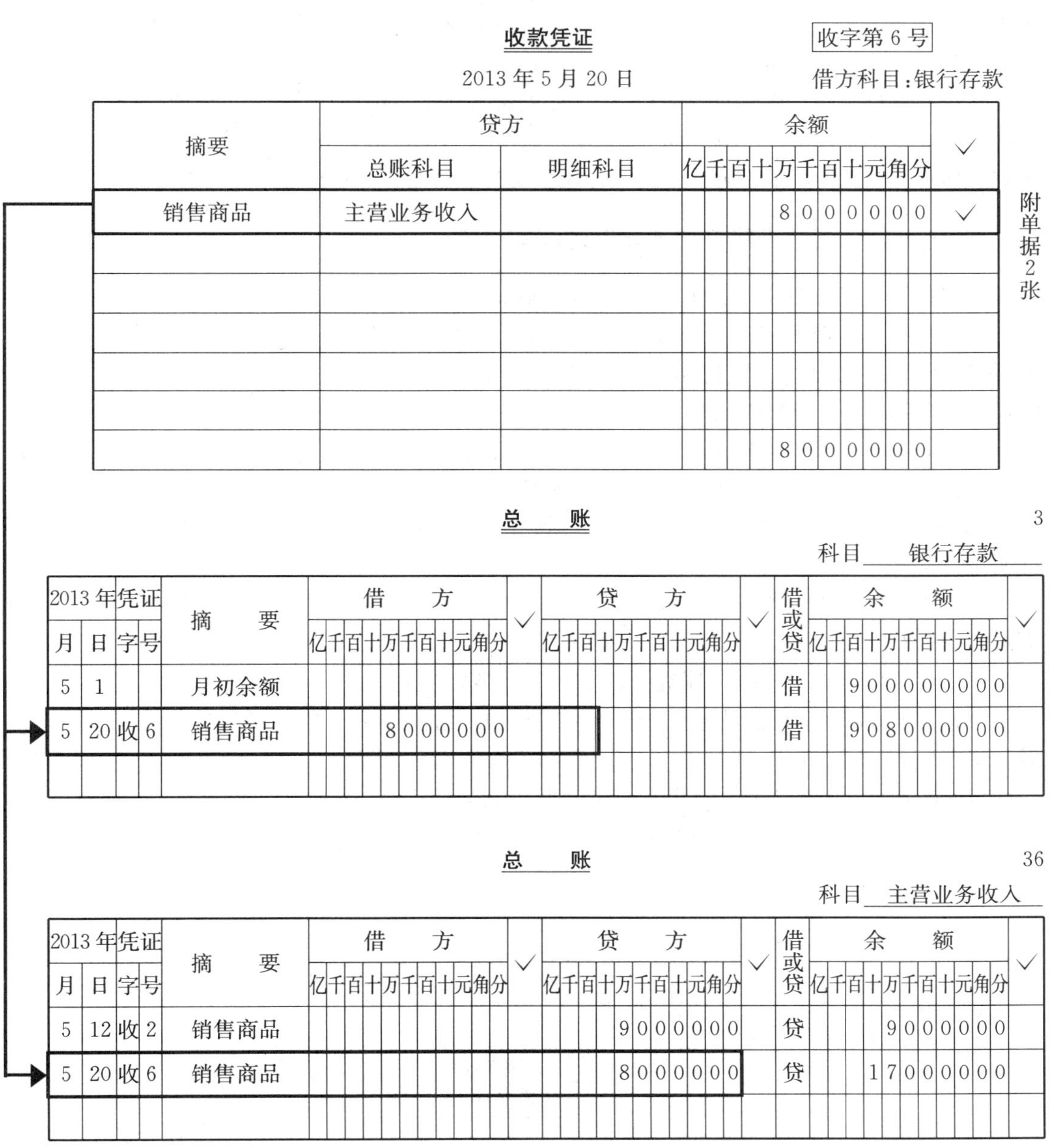

收款凭证　　收字第 6 号

2013 年 5 月 20 日　　借方科目：银行存款

摘要	贷方		余额											✓
	总账科目	明细科目	亿	千	百	十	万	千	百	十	元	角	分	
销售商品	主营业务收入						8	0	0	0	0	0	0	✓
							8	0	0	0	0	0	0	

附单据 2 张

总　账　　3

科目　银行存款

2013年		凭证		摘要	借方											✓	贷方											✓	借或贷	余额											✓
月	日	字	号		亿	千	百	十	万	千	百	十	元	角	分		亿	千	百	十	万	千	百	十	元	角	分			亿	千	百	十	万	千	百	十	元	角	分	
5	1			月初余额																									借			9	0	0	0	0	0	0	0	0	
5	20	收	6	销售商品					8	0	0	0	0	0	0														借			9	0	8	0	0	0	0	0	0	

总　账　　36

科目　主营业务收入

2013年		凭证		摘要	借方											✓	贷方											✓	借或贷	余额											✓
月	日	字	号		亿	千	百	十	万	千	百	十	元	角	分		亿	千	百	十	万	千	百	十	元	角	分			亿	千	百	十	万	千	百	十	元	角	分	
5	12	收	2	销售商品																	9	0	0	0	0	0	0		贷					9	0	0	0	0	0	0	
5	20	收	6	销售商品																	8	0	0	0	0	0	0		贷				1	7	0	0	0	0	0	0	

图 11－2　根据记账证登记总账的示意图

第三节　记账凭证汇总表账务处理程序

一、记账凭证汇总表账务处理程序的概念和特点

记账凭证汇总表账务处理程序又称为科目汇总表账务处理程序，它是在记账凭证账务处理程序基础上发展起来的。它的基本特点是根据记账凭证定期编制记账凭证汇总表(科目汇总表)，然后根据记账凭证汇总表登记总分类账。

在记账凭证汇总表账务处理程序下，采用的记账凭证与记账凭证账务处理程序相比，存在较大的差别。除了采用专用记账凭证和通用记账凭证外，增加了“记账凭证汇总表(或科目汇总表)”这种具有汇总性质的记账凭证。而使用的会计账簿与记账凭证账务处理程序基本相同。

二、记账凭证汇总表账务处理程序的基本流程

记账凭证汇总表账务处理程序的基本步骤如下：

(1) 制证人员根据当事人交来的经过审核无误的原始凭证或原始凭证汇总表填制收款凭证、付款凭证和记账凭证(或通用记账凭证)，经过审核后，将收款凭证、付款凭证传给出纳人员，将转账凭证传给明细账记账人员。

(2) 出纳人员根据审核无误的收款凭证、付款凭证逐日逐笔登记库存现金日记账和银行存款日记账，登账结束后，将凭证传给明细账登记人员。

(3) 明细账登记人员根据收款凭证、付款凭证和转账凭证及其所附原始凭证逐笔登记各种明细分类账。

(4) 总账登记人员收到全部收款凭证、付款凭证和转账凭证后，每日或定期编制记账凭证汇总表(科目汇总表)。

(5) 总账登记人员根据记账凭证汇总表每日或定期登记总分类账。

(6) 期末，将库存现金日记账、银行存款日记账、各明细分类账分别与总分类账进行核对，做到账账相符、账实相符。

(7) 期末，根据核对无误的账簿记录定期编制会计报表。

记账凭证汇总表账务处理程序的基本流程如图 11－3 所示。

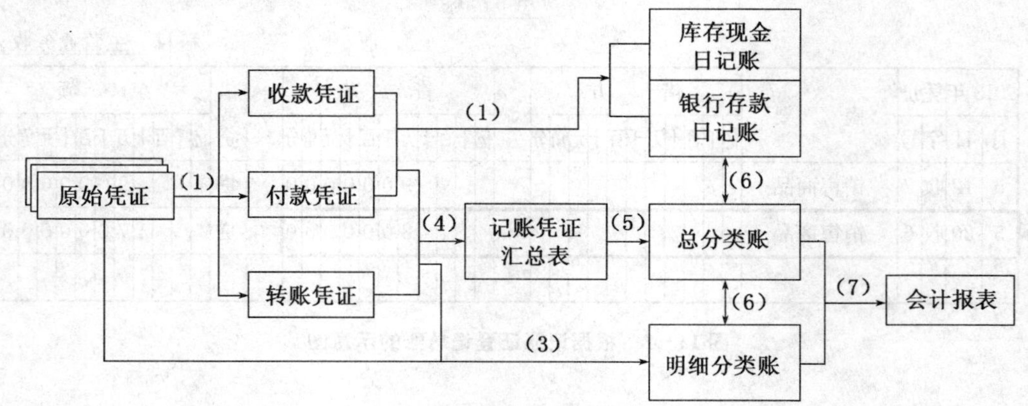

图 11－3　记账凭证汇总表账务处理程序

三、记账凭证汇总表的编制方法

(一) 编制记账凭证汇总表的基本方法

记账凭证汇总表又称为科目汇总表，是定期(业务量多的单位可每天汇总一次，一般间隔最长不超过 10 天)将一定时间内的记账凭证，按照相同会计科目归类，分别汇总并计算每一会计科目的借方本期发生额和贷方本期发生额，填写到“记账凭证汇总表”的有关栏内，然后再分别加计全部会计科目的借方本期发生额和贷方本期发生额，填写到“合计”栏内。根据“借贷必相等”原理，两个合计金额必然相等。

(二) 记账凭证汇总表的编制

假设某企业 2013 年 6 月份发生以下经济业务，编制的记账凭证如下(用会计分录代替记账凭证)，如表 11－1 所示：

表 11－1　经济业务举例(一)

编号	分录	借方金额	贷方金额	编号	分录	借方金额	贷方金额
收 1	借:银行存款 　贷:应收账款	10 000	 10 000	付 1	借:管理费用 　贷:银行存款	1 000	 1 000
付 2	借:应付职工薪酬 　贷:银行存款	50 000	 50 000	收 2	借:银行存款 　贷:主营业务收入	80 000	 80 000
付 3	借:库存现金 　贷:银行存款	1 000	 1000	付 4	借:在建工程 　贷:银行存款	56 000	 56 000
收 3	借:银行存款 　贷:其他应收款	5 000	 5000	转 1	借:原材料 　贷:在途物资	34 000	 34 000
转 2	借:生产成本 　贷:原材料	40 000	 40 000	转 3	借:管理费用 　贷:累计折旧	4 300	 4 300
转 4	借:生产成本 　贷:制造费用	70 000	 70 000	转 5	借:库存商品 　贷:生产成本	80 000	 80000

根据以上举例的经济业务编制记账凭证汇总表如下：

(1) 在对这些会计科目分别按借、贷发生额进行汇总时，可利用编制记账凭证汇总表工作底稿(见表 11－2)的方法进行。

表 11－2　记账凭证汇总表工作底稿

库存现金

借		贷	
付 3	1 000		
发生额合计	1 000	发生额合计	0

银行存款

借		贷	
收 1	10 000	付 1	1 000
收 2	80 000	付 2	50 000
收 3	5 000	付 3	1 000
		付 4	56 000
发生额合计	95 000	发生额合计	108 000

应收账款

借			贷
		收 1	10 000
发生额合计	0	发生额合计	10 000

管理费用

借			贷
付 1	1000		
转 3	4 300		
发生额合计	44 000	发生额合计	0

应付职工薪酬

借			贷
付 2	50 000		
发生额合计	50 000	发生额合计	0

主营业务收入

借			贷
		收 2	80 000
发生额合计	0	发生额合计	80 000

在建工程

借			贷
付 4	56 000		
发生额合计	56 000	发生额合计	0

其他应收款

借			贷
		收 3	5 000
发生额合计	0	发生额合计	5 000

原材料

借			贷
转 1	34 000	转 2	40 000
发生额合计	34 000	发生额合计	40 000

在途物资

借			贷
		转 1	34 000
发生额合计	0	发生额合计	34 000

生产成本

借			贷
转 2	40 000	转 5	80 000
转 4	70 000		
发生额合计	110 000	发生额合计	80 000

累计折旧

借			贷
		转 3	3 400
发生额合计	0	发生额合计	3 400

库存商品

借			贷
转 5	80 000		
发生额合计	80000	发生额合计	0

制造费用

借			贷
		转 4	70 000
发生额合计	0	发生额合计	70 000

(2) 根据记账凭证汇总表工作底稿编制记账凭证汇总表(见表 11－3)。

记账凭证汇总表可以每月编制一次,也可以根据实际需要定期(如 10 天)编制。

表 11-3　记账凭证汇总表

会汇字第 6 号

2013 年 6 月

会计科目	本期发生额		总账页数
	借方	贷方	
库存现金	1 000		
银行存款	95 000	108 000	
应收账款		10 000	
其他应收款		5 000	
材料采购		34 000	
原材料	34 000	40 000	
库存商品	80 000		
累计折旧		4 300	
在建工程	56 000		
应付职工薪酬	50 000		
生产成本	110 000	80 000	
制造费用		70 000	
主营业务收入		80 000	
管理费用	5 300		
	431 300	431 300	

编制科目汇总表的作用是可以对总分类账进行汇总登记，减少登记总账的工作量，而且还可以分期检查记账的正确性。根据记账凭证汇总表登记总账时，只需要将记账凭证汇总表中有关各科目的本期借、贷方发生额合计数，分次或月末一次记入相应总分类账的借方或贷方即可。以下以“银行存款”科目为例，说明登记总账的方法，见图 11-4。

四、记账凭证汇总表账务处理程序的优缺点及适用范围

记账凭证汇总表账务处理程序的优点是，由于总账是根据记账凭证汇总表进行登记的，所以能够减少登记总分类账的工作量，省去了与明细账一样登记的重复记录；汇总方法简便，易于掌握。同时，还可以根据记账凭证汇总表对全部会计科目的借方发生额、贷方发生额进行试算平衡，能够及时纠正记账过程中的差错，保证会计记录的质量。

记账凭证汇总表

会汇字第 6 号

2013 年 6 月

会计科目	本期发生额		总账页数
	借方	贷方	
库存现金	1 000		
银行存款	95 000	108 000	
……			
原材料	34 000	40 000	
……			
	431 300	431 300	

总　账

会计科目:银行存款　　　　第×页

2013 年		凭证		摘　要	借　方									贷　方									借或贷	余　额								
月	日	字	号		百	十	万	千	百	十	元	角	分	百	十	万	千	百	十	元	角	分		百	十	万	千	百	十	元	角	分
6	1			承前页																			借		5	0	0	0	0	0	0	0
	30	汇	6	1～30			9	5	0	0	0	0	0		1	0	8	0	0	0	0	0	借		4	8	7	0	0	0	0	0
				过次页																												

图 11－4　根据记账凭证汇总表登记总账的示意图

记账凭证汇总表账务处理程序的缺点是,由于记账凭证汇总表和总分类账中,不能反映科目之间的对应关系和经济业务的来龙去脉,因而不便于分析检查企业的经济活动情况和核对账目。

记账凭证汇总表账务处理程序可以适用于不同类型、不同规模的单位,一般企事业单位使用得较为普遍。

第四节　汇总记账凭证账务处理程序

一、汇总记账凭证账务处理程序的概念和特点

汇总记账凭证账务处理程序的基本特点是根据记账凭证编制汇总记账凭证,然后根据汇总记账凭证登记总账。

在汇总记账凭证账务处理程序下采用的记账凭证和会计账簿比较多。在账簿设置方面,设置的会计账簿与记账凭证核算程序基本相同。而凭证设置主要使用专用记账凭证,并增设

汇总记账凭证。汇总记账凭证须分为汇总收款凭证、汇总付款凭证和汇总转账凭证三种，分别根据收款、付款、转账三种记账凭证汇总填制，并要求在这三种汇总记账凭证中反映科目的对应关系。

二、汇总记账凭证账务处理程序的基本流程

汇总记账凭证账务处理程序的基本流程如下：

（1）制证人员根据当事人交来的经过审核无误的原始凭证或原始凭证汇总表填制收款凭证、付款凭证和转账凭证，制证后，再经凭证审核人审核，然后将收款凭证和付款凭证传给出纳人员，将转账凭证传给明细账的登记人员。

（2）出纳人员根据审核无误的收款凭证和付款凭证顺时逐笔地登记库存现金日记账和银行存款日记账，登账结束后，凭证传递给明细账的记账人员。

（3）明细账的登记人员根据收款凭证、付款凭证和转账凭证及其所附的原始凭证，逐笔登记各种明细分类账。

（4）总账登记人员收到全部收款凭证、付款凭证和转账凭证后定期编制汇总收款凭证、汇总付款凭证和汇总转账凭证。

（5）总账登记人员根据汇总收款凭证、汇总付款凭证和汇总转账凭证登记总分类账。

（6）期末，将库存现金日记账、银行存款日记账、明细分类账分别与总分类账进行核对，做到账账相符和账实相符。

（7）期末，根据审核无误的总分类账和明细分类账的资料编制会计报表。

汇总记账凭证账务处理程序如图 11－5 所示。

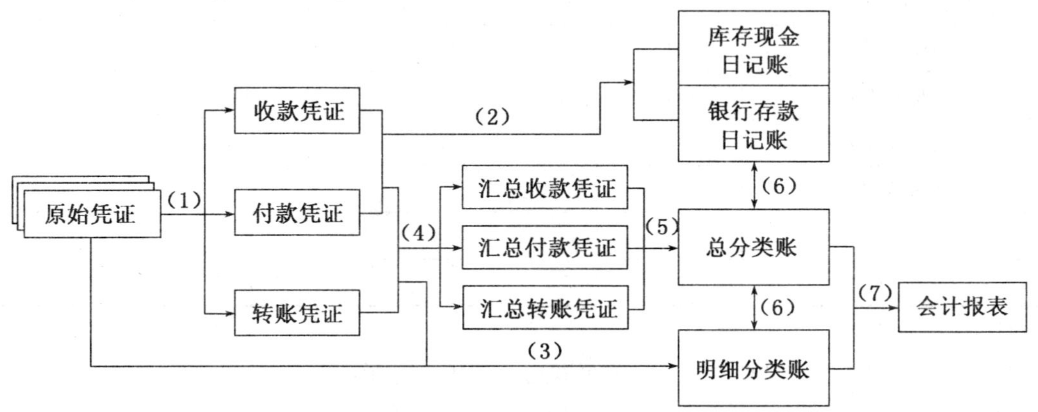

图 11－5　汇总记账凭证账务处理程序

三、汇总记账凭证的编制方法

汇总记账凭证定期编制，间隔天数视业务量的多少而定，一般为每隔 5 天或 10 天，每月汇总编制一张，月终结出合计数，据以登记总分类账。

（一）汇总收款凭证

汇总收款凭证是根据库存现金、银行存款的收款凭证，分别按“库存现金”、“银行存款”科目的借方设置，定期按贷方科目加以归类汇总，月终时结出合计数，并据以登记总账。

在编制汇总收款凭证时，应确定以哪一个会计科目为主进行汇总。因为收款凭证反映的是收款业务，因而必须围绕“库存现金”和“银行存款”科目进行汇总。

【例 11-1】 某企业 12 月 1～10 日发生以下经济业务。会计凭证(会计分录)记录的经济业务如下表 11-4 所示：

表 11-4 经济业务举例(二)

收 1	借:银行存款	15 000	收 2	借:银行存款	2 000
	贷:应收账款	15 000		贷:其他应收款	2 000
收 3	借:银行存款	50 000	收 4	借:银行存款	20 000
	贷:主营业务收入	50 000		贷:其他业务收入	20 000
收 5	借:银行存款	100 000	收 6	借:银行存款	80 000
	贷:短期借款	100 000		贷:应收账款	80 000

从以上举例可以看出，收款凭证中具有的共同点就是借方科目均为“银行存款”科目，涉及的贷方科目有“应收账款”、“其他应收款”、“主营业务收入”、“其他业务收入”和“短期借款”五个会计科目。根据以上举例，编制汇总收款凭证如下表 11-5 所示：

表 11-5 汇总收款凭证

借方科目:银行存款　　　　汇收字第 12 号

贷方科目	金额				总账页次	
	(1)	(2)	(3)	合　计	借方	贷方
应收账款	95 000			95 000		
其他应收款	2 000			2 000		
主营业务收入	50 000			50 000		
其他业务收入	20 000			20 000		
短期借款	100 000			10 000		
合　计	267 000			267 000		

附注：

(1) 自 1 日至 10 日收款凭证自第__1__号至第__6__号共__6__张；

(2) 自 11 日至 11 日收款凭证自第____号至第____号共____张；

(3) 自 21 日至 31 日收款凭证自第____号至第____号共____张。

编制完成后根据其“合计”栏数字分别登记各总分类账户，根据“合计”栏数字登记“银行存款”总账。编制汇总收款凭证时应注意，在日常编制收款凭证时只能编制以下几种形式的会计凭证:“一借一贷”、“一借多贷”，不能编制“多借多贷”的收款凭证。这是因为汇总收款凭证是按借方科目设置的，编制多借多贷的收款凭证会给编制汇总记账凭证带来不便。

(二) 汇总付款凭证

汇总付款凭证是根据库存现金、银行存款的付款凭证，分别按“库存现金”、“银行存款”科目的贷方设置，定期按借方科目加以归类汇总，月终时结出合计数，并据以登记总分类账。

在编制汇总付款凭证时，应确定以哪一个会计科目为主进行汇总。因为付款凭证反映的是付款业务，因而必须围绕“库存现金”和“银行存款”科目进行汇总。

【例 11－2】 某企业 12 月 1～10 日发生以下经济业务。会计凭证(会计分录)记录的经济业务如下表 11－6 所示：

表 11－6　经济业务举例(三)

1付　借:管理费用　5 000 　　　贷:银行存款　5 000	付2　借:材料采购　20 000 　　　贷:银行存款　20 000
收3　借:应付账款　55 000 　　　贷:银行存款　55 000	收4　借:短期借款　200 000 　　　贷:银行存款　200 000
收5　借:应付账款　100 000 　　　贷:银行存款　100 000	收6　借:材料采购　80 000 　　　贷:银行存款　80 000

从以上举例可以看出，付款凭证中具有的共同点就是贷方科目均为“银行存款”科目，涉及的借方科目有“应付账款”、“管理费用”、“材料采购”和“短期借款”四个会计科目。根据以上举例，编制汇总付款凭证如下表 11－7 所示：

表 11－7　汇总付款凭证

汇付字第 12 号

贷方科目：银行存款

借方科目	金　额				总账页次	
	(1)	(2)	(3)	合　计	借方	贷方
管理费用	5 000			5 000		
材料采购	100 000			100 000		
应付账款	155 000			155 000		
短期借款	200 000			200 000		
合　计	460 000			460 000		

附注：

(1) 自 1 日至 10 日付款凭证自第__1__号至第__6__号共__6__张；

(2) 自 11 日至 11 日付款凭证自第____号至第____号共____张；

(3) 自 21 日至 31 日付款凭证自第____号至第____号共____张。

编制完成后根据其“合计”栏数字分别登记各总分类账户，根据“合计”栏数字登记“银行存款”总账。编制汇总付款凭证时应注意，在日常编制付款凭证时只能编制以下几种形式的会计凭证：“一借一贷”、“多借一贷”，不能编制“多借多贷”的付款凭证。这是因为汇总付款凭证是按贷方科目设置的，编制多借多贷的付款凭证会给编制汇总记账凭证带来不便。

(三) 汇总转账凭证

汇总转账凭证一般根据转账凭证的贷方科目设置，并按对应的借方科目归类汇总，定期进行填列，月终时，结出本科目的合计数，并据以登记总账。

【例 11-3】 某企业 12 月 1～10 日发生以下经济业务。会计凭证(会计分录)记录的经济业务如下表 11-8 所示:

表 11-8 经济业务举例(四)

转 1 借:生产成本 15 000 贷:原材料 15 000	转 2 借:制造费用 52 000 贷:原材料 52 000
转 3 借:管理费用 6 000 贷:原材料 6 000	转 4 借:销售费用 4 000 贷:原材料 4 000
转 5 借:生产成本 150 000 贷:原材料 150 000	转 6 借:制造费用 8 500 贷:原材料 8 500

从以上举例可以看出,转账凭证中具有的共同点就是贷方科目均为"原材料"科目,涉及的借方科目有"生产成本"、"制造费用"、"销售费用"、和"管理费用"四个会计科目。根据以上举例,编制汇总转账凭证如下表 11-9 所示:

表 11-9 汇总转账凭证

汇转字第 12 号

贷方科目:原材料

借方科目	金额				总账页次	
	(1)	(2)	(3)	合 计	借方	贷方
生产成本	165 000					
制造费用	60 500					
管理费用	6 000					
销售费用	4 000					
合 计	226 500			226 500		

附注:
(1) 自 1 日至 10 日转款凭证自第__1__号至第__6__号共__6__张;
(2) 自 11 日至 11 日转款凭证自第____号至第____号共____张;
(3) 自 21 日至 31 日转款凭证自第____号至第____号共____张。

编制完成后根据其"合计"栏数字分别登记各总分类账户,根据"合计"栏数字登记"原材料"总账。编制汇总转账凭证时应注意,在日常编制转账凭证时只能编制以下几种形式的会计凭证:"多借一贷"、"一借一贷",不能编制"多借多贷"的收款凭证。这是因为汇总转账凭证是按贷方科目设置的,编制多借多贷的转款凭证会给编制汇总记账凭证带来不便。

应当指出,如果在汇总转账凭证中科目对应关系是多借多贷或一借多贷的会计分录,应分解为几个简单会计分录,然后再予以汇总记账。

四、汇总记账凭证账务处理程序的优缺点及适用范围

汇总记账凭证账务处理程序的优点是,由于总分类账是定期根据汇总记账凭证进行登记,

因此，减轻了登记总分类账的工作。同时，由于汇总记账凭证是根据记账凭证按照科目对应关系进行编制的，因此，它可以明确地反映科目对应关系，反映经济业务的来龙去脉，便于检查分析，发生差错也便于查找。

汇总记账凭证账务处理程序的缺点是，由于汇总转账凭证是按照会计科目的贷方设置和编制的，不是按经济业务的性质归类汇总，因而，不利于对日常核算工作进行合理的分工；而且汇总记账凭证的工作量大，特别是对一借多贷的经济业务，必须分解为几个一借一贷的简单会计分录，不但不能完整地反映一项经济业务的全貌，反而增加了核算工作量。该种核算形式一般适用于企业规模较大、经济业务量较多的单位。

下面以汇总收款凭证为例，举例说明登记总账的方法(见图 11－6)。

第五节　日记总账账务处理程序

一、日记总账账务处理程序的概念和特点

日记总账账务处理程序就是设置一本把日记账和总分类账结合起来的联合账簿——日记总账，单位日常发生的各项经济业务都要根据记账凭证直接记入日记总账的一种核算组织程序。

在日记总账账务处理程序下，会计账簿一般应设置多栏式的库存现金日记账、银行存款日记账。库存现金日记账和银行存款日记账也可采用三栏式账簿；日记总类账一般采用多栏式；明细分类账可根据实际需要，采用借贷余三栏式、数量金额式或多栏式。记账凭证一般采用收款凭证、付款凭证和转账凭证等专用记账凭证，也可采用通用记账凭证。在这种核算形式下，总分类账一般是按账户设账页。在日记总账账务处理程序下，除应设置一本日记总账用于序时分类地记录单位的全部经济业务外，仍应设置收款凭证、付款凭证和转账凭证三种记账凭证以及库存现金日记账和银行存款日记账，以便对货币资金的收、付和结存情况加强监督，并应设置一定种类的明细分类账，进行必要的明细分类核算。

二、日记总账账务处理程序的基本流程

日记总账账务处理程序的基本流程如下：

(1) 会计人员根据审核无误的原始凭证或原始凭证汇总表填制记账凭证，经凭证审核人员审核后将收款凭证和付款凭证传递给出纳人员，将转账凭证传递给明细账的记账人员。

(2) 出纳人员根据审核无误的收款凭证和付款凭证，逐日逐笔登记库存现金日记账和银行存款日记账，登账结束后再传递给明细账的记账人员。

(3) 明细账的记账人员根据收款凭证、付款凭证和转账凭证并结合其所附原始凭证逐笔登记各种明细分类账。

(4) 总账登记人员根据明细账记账人员转来的收款凭证、付款凭证和转账凭证逐笔登记日记总分类账。

(5) 期末，将库存现金日记账、银行存款日记账、各明细分类账分别与总分类账进行核对，做到账账相符和账实相符。

(6) 期末，根据审核无误的总分类账和明细分类账的资料编制会计报表。

汇总收款凭证

汇收字第 12 号

借方科目:银行存款

贷方科目	金额				总账页次	
	(1)	(2)	(3)	合计	借方	贷方
应收账款	95 000			95 000		
其他应收款	2 000			2 000		
主营业务收入	50 000			50 000		
其他业务收入	20 000			20 000		
短期借款	100 000			10 000		
合计	267 000			267 000		

附注:(1) 自 1 日至 10 日收款凭证自第 1 号至第 6 号共 6 张;

(2) 自 11 日至 11 日收款凭证自第____号至第____号共____张;

(3) 自 21 日至 31 日收款凭证自第____号至第____号共____张。

总账

会计科目:银行存款 第 3 页

13年		凭证		摘要	借方									贷方									借或贷	余额								
月	日	字	号		百	十	万	千	百	十	元	角	分	百	十	万	千	百	十	元	角	分		百	十	万	千	百	十	元	角	分
12	1			承前页																			借		5	0	0	0	0	0	0	0
	10	汇	12	收款凭证 1～10 日		2	6	7	0	0	0	0	0										借		7	6	7	0	0	0	0	0
				过次页																												

总账

会计科目:应收账款 第 9 页

13年		凭证		摘要	借方									贷方									借或贷	余额								
月	日	字	号		百	十	万	千	百	十	元	角	分	百	十	万	千	百	十	元	角	分		百	十	万	千	百	十	元	角	分
12	1			承前页																			借		7	0	0	0	0	0	0	0
	10	汇	12	收款凭证 1～10 日												9	5	0	0	0	0	0	借		6	0	5	0	0	0	0	0
				过次页																												

图 11－6 根据汇总收款凭证登记总账的示意图

日记总账账务处理程序如图 11－7 所示。

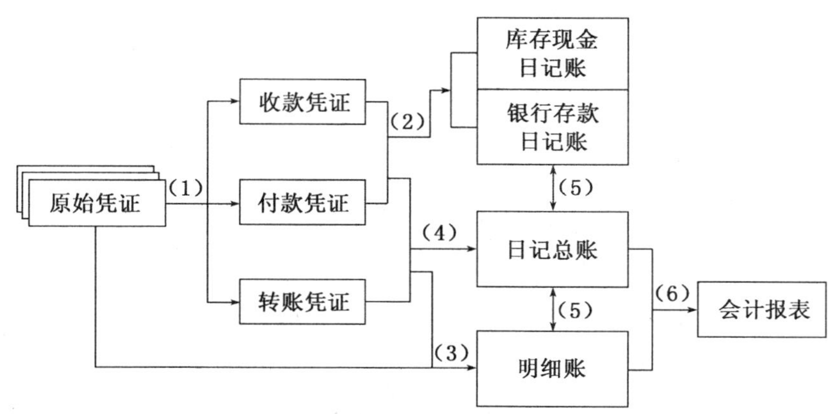

图 11－7　日记总账账务处理程序

三、日记总账的格式与登记方法

日记总账是一种兼具序时账簿和分类账簿两种功能的联合账簿。在采用日记总账账务处理程序时，关键在于把握日记总账的登记方法。登记日记总账要注意以下几点：

(1) 根据记账凭证逐笔登记日记总账时，除写明业务的简要内容外，每一笔业务的借方发生额和贷方发生额，应该在同一行的有关科目的"借方"和"贷方"栏内分别登记，并将金额计入"发生额"栏内。

(2) 对于收款和付款业务，可以根据收款凭证和付款凭证逐日汇总登记。

(3) 月终，应结计各科目的发生额合计数，计算出各科目的月末借方或贷方金额。"发生额"栏所列本月发生额合计数，应该与全部科目本月借方发生额合计数、本月贷方发生额合计数核对相符；各科目的借方余额合计数应该与贷方余额合计数核对相符。其总分类账采用日记总账，日记总账每月登记一张。其格式如表 11－10 所示。

【例 11－4】　12 月 1 日，某企业采购甲材料，增值税专用发票上注明甲材料买价 20 000 元，增值税进项税额 3 400 元，开出转账支票支付材料款。

根据有关原始凭证编制会计分录(代替记账凭证)如下：

借：在途物资——甲材料　　　　20 000
　　应交税费——应交增值税(进项税额)　　　　3 400
　　贷：银行存款　　　　23 400

【例 11－5】　12 月 1 日，某企业购入的乙材料运达，验收入库，结转乙材料采购成本 10 000元。

根据有关原始凭证编制会计分录(代替记账凭证)如下：

借：原材料——乙材料　　　　10 000
　　贷：在途物资——乙材料　　　　10 000

根据例 11－4 和例 11－5 登记日记总账，如表 11－10 所示。

表 11－10　日记总账

××年		凭证		摘　要	发生额	银行存款		原材料		在途物资		应交税费		……	
月	日	字	号			借方	贷方	借方	贷方	借方	贷方	借方	贷方	借方	贷方
12	1			月初余额		500 000		700 000		20 000			120 000		
	1	付	1	采购甲材料	23 400		23 400			20 000		3 400			
	1	转	1	乙材料入库	10 000			10 000			10 000				
				……											
				本月合计	4 500 000	450 000	300 000	650 000	450 000	800 000	650 000	136 000	546 000	……	……
				月末余额		650 000		900 000		175 000			530 000		

四、日记总账账务处理程序的优缺点及适用范围

日记总账账务处理程序的主要优点是记账凭证不需要汇总，会计凭证的处理比较简化；日记总账采用多栏式格式，按全部科目设置专栏，因而账面上可以全面反映各个账户之间的对应关系，便于了解经济业务的来龙去脉。其缺点是采用这种核算组织程序，会计科目全部集中在一张账页上，不便于分工记账；如果会计科目多，日记总账的账页加大加长不便于登账也不便于查账。这种账务处理程序一般适用于业务简单、使用会计科目较少、规模较小的单位。但在使用电子计算机进行账务处理的企业，由于账簿记录工作是由计算机完成，因而很容易克服这种账务处理程序的缺点，所以在一些大中型企业也可以使用日记总账账务处理程序。

复习思考题

1. 什么是账务处理程序？
2. 建立账务处理程序的基本要求是什么？
3. 目前常见的几种账务处理程序是什么？
4. 在记账凭证账务处理程序下，应设置哪些会计凭证和会计账簿？
5. 记账凭证账务处理程序的具体程序是什么？
6. 记账凭证账务处理程序有哪些优点和缺点？
7. 记账凭证账务处理程序适用于哪些单位？
8. 记账凭证汇总表账务处理程序的特点是什么？
9. 在记账凭证汇总表账务处理程序下，应设置哪些会计凭证和会计账簿？
10. 记账凭证汇总表账务处理程序有哪些优点和缺点？
11. 记账凭证汇总表账务处理程序适用于哪些单位？
12. 记账凭证汇总表如何编制？
13. 汇总记账凭证账务处理程序的特点是什么？
14. 在汇总记账凭证账务处理程序下，应设置哪些会计凭证和会计账簿？
15. 汇总记账凭证账务处理程序有哪些优点和缺点？
16. 汇总记账凭证账务处理程序适用于哪些单位？
17. 汇总记账凭证如何编制？

第十二章　会计规范

【学习目标】

通过本章学习，了解我国会计规范的体系，会计规范的表现形式，熟悉和掌握会计工作规范的具体内容，包括会计人员的工作规范，会计机构的工作规范和会计记录和报告的技术性规范。

第一节　会计规范体系

一、会计规范体系

会计规范是指人们在从事与会计有关的活动时，所应遵循的约束性或指导性的行为准则。

我国会计法律制度包括会计法律、会计行政法规、会计规章、地方性会计法规和会计规范性文件。其基本构成如下：

(1) 会计法律制度是指国家权力机关和行政机关制定的各种会计规范性文件的总称，包括会计法律、会计行政法规、国家统一的会计制度。它是调整会计关系的法律规范。

(2) 会计关系是会计机构和会计人员在办理会计事务过程中，以及国家在管理会计工作过程中发生的经济关系。

(一) 会计法律

会计法律是指由全国人民代表大会常务委员会指定的会计法律制度，即 1985 年 1 月 21 日第九次会议通过，1993 年 12 月 29 日第八届全国人民代表大会常务委员会第五次会议修正，1999 年 10 月 31 日第九届全国人民代表大会常务委员会第十二次会议修订的《中华人民共和国会计法》(以下简称《会计法》)。

会计法律相对于其他会计法律制度而言，具有以下特点：一是它只能由具有国家立法权的全国人民代表大会制定，其他机关无权指定或修改。二是它所规定的是会计工作中重要的、带有根本性的事项。如《会计法》规定，“各单位必须设置会计账本，并保证其真实，完整”，“任何单位或者个人不得以任何方式授意、指使、强令会计机构、会计人员伪造、变造会计凭证、会计账本和其他会计资料，提供虚假财务会计报告”等。三是它是制定会计行政法规、会计规章、地方性会计法规、会计规范性文件的依据。因此，我国《会计法》是会计法律制度中层次最高的法律规范，是会计机构、会计人员开展会计工作，进行会计核算，实施会计监督的基本依据，也是各级有关管理部门进行会计管理和监督的基本依据。

(二) 会计行政法规

会计行政法规是指由国务院制定发布，或者由国务院有关部门拟订经国务院批准发布的，调整某些方面会计关系的会计法律制度，其制定依据是《会计法》。如 1990 年 12 月 31 日国务院发布的《总会计师条例》，2000 年 6 月 21 日国务院发布的《企业财务会计报告条例》等都属于会计行政法规。

（三）会计规章

会计规章是根据《中华人民共和国立法法》规定的程序，由财政部指定，并以财政部部长签署命令的形式公布的关于会计核算、会计监督、会计机构和会计人员，以及会计工作管理的会计法律制度。如2001年2月20日财政部第10号令发布的《财政部门实施会计监督办法》，2005年1月18日财政部第24号令发布的《会计事务所审批和监督办法》，2005年1月22日财政部第26号令发布的《会计从业资格管理办法》，2006年2月15日财政部第33号令发布的《企业会计准则——基本准则》等均属于会计规章。

（四）单位内部会计管理制度

单位内部会计制度规范是指导单位会计工作的规定、章程、制度的总称，是其他会计规范的具体化。它的主要内容包括：单位内部的财务会计规章制度；会计人员的权利、职责、职称、任免、待遇、素质要求等；会计工作的考核、达标、规划及档案管理；会计机构的责任和任务。随着我国市场经济体制改革的完善，会计将发挥着越来越重要的作用，建立并严格执行单位内部会计管理制度就显得尤为重要。

二、会计规范的主要表现形式

会计法规是指组织会计工作，处理会计事务应遵循的有关法律、制度、规章的总称。会计法规以一定的会计理论为基础，根据国家的财经方针、政策，将会计工作所应遵循的各项原则和方法用法规的形式肯定下来。会计法规是以会计为对象的约定俗成和明文规定的标准、法式，它既是人们对长期会计工作实践评价会计质量标准的历史总结，又是对当前会计工作进行约束和检验的现行标准，也是未来会计法规不断完善的基础。建立和完善适应市场经济需要的会计法规体系，对于充分发挥会计的应有职能，保证其按照一定的目标进行组织核算，更好地完成会计工作的任务，推动市场经济的发展等都具有十分重要的意义。

会计法规体系的制定，既要从我国社会、政治、经济、文化的实际情况出发，又要适应我国社会、经济不断发展的状况，以便充分发挥会计工作对经济发展的促进作用，也要考虑国际交流的需要，还要关注当前国际经济全球化、一体化的趋势。我国会计法规体系都是由政府或会计主管部门颁布实施的。经过近20年的努力，已经有一套比较健全的法律、法规、制度。我国现行的会计法规体系包括会计法、会计准则和会计制度三个层次。会计法是从事会计工作的根本大法，是各单位会计行为的最高准则，它统驭会计准则和会计制度；会计准则是科学会计工作的规范，是处理会计事务的准绳，它是根据会计法制定的，包括基本准则和具体准则两部分，而基本准则又对具体准则起指导作用；会计制度是根据会计准则制定的，实际是会计准则实施的具体规定。

（一）会计法

1. 我国会计法的形成和发展

我国是文明古国，会计发展源远流长，会计法的发展轨迹也同样深远。我国最早的一部完整的封建法典——战国时期的《法经》，即对会计问题做出相关规定；之后的《秦律》、唐代的《唐律疏议》、明代的《大明律》、清代的《大清律》等都对会计问题做出了具体规定。北洋政府于1921年起先后两次拟就《会计法草案》；1913年3月公布《会计法条例》，同年10月2日重新修订改称《会计法》，共9章37条。这是中国独立进行会计立法的首次尝试。1925年8月14

日，国民政府重新发布了《会计法》，共10章127条。我国台湾省现行的会计法有两部，一部是1935年8月14日公布的《会计法》，适用于预算单位，共6章127条；另一部是1948年1月7日公布的《商业会计法》，适用于以营利为目的的商业单位，共8章70条。

我国社会主义会计立法起步于新中国成立之后，主要以国家统一的会计制度为起点，逐步建立起以规范会计秩序为主要内容的会计法规体系。1985年1月21日，第六届全国人民代表大会常务委员会第九次会议通过了《中华人民共和国会计法》，这是新中国第一部会计法，是我国会计立法取得的重大成果，标志着我国会计工作进入了法制化的新时期。1993年12月29日，第八届全国人民代表大会常务委员会第五次会议通过了《关于修改〈中华人民共和国会计法〉的决定》，自公布之日起施行。1999年10月31日，第九届全国人民代表大会常务委员会第十二次会议再次对《会计法》进行了修订，国家主席江泽民发布第二十四号主席令予以公布，自2000年7月1日起施行。再次修订《会计法》是我国会计法制建设的一件大事，这对于规范会计行为，保证会计资料真实、完整，充分发挥会计工作在加强经济管理和财务管理，提高经济效益，维护市场经济秩序中的作用，具有十分重要的意义。

2. 会计法的主要内容

现行《会计法》的内容包括总则、会计核算、公司企业会计核算的特别规定、会计监督、会计机构和会计人员、法律责任、附则，共7章52条。

(1) 总则。总则是一部法律的总纲或基本规定。总则的规定对全部法律起统驭作用。这一章主要规定了七个方面的问题：《会计法》的立法宗旨；《会计法》的适用范围；依法设账的基本要求；单位负责人的会计责任；会计机构、会计人员的基本职责；对会计人员的法律保护；会计工作管理体制。

(2) 会计核算。会计核算是会计的基本职能之一。会计核算的基本内涵是以货币为计量单位，运用专门的会计方法，对生产经营活动进行连续、系统、全面的记录、计算、分析，定期编制并提供财务会计报告和其他一系列内部管理所需的会计资料，为做出经营决策和宏观经济管理提供依据的一项会计活动。会计核算往往渗透到生产经营和义务活动的全过程，包括对经济业务事项的事前预测、事中控制和事后核算。《会计法》所规范的会计核算主要限于事后核算方面的内容，即对基本的会计核算方法和程序作出规定，而没有过多地涉及事前预测、事中控制等管理会计的内容，目的是增强法律规定的适应性。

(3) 公司、企业会计核算的特别规定。公司、企业会计核算是整个会计核算体系中最重要的组成部分。公司、企业会计核算工作做得好不好，直接影响到整个国家的会计信息质量。当前我国会计秩序混乱、会计资料失真等问题，在一些公司、企业表现得尤为突出。为此，《会计法》专门对公司、企业的会计核算做出特别规定，主要规定了两个方面的问题：① 公司、企业确认、计量、记录会计要素的基本要求；② 公司、企业会计核算的禁止性规定。

(4) 会计监督。会计监督是会计的基本职责之一，是我国经济监督体系的重要组成部分。市场经济是法制经济，必须加强会计监督。灵活而有序的市场经济要求各单位的经济活动在法律、法规、制度允许的范围内进行。任何违法活动都是市场经济所不允许的。为了促进有序竞争和有效配置资源，必须实行有效的会计监督，规范会计工作，打击违法行为，保证会计资料质量，为投资者、债权人、社会公众以及政府宏观调控部门提供真实、准确的会计资料，为维护社会经济秩序服务。

执法必严、违法必究是会计监督的关键。监督会计工作，不单是权力，更重要的是责任。

《会计法》对会计监督规定了五个方面的问题：① 单位内部会计监督制度；② 相关人员在单位内部会计监督中的职责；③ 对违法会计行为的检举；④ 会计工作的社会监督；⑤ 会计工作的国家监督。

（5）会计机构和会计人员。会计机构是各单位办理会计事务的职能机构；会计人员是直接从事会计工作的人员。建立健全会计机构，配备数量和质量都相当的、具备从业资格的会计人员，是各单位做好会计工作，充分发挥会计职能作用的重要保证。因此，《会计法》对会计工作与会计人员主要规定了七个方面的问题：① 会计机构的设置；② 总会计师的设置；③ 会计机构内部稽核制度和内部牵制制度；④ 会计人员从业资格；⑤ 会计负责人的任职资格；⑥ 会计人员业务培训与教育；⑦ 会计人员工作交接。

（6）法律责任。法律责任是指违反法律规定的行为应当承担的法律后果，也就是对违法者的制裁。它是一种通过对违法行为进行惩罚来实现法律规则的要求。规定法律责任的目的在于保障法律的遵守与执行，强制将当事人的行为与法律所要求的标准统一起来，符合已经确立的秩序。一个法律制度如果没有可强制实施的惩罚手段，就会被证明无力限制非合法的、反社会的和犯罪等因素，从而就难以实现其在社会中维持秩序与正义的基本职能。从这个意义上说，法律责任关系到法律的功效，是法律制度的一个必要组成部分。从我国实际来看，实行依法治国的方略，基本的要求就是保证法律的施行，就是要做到有法必依、执法必严、违法必究。所谓违法必究，就是追究违法者的法律责任，对违法行为者给予制裁。所以，法律责任是我国法律制度的一项重要内容，我国现行法律中多数都有法律责任的规定。

为了保证《会计法》规范的有效实施，惩治会计违法行为，《会计法》在法律责任的规定上主要具有以下特点：一是对各种违法行为作了明确具体的界定，便于在实际执行时认定违法行为，并对违法行为及时加以惩处。二是扩大了惩治对象的范围，主要是对一些新的规定增加了相应的法律责任，使相关规定更加严密、更加完善。三是加重了所规定的各种违法行为的责任，特别是加大了对伪造、变造会计凭证、会计账簿，编制虚假财务会计报告，以及隐匿、销毁应当保存的会计凭证、会计账簿、财务会计报告及其他会计资料等行为的打击力度，重点突出，有利于保证会计信息的真实、完整。四是加重了单位负责人的法律责任，他们不管是作为直接责任人员还是直接负责的主管人员，都要受到相应的制裁。

《会计法》的法律责任主要规定了两种责任形式：① 行政责任；② 刑事责任。

（7）附则。附则规定了《会计法》一些用语的含义和施行时间。

（二）会计准则

会计准则是可以作为依据的标准或法则。会计准则是进行会计工作所应遵守的规范，是在对有关交易或事项的会计确认、计量、记录和报告等过程中所应遵循的会计方法和会计程序等作出规定，从而为不同的企业编制财务报表，及同一企业不同时期所编制的财务报表提供共同的编制基础，以规范会计信息的生成过程，提高会计信息质量。会计准则是根据《会计法》制订的，是从属于《会计法》的各项规定。会计准则包括基本会计准则和具体会计准则两部分。

1. 基本会计准则

基本准则规定了会计核算的一般原则、会计要素、各主要项目的核算原则以及财务会计报告的基本要求。基本准则是制定会计核算制度的依据，也是制定具体原则的依据。

基本准则共十一章50条，其制定吸收了当代财务会计理论研究的最新成果，反映了当前会计实务发展的内在需求，体现了国际上财务会计概念框架的发展动态，它规范的核心内容主要包括以下几个方面：

① 总则。总则明确了会计准则制定的目的与依据，规定了会计准则的适用范围、会计核算的基本前提和基础工作，以及记账方法和记账文字。

② 会计信息质量要求。基本准则建立了企业会计信息质量要求体系，规定了会计信息的质量要求以及会计处理的若干原则，具体包括真实性原则、相关性原则、明晰性原则、可比性原则、一致性原则、实质重于形式原则、配比原则、重要性原则、谨慎性原则、及时性原则。

③ 会计要素原则。会计要素原则将企业会计要素划分为资产、负债、所有者权益、收入、费用、利润等六大要素；规定了对各项要素进行确认、计量、记录和报告时应当遵守的原则和基本要求。

④ 会计计量原则。会计计量原则要求企业对会计要素进行计量时一般应当采用历史成本，采用重置成本、可变现净值、现值、公允价值计量的应当保证所确定的会计要素金额能够取得并可靠计量。

⑤ 财务报告原则。财务报告原则对财务报告的基本概念、目标、应当包括的主要内容和应反映的信息进行了规范和明确。对资产负债表、利润表、现金流量表及会计报表附注的编报方法做了说明。

⑥ 附则。附则规定了本准则的解释权限和施行时间。

2. 具体会计准则

具体会计准则是根据基本会计准则制定的，主要是为规范企业的会计确认、计量和报告行为，保证会计信息质量而做出的规定，新颁布的具体会计准则制定了《企业会计准则第 1 号——存货》等 38 项具体准则。

(1) 具体会计准则 38 个，分别是一般业务准则、财务报告准则、特殊行业准则、特殊业务准则。

(2) 具体会计准则应用指南：156 个科目。

(3) 解释公告组成 5 个。

为了规范中小企业和政府部门的会计工作，先后颁布了《小企业会计准则》和《政府会计准则》。

财政部 2011 年 10 月 18 日颁布《小企业会计准则》，自 2013 年 1 月 1 日起在小企业范围内施行，鼓励小企业提前执行。小企业会计准则由小企业会计准则和应用指南两部分组成：(1) 小企业会计准则主要规范小企业通常发生的交易或事项的会计处理，为小企业处理会计实务问题提供具体而统一的标准。采用章节体例，分为总则、资产、负债、所有者权益、收入、费用、利润及利润分配、外币业务、财务报表、附则共十章，具体规定了小企业会计确认、计量和报告的全部内容。(2) 应用指南主要规定会计科目的设置、主要账务处理、财务报表的种类、格式及编制说明，为小企业执行小企业会计准则提供操作性规范。

《政府会计准则》适用于各级政府各部门、各单位，统称为政府会计主体。各部门、各单位是指与本级政府财政部门直接或者间接发生预算拨款关系的国家机关、军队、政党组织、社会团体、事业单位和其他单位。

我国的政府会计标准体系由政府会计基本准则、具体准则及其应用指南和政府会计制度组成。基本准则主要对政府会计目标、会计主体、会计信息质量要求、会计核算基础，以及会计要素定义、确认和计量原则、列报要求等做出规定。具体准则主要规定政府发生的经济业务或事项的会计处理原则，具体规定经济业务或事项引起的会计要素变动的确认、计量和报告。应用指南主要对具体准则的实际应用做出操作性规定。政府会计制度主要规定政府会计科目及其使用说明、会计报表格式及其编制说明等，便于会计人员进行日常核算。

（三）会计制度

会计制度是对商业交易和财务往来在账簿中进行分类、登录、归总，并进行分析、核实和上报结果的制度，是进行会计工作所应遵循的规则、方法、程序的总称。国家统一的会计制度是指国务院财政部门（即财政部）根据《会计法》制定的关于会计核算、会计监督、会计机构和会计人员以及会计工作管理的制度。根据《会计法》的规定，国家统一的会计制度由国务院所属财政部制定；各省、自治区、直辖市以及国务院业务主管部门，在与会计法和国家统一会计制度不相抵触的前提下，可以制定本地区、本部门的会计制度或者补充规定。

会计制度的内容有详有简。详细的会计制度应包括：会计凭证的种类和格式以及编制、传递、审核、整理、汇总的方法和程序；会计科目的编号、名称及其核算内容；账簿的组织和记账方法；记账程序和记账规则；成本计算方法；财产清查办法；会计报表的种类、格式和编制方法、报送程序；会计资料的分析利用；会计检查的程序和方法；电子计算在会计中的应用，会计档案的保管和销毁办法；会计机构的组织；会计工作岗位的职责等。

财政部从 1992 年起陆续颁发了分行业会计制度，包括以下几个部分：总说明；会计科目，包括会计科目表、会计科目使用说明；会计报表，包括会计报表种类和格式、会计报表编制说明；主要会计事项分录举例。会计制度属上层建筑，是国家管理经济的重要规章。随着经济体制，财政、财务、税收制度的改革，会计制度也在不断作相应改变。从 2005 年 1 月 1 日起，财政部相继颁发的 3 项新会计制度——《小企业会计制度》、《民间非营利组织会计制度》、《村集体经济组织会计制度》正式开始实施。

第二节　会计工作规范

一、会计人员

会计人员是指公司、企业、事业单位和其他组织所设置的会计机构中，或者在国家机关、社会团体中从事会计工作的人员。配备一定数量和素质相当具备从业资格的会计人员，是各单位会计工作得以正常开展的重要条件。各单位应根据规模大小、业务需要及会计机构岗位设置的要求，配备适当的会计人员。

（一）会计人员的职责与权限

1. 会计人员的主要职责

为充分发挥会计人员的工作积极性，更好地完成会计任务，应当明确会计人员的职责，以便会计人员的工作有明确的方向和办事准则。新颁布的《会计法》对会计人员的基本职责作了明确的规定，会计人员的主要职责是：① 进行会计核算。会计人员要以实际发生的经济业务为依据，按照会计制度的规定，记账、算账、报账，做到手续完备，内容真实，数字准确，账目清楚，按期报账。进行会计核算提供满足有关部门需要的会计信息，是会计人员最基本的职责。② 实行会计监督。会计人员应按照国家的有关规定，对本单位的经济活动进行监督。会计人员对不真实、不合法的原始凭证，不予受理；对记载不准确、内容不完整的原始凭证，予以退回；

对违法的收支,不予办理;对于账簿记录不相符的实物、款项,按有关规定做出处理或报请领导处理。同时,还要积极配合有关机构如财政、审计、税务机关的监督等。③ 拟定本单位办理会计事务的具体办法。会计人员要依据国家制定的统一会计制度,结合本单位的特点和管理需要,拟定出本单位会计工作所必须遵守的具体要求和对经济业务的具体处理办法,如制定内部牵制制度、审核制度、定额管理制度、计量验收制度、财产清查制度、财务收支审批制度、成本核算制度等。④ 参与拟定经济计划,考核分析预算、财务计划的执行情况。会计人员参与拟定经济计划,不仅有利于编制切实可行的财务计划,而且可以发挥会计人员联系面广泛、经济信息灵通的优势。会计人员根据会计核算的资料,可以考核、分析预算、财务计划的执行情况,以便总结经验,发现问题,并提出改进的建议和措施。⑤ 办理其他会计事务。会计人员除了上述四项职责外,还有其他一些职责,如参与市场调查、拟定产品价格、落实内部经济责任制等。随着市场经济的发展,会计人员的工作职责也不断向广度和深度发展。

2. 会计人员的权限

为了保障会计人员能够切实的履行职责,国家对他们赋予了必要的工作权限。会计人员的权限主要有以下几方面:① 会计人员有权要求本单位有关部门、人员认真遵守国家的财经纪律和财务制度。如有违反,会计人员有权拒绝付款、报销或执行,并向本单位领导人报告。对弄虚作假、营私舞弊、欺骗上级等违法乱纪行为,会计人员必须坚决拒绝执行,并向本单位领导人或上级机关、财政部门报告。② 会计人员有权参与本单位编制计划、制定定额、签订经济合同等工作,并参加有关的生产、经营管理的会议。有权提出有关财务开支和经济效益方面的问题和意见。③ 会计人员有权监督、检查本单位有关部门的财务收支、资金使用和财产保管、收发、计量等情况。

各级领导和有关人员要支持会计人员行使工作权限。如果有人对会计人员坚持原则、如实反映情况进行阻挠或打击报复,上级机关要查明情况,严肃处理,情况严重的,还要给以法律制裁。

(二) 会计人员的职业道德

会计人员职业道德规范是会计人员从事会计工作应当遵循的道德标准。会计人员作为特殊从业人员,既要有良好的业务素质,也要有较强的政策观念和职业道德水平。目前,在我国会计人员业务素质普遍较低,而且法制观念也不强。在这种情况下,会计人员丧失原则、有意隐瞒事实真相,甚至为违纪违法活动出谋划策的行为时有发生,严重违背了作为一个会计人员应当具备的基本标准。因此,必须加强会计人员的职业道德教育,提高会计人员的政治和业务素质。

会计人员职业道德规范是会计人员从事会计工作应遵循的基本行为准则。建立会计人员职业道德规范,既是对会计人员强化道德约束,防止和杜绝会计人员在工作中出现不道德行为,又是会计工作应对社会所承担的责任与义务。会计人员职业道德规范是根据会计这一职业特点,对会计人员在社会生活中的行为所提出的道德要求。这种要求是会计人员在长期工作实践中形成的,并通过一定的传统习惯方式固定下来,为大家所共同遵守。我国过去没有成文的、统一的会计人员职业道德规范,只是在一些文件中体现了对会计人员职业道德的要求。为了适应新形势,规范会计工作,财政部对《会计人员工作规则》进行了修订,在此基础上颁布了《会计基础工作规范》,第一次以条文的形式,专门对会计人员职业道德提出了具体要求。

按照财政部 1996 年发布的《会计基础工作规范》,会计职业道德主要包括以下几个方面的内容：

（1）爱岗敬业。会计人员热爱本职工作，是做好一切工作的出发点。只有建立了这个出发点，才会勤奋、努力钻研业务技术，使自己的知识和技能适应具体从事的会计工作的要求。

（2）熟悉法规。会计工作不只是单纯的记账、算账、报账工作，会计工作时时、事事、处处涉及执法守规方面的问题。会计人员应当熟悉财经法律、法规和国家统一的会计制度，做到自己在处理各项经济业务时知法依法、知章循章，依法把关守口，同时还要进行法规的宣传，提高法制观念。

（3）依法办事。按照《会计法》要求保证会计信息真实、完整的规定，会计人员必须依法办事，树立自己职业的形象和人格的尊严，敢于抵制歪风邪气，同一切违法乱纪的行为做斗争。

（4）客观公正。会计人员在办理会计事务中，应当实事求是、客观公正。这是一种工作态度，也是会计人员追求的一种境界。做好会计工作，不仅要有过硬的技术本领，也同样需要实事求是的精神和客观公正的态度。否则，就会把知识和技能用错了地方，甚至参与弄虚作假或者串通作弊。

（5）搞好服务。会计工作的特点决定了会计人员应当熟悉本单位的生产经营和业务管理情况。因此，会计人员应当积极运用所掌握的会计信息和会计方法，为改善单位的内部管理、提高经济效益服务。

（6）保守秘密。会计人员由于会计工作性质的原因，有机会了解本单位的财务情况和生产经营情况，有可能了解或者掌握重要商业秘密，因此，必须严守秘密。泄密是一种不道德行为，会计人员应当确立泄漏商业秘密为大忌的观念，对于自己知悉的内部机密，在任何时候、任何情况下都严格保守，不能随意向外界泄漏商业秘密。

会计人员的职业道德最基本的应该是“实事求是、廉洁奉公”。实事求是是保证会计信息真实、完整的需要；廉洁奉公是保证会计执法的需要。这两条应该作为每一个会计人员的座右铭。

建立会计人员职业道德规范的工作，在我国还刚刚开始，实践不多，经验也有待积累。因此，有必要加强对会计人员职业道德的监督和检查工作。根据《会计基础工作规范》的规定，财政部门、业务主管部门和各单位是会计人员遵守职业道德情况的检查管理部门。监督和检查，主要是督促和教育，帮助会计人员提高职业道德水平。同时通过正反典型案例的宣传，逐步树立会计人员遵守职业道德的良好风尚。

（三）会计人员应具备的素质和基本条件

会计人员在实际工作中负有双重责任，一方面要做好本单位的会计工作，维护本单位的合法权益，促进单位加强经济管理，提高经济效益；另一方面又要严格执行国家的财经方针政策，维护国家的整体利益，对本单位的经济活动、财务收支实行会计监督，抵制各种违反财经纪律的行为。因此，会计人员既要求具有较高的政治素质，又要求具有较强的业务素质。会计人员应具备的基本素质和条件如下：

1. 会计人员应当具备从事会计工作所需要的专业能力

担任单位会计机构负责人（会计主管人员）的，应当具备会计师以上专业技术职务资格或者从事会计工作三年以上经历。

2. 按照规定参加会计业务培训，接受继续教育

为了便于会计人员及时更新知识、不断提高自身素质、适应工作需要，对从事会计工作并已取得会计从业资格的会计人员进行继续教育培训。会计人员继续教育是会计管理工作的一个组成部分,是会计队伍建设的重要内容。会计人员继续教育应坚持理论联系实际、讲求实效、学以致用的原则,其主要内容包括:会计理论与实务;财务、会计法规制度;会计职业道德规范;其他相关知识和法规制度。会计人员继续教育包括接受培训和自学两种形式。

根据规定,会计人员继续教育的对象为在职会计人员。会计人员继续教育分为高级、中级、初级三个级别,即高级会计人员继续教育、中级会计人员继续教育和初级会计人员继续教育。高、中级会计人员继续教育的时间每年累计不少于68小时,其中接受培训的时间每年累计不少于20小时,自学时间每年累计不少于48小时。初级会计人员继续教育的时间每年累计不少于24小时,自学时间每年累计不少于48小时。对于自学小时的折算方法,由省级会计人员继续教育管理部门自行决定。

会计人员继续教育实行统一规划分级管理的原则。财政部负责全国会计人员继续教育的管理工作。各级地方财政厅负责本地区会计人员继续教育的组织工作。会计人员继续教育实行定期检查制度,原则上两年一次。根据规定,每一位会计人员每年必须完成规定学时的继续教育。如果未按照规定完成必要的学时,又无正当理由的,会计人员继续教育主管部门将督促其接受继续教育。对年度内未接受继续教育和未按规定完成继续教育学时的会计人员,无正当理由的,予以警告;持续两年未接受继续教育和连续两年未完成规定学时的,不予办理《会计从业资格证书》的年检,不得参加上一档次会计专业技术资格考试,不得参加先进会计工作者的评选,财政部门不予颁发荣誉证书。连续3年没有参加继续教育和未完成规定学时的,其《会计从业资格证书》自行失效,按《会计法》规定,需5年后重新取得会计从业资格,同时吊销其会计专业技术资格,也不允许参加高级会计师评审。

(四)会计人员专业技术职务

为了充分调动会计人员的积极性,鼓励他们积极钻研业务,不断提高业务技术水平,国家规定按会计人员的政治表现、学识水平、业务能力以及国家组织的会计人员技术资格统一考试的成绩,评聘相应的技术职称。《会计专业职务实行条例》将会计人员专业技术职称定为高级会计师、会计师、助理会计师和会计员,其中高级会计师属高级职称,会计师属中级职称,助理会计师和会计员属初级职称。

根据《会计专业职务试行条例》及有关规定,会计专业职务的任职条件分别为:

1. 会计员

会计员的基本条件是,初步掌握财务会计知识和技能,熟悉并能遵照执行有关会计法规和财务会计制度,能担负一个岗位的财务会计工作,大学专科或中等专业学校毕业,在财务会计工作岗位上见习一年期满,并通过会计专业技术资格考试。会计员的基本职责是,负责具体审核和办理财务收支,编制记账凭证,登记会计账簿,编制会计报表和办理其他会计事务。

2. 助理会计师

助理会计师的基本条件是,掌握一般的财务会计基本理论和专业知识,熟悉并能正确执行有关的财经方针、政策和财务会计法规、制度,能担负一个方面或某个重要岗位工作,取得硕士学位或取得第二学士学位,或研究生班结业证书,具备履行助理会计员职责的能力;或大学本科毕业,在财务会计工作岗位上见习一年期满;或大学专科毕业并担任会计员两年以上;或中等专业学校毕业并担任会计员职务四年以上,并通过助理会计师专业技术资格考试。助理会计师的基本职责是,负责草拟一般的财务会计制度、规定、办法,解释财务会计法规、制度中的一般规定；分析检查某一方面或某些项目的财务收支和预算的执行情况。

3. 会计师

会计师的基本条件是，较系统地掌握财务会计基础理论和专业知识，掌握并能正确执行有关的财经方针、政策和财务会计法规、制度，具有一定的财务会计工作经验，能担负一个单位或管理一个地区、一个部门、一个系统某个方面的财务会计工作，取得博士学位，并具有履行会计师职责的能力；取得硕士学位并担任助理会计师职务两年左右；取得第二学位或研究生班结业证书，并担任助理会计师职务二到三年；大学本科或大学专科毕业并担任助理会计师职务四年以上，掌握一门外语，并通过会计师专业技术资格考试。会计师的基本职责是，负责草拟较重要的财务会计制度、规定、办法；解释、解答财务会计法规、制度中的重要问题；分析检查财务收支和预算的执行情况；培养初级会计人才。

4. 高级会计师

高级会计师的基本条件是，较系统地掌握经济、财务会计理论和专业知识；具备较高的政策水平和丰富的财务会计工作经验，能担负一个地区、一个部门或一个系统的财务会计管理工作，取得博士学位，并担任会计师职务两到三年；取得硕士学位、第二学士学位或研究生班结业证书或大学本科毕业并担任会计师职务五年以上，较熟练地掌握一门外语。高级会计师的基本职责是，负责草拟和解释、解答一个地区、一个部门、一个系统或在全国施行的财务会计法规、制度、办法；组织和指导一个地区或一个部门、一个系统的经济核算和财务会计工作；培养中级会计人才。

会计是一项技术性较强并需在实践中积累经验的工作，一定的学历说明其具有专业知识水平的程度，一定的工作年限则说明具有一定的实践经验，因此，在确定专业职务时，对学历和从事工作年限都有相应的要求。但对确有真才实学，成绩显著，贡献突出，符合任职条件的，在确定相应专业职务时，可以不受学历和工作年限的限制。

（五）会计机构负责人与总会计师

1. 会计机构负责人的任职资格

会计机构负责人（会计主管人员），是在一个单位内具体负责会计工作的中层领导人员。在单位负责人的领导下，会计机构负责人（会计主管人员）负有组织、管理本单位所有会计工作的责任，其工作水平的高低、质量的好坏直接关系到整个单位会计工作的水平和质量。如果会计机构负责人（会计主管人员）的政治素质好，业务水平高，具有较强的组织领导能力，不仅对于领导和组织本单位的会计工作十分有利，而且，对于加强经营管理也十分有利。相反，如果对会计机构负责人（会计主管人员）任用不当，政策水平、业务水平和组织领导能力不能适应工作要求，不仅会影响本单位会计工作的开展，甚至会给单位带来经济上的损失。可以说会计机构负责人（会计主管人员）任用是否得当，对一个单位会计工作的好坏关系重大，对能否保证国家的财经政策等在一个单位正确得到贯彻执行关系重大，对能否有效地维护广大投资者、债权人等的合法权益关系重大。1996 年，财政部制定发布的《会计基础工作规范》，对会计机构负责人（会计主管人员）应当具备的基本条件作了规定。概括起来说，会计机构负责人（会计主管人员）的任职资格和条件应当包括政治素质和专业技术资格条件两个方面。

（1）政治素质。政治素质是指能遵纪守法，坚持原则，廉洁奉公，具备良好的职业道德。财务会计工作是经济工作的基础，国家的许多法律、法规，尤其是财经方面的法律、法规的贯彻执行，都要通过会计工作来体现，会计人员特别是会计机构负责人如不能遵纪守法，必将给国家造成经济损失。会计工作直接处理经济业务,经济上的问题会在会计处理中反映出来,不能坚持原则,就不可能大胆地去维护国家的财经纪律,不可能大胆的坚持单位的规章制度,就不会去纠正违反财经纪律和财务会计制度的行为。

(2) 专业技术资格条件。会计工作具有很强的专业技术,要求会计人员必须具备必要的专业知识和专业技能。对会计机构负责人或会计主管人员来讲要全面组织和负责一个单位的会计工作,对其专业技术方面的要求也就更加必要。目前,我国主要是通过设置会计专业职务和会计专业技术资格考试来进行考核和确认。首先,会计机构负责人必须取得会计从业资格证书,并应当具备会计师以上专业技术职务资格或者从事会计工作三年以上经历;其次,会计人员必须熟悉国家财经法律、法规、规章制度,掌握财务会计理论及本行业务的管理知识。会计工作是技术性很强的工作,随着我国市场经济制度的建立,经济改革和对外开放不断深入,经济生活中提出了许多新问题,会计也面临着许多全新的课题,会计理论、会计知识都以前所未有的速度在更新。作为一个单位会计机构负责人(会计主管人员),如果没有过硬的会计理论知识和专业业务水平,将很难适应会计工作发展的需要并做好本职工作。

(3) 组织能力。作为会计机构的负责人(会计主管人员),不仅要求自己是会计工作的行家里手,更重要的是要领导和组织好本单位的会计工作,因此要求其必须具备一定的领导才能和组织能力,包括协调能力、综合分析能力等。

(4) 身体条件。会计工作劳动强度大、技术难度高,作为会计机构负责人(会计主管人员)必须有较好的身体状况,以适应和胜任本职工作。

上述这些条件是对会计机构负责人(会计主管人员)素质的全面要求。各单位在选配会计机构负责人(会计主管人员)时,应根据各自的具体情况掌握这些条件和标准。

2. 总会计师的设置

(1) 我国总会计师制度的建立。总会计师是在单位负责人领导下,主管经济核算和财务会计工作的负责人。早在新中国成立之初,我国就借鉴苏联的经验,在一些大、中型国有企业实行总会计师制度,目的是加强经济核算和会计管理。为了进一步推动这一制度的建立和不断完善,1963 年 10 月,国务院批转了国家经委、财政部《关于国营工交、交通企业设置总会计师的几项规定(草案)》,规定国营工交、交通企业设置总会计师,并对总会计师的地位、任职条件、任免办法及总会计师的职责和权限等问题做了具体规定。1978 年 9 月,国务院颁发的《会计人员职权条例》中,专设一章规定总会计师制度问题,并把设置总会计师扩大到所有企业。1984 年 10 月,党的十二届三中全会通过的《中共中央关于经济体制改革的决定》,再次肯定了总会计师制度,提出“一厂三总师”(厂长和总工程师、总经济师、总会计师)和党委书记是单位领导班子成员。1985 年颁布实施的《会计法》,首次以法律的形式明确了设置总会计师的要求,充分肯定了总会计师制度,从而大大推动了我国总会计师制度的发展。1990 年 12 月,国务院发布了《总会计师条例》,对总会计师的地位、职责、权限、任免与奖惩做了完整、全面、系统、具体的规定,使我国总会计师制度进入了一个全新的发展时期。1993 年修改的《会计法》再次明确规定:“大、中型企业,事业单位和业务主管部门可以设置总会计师。总会计师由具有会计师以上专业技术任职资格的人员担任。”1999 年底修订的《会计法》对设置总会计师的范围又有了新的规定,即“国有的和国有资产占控股地位或者主导地位的大、中型企业必须设置总会计师”。

(2) 总会计师的设置范围。第一,国有大、中型企业必须设置总会计师。1999 年底修订后的《会计法》适应国有企业改革的要求并吸收了国有企业改革的成功经验，将"可以设置总会计师"改为"必须设置总会计师"，将设置范围界定在"国有的和国有资产占控股地位或者主导地位的大、中型企业"。同时规定"总会计师的任职资格、任免程序、职责权限由国务院规定"，为适时修订《总会计师条例》提供了法律依据。

第二，不限制其他单位根据需要设置总会计师。修订后的《会计法》规定国有大、中型企业必须设置总会计师，并没有限制除国有大、中型企业以外的其他单位设置总会计师的范围。其他单位完全可以根据业务需要，视情况自行决定是否设置总会计师。从实际情况看，许多外商投资企业、民营企业也都设有总会计师。

3. 总会计师的地位和任职条件

(1) 总会计师的地位。明确总会计师的地位，有利于总会计师依法行使职权，发挥总会计师的应有作用。根据《总会计师条例》，总会计师是单位领导成员，协助单位负责人工作，直接对单位负责人负责。总会计师作为单位财务会计的主要负责人，全面负责本单位的财务会计管理和经济核算，参与本单位的重大经营决策活动，是单位负责人的参谋和助手。为了保障总会计师的职权，《总会计师条例》还规定，凡设置总会计师的单位不能再设置与总会计师职责重叠的副职领导。

(2) 总会计师的任职条件。按照《总会计师条例》的规定，担任总会计师应当具备以下条件：一是坚持社会主义方向，积极为社会主义市场经济建设和改革开放服务；二是坚持原则、廉洁奉公；三是取得会计师专业技术资格后，主管一个单位或者单位内部一个重要方面的财务会计工作的时间不少于三年；四是要有较高的理论政策水平，熟悉国家财经纪律、法规、方针和政策，掌握现代化管理的有关知识；五是具备本行业的基本业务知识，熟悉行业情况，有较强的组织领导能力；六是身体健康、胜任本职工作。

4. 总会计师的职责和权限

(1) 总会计师的职责。根据《总会计师条例》的规定，总会计师的职责主要包括两个方面：一是由总会计师负责组织的工作。这包括组织编制和执行预算、财务收支计划、信贷计划，拟定资金筹措和使用方案，开辟财源，有效地使用资金；建立、健全经济核算制度，强化成本管理，进行经济活动分析，精打细算，提高经济效益；负责本单位财务会计机构的设置和会计人员的配备，组织对会计人员进行业务培训和考核；支持会计人员依法行使职权等。二是由总会计师协助、参与的工作。这主要有：协助单位负责人对本单位的生产经营和业务管理等问题做出决策；参与新产品开发、技术改造、科学研究、商品(劳务)价格和工资、奖金方案的制订；参与重大经济合同和经济协议的研究、审查。

(2) 总会计师的权限。根据《总会计师条例》的规定，总会计师有以下权限：一是对违法违纪问题的制止和纠正权。即对违反国家财经纪律、法规、方针、政策、制度和有可能在经济上造成损失、浪费的行为，有权制止和纠正；制止或者纠正无效时，提请单位负责人处理。二是建立、健全单位经济核算的组织指挥权。三是对单位财务收支具有审批签署权。四是对本单位会计人员的管理权，包括本单位会计机构设置、会计人员配备、继续教育、考核、奖惩等。

二、会计机构

会计机构是各单位办理会计事务的职能机构，建立健全会计机构是各单位做好会计工作，充分发挥会计职能作用的重要保证。

(一) 会计机构的设置

1. 根据业务需要设置会计机构

根据《会计法》规定,各单位可以根据本单位的会计业务繁简情况决定是否设置会计机构。为了科学、合理地组织开展会计工作,保证本单位正常的经济核算,实行企业化管理的事业单位、大中型企业(包括集团公司、股份有限公司、有限责任公司等)应当设置会计机构;业务较多的行政单位、社会团体和其他组织也应设置会计机构。而对那些规模很小的企业、业务和人员都不多的行政单位等,可以不单独设置会计机构,可以将业务并入其他职能部门,或者进行代理记账。

2. 不设置会计机构的应设置会计人员并指定会计主管人员

根据《会计法》的规定,不能单独设置会计机构的单位,应当在有关机构中设置会计人员并指定会计主管人员。这是提高工作效率,明确岗位责任的内在要求,同时也是由会计工作专业性、政策性强等特点所决定的。"会计主管人员"是《会计法》的一个特指概念,不同于通常所说的"会计主管"、"主管会计"、"主办会计"等,而是指负责组织管理会计事务、行使会计机构负责人职权的负责人。在现实中,凡是设置会计机构的单位都应配备会计机构负责人,但是,对于没有设置会计机构,只在其他机构中配备一定数量专职和兼职会计人员的单位,应在会计人员中指定会计主管人员,目的是强化责任制度,防止出现会计工作无人负责的局面。会计主管人员作为中层管理人员,行使会计机构负责人的职权,按照规定的程序任免。

3. 可以实行代理记账

《会计法》规定,不具备设置会计机构和会计主管人员条件的单位,应当委托经批准设立从事会计代理记账业务的中介机构代理记账。从事代理记账业务的中介机构,是我国近年来发展起来的新的社会性的服务机构。随着我国经济的迅速发展,经济组织形式发生了很大的变化,民营经济、个体经济得到大力发展。这些经济组织的经营规模较小、人员不多,不可能也没有必要设置专门的会计机构或者配备专职的会计人员,受托从事代理记账业务的中介机构应运而生。针对这一情况,《会计法》以法律形式肯定了代理记账业务及从事这项业务的中介机构的应有地位,对规范和保证代理记账业务的发展起到了重要作用。为了贯彻《会计法》的规定,财政部发布了《代理记账管理暂行办法》,对代理记账机构设置的条件、代理记账的业务范围、代理记账机构与委托人的关系、代理记账人员应遵循的道德规则等作了具体的规定。

(1) 代理记账机构具备的条件。根据规定,在我国从事代理记账业务的机构应具备的条件是,至少有三名持有会计从业资格证书的专职人员,同时聘用一定数量相同条件的兼职从业人员;主管代理记账业务的负责人必须具有会计师以上专业技术资格;代理记账机构要有健全的代理记账业务规范和财务会计管理制度;机构的设立依法经过工商行政管理部门或者其他管理部门核准登记。申请成立代理记账机构,必须经过县级以上财政部门审查批准,并领取由财政部统一印制的《代理记账许可证书》,才能从事代理记账业务。

(2) 代理记账机构业务范围。代理记账机构可以根据委托人的委托办理下列业务:根据委托人提供的原始凭证和其他资料,按照国家统一会计制度的规定,进行会计核算,包括审核原始凭证、填制记账凭证、登记会计账簿、编制财务会计报告;定期向政府有关部门和其他财务会计报告使用者提供财务会计报告;定期向税务机构提供税务资料;委托人委托的相关经济业务。

(3) 代理记账机构与委托人的关系。委托人与代理记账机构应当签订合同,明确双方的权利和义务，合同应载明以下内容：委托人、代理记账机构对会计资料真实性、完整性承担责任；明确会计凭证传递程序和签收手续；编制和提供财务会计报告的要求；会计档案保管的要求；双方中止合同应办理的会计交接事宜。委托人应当履行以下义务：对本单位发生的经济业务事项，必须填制或者取得符合国家统一的会计制度规定的原始凭证；应当配备专人负责日常货币收支和保管；及时向代理记账机构提供真实、完整的凭证和其他相关资料；对于代理记账机构退回的要求按照国家统一的会计制度规定进行更正、补充的原始凭证，应当及时予以更正、补充。

(4) 代理记账从业人员应遵守的规则。根据规定，从事代理记账人员应遵守以下规则：遵守会计法律、法规和国家统一的会计制度，依法履行职责；对在执行业务中知悉的商业秘密，负有保密义务；对委托人示意要求做出的会计处理，提供不实会计资料，以及其他不符合法律、法规规定要求的，应当拒绝；对委托人提出的有关会计处理原则问题负有解释的责任等。

(二) 会计工作的组织形式

会计工作的组织形式是指独立设置会计机构的单位内部组织和管理会计工作的具体形式，一般可分为集中核算和非集中核算两种。

1. 集中核算

集中核算就是把整个企业的主要会计工作集中在企业财务会计部门，企业内部的其他部门和下属单位只对其发生的经济业务填制原始凭证，定期将原始凭证和原始凭证汇总表送交会计部门，由会计部门审核，然后据以填制记账凭证，登记总分类账和明细分类账，编制会计报表。实行集中核算形式的优点是，会计部门可以集中掌握有关资料，便于了解企业的全面经济活动情况，减少核算层次，精简会计人员，有利于推动会计电算化。其不足在于不便于各部门和下属单位及时了解本部门本单位的财务会计信息，不便于实行责任会计。

2. 非集中核算

非集中核算又称分散核算，是相对于集中核算而言的。单位内部会计部门以外的其他部门和下属单位，可以在会计部门的指导下，对其所发生的经济业务填制原始凭证或原始凭证汇总表，登记明细分类账，进行明细核算，而由会计部门进行总分类核算和一部分明细分类核算，并编制对外会计报表。这种核算工作形式的优点是，可以使各职能部门随时了解本部门的经济活动情况，便于进行日常考核和分析，便于实行责任会计。其不足在于增加了核算层次，必然增大核算工作量，就必须多配备会计人员，会计工作成本也相应增大。

一个单位是采用集中核算还是非集中核算，主要取决于企业内部经营管理上的需要和企业内部是否实行分级管理、分级核算。同时还取决于企业规模大小、生产特点、所属单位独立的程度、会计人员的数量和质量等因素。集中核算与非集中核算是相对的，在一个企业内部，可以根据管理上的需要对其各个业务部门分别采用集中核算或非集中核算两种形式，集中核算或非集中核算的具体内容和方法也不一定相同。但是无论采取哪种形式，企业对外现金收付、银行存款收付、物资供销、应收和应付款项的结算等，都应集中在会计部门进行。

(三) 会计机构岗位责任制

1. 建立会计工作岗位责任制的意义

会计工作岗位责任制是指在会计机构中明确每个会计人员的工作岗位并规定其权限和责任的制度。为了搞好会计工作，在独立设置的会计机构内部，应当按照工作内容，将单位全部会计工作划分为若干岗位，规定每个岗位的职责和权限，建立相应的责任制度。建立会计工作岗位责任制，有利于会计工作的程序化和规范化，做到职责清楚、纪律严明、有条不紊、提高效率。同时，这也是配备数量适当的会计人员的客观依据之一。

2. 设置会计工作岗位的原则

在会计机构内部和会计人员中建立岗位责任是指正确组织会计工作，加强会计人员的责任感与纪律性，提高工作效率，保证工作质量的前提条件。《会计基础工作规范》规定了设置会计工作岗位的基本原则与示范性要求。

(1) 设置会计工作岗位应根据本单位会计工作的需要。各单位所属行业性质、自身的规模、业务内容和数量以及会计核算与管理的需求都会有所不同，设置会计工作岗位一定要适合本单位的实际情况。

(2) 设置会计工作岗位必须符合内部牵制制度的要求。内部牵制制度也称钱账分管制度，是内部控制制度的重要组成部分。内部牵制制度是指凡是涉及款项和财物收付、结算及登记的任何一项工作，必须由两人或两人以上分工办理，以起到相互制约作用的一种工作制度。如现金和银行存款的支付，应由会计主管人员或其授权的代理人审核、批准，出纳人员付款，记账人员记账。不能由一个人同时办理付款和记账。同样，单位购入材料物资，应由采购人员办理采购、报账手续，仓库人员验收入库，记账人员登记入账。发出材料时，应经使用单位领导批准，经办人员领用，仓库人员发料，记账人员记账。再如，单位发放工资应由工资核算人员编制工资单，出纳人员向银行提取现金和分发工资，记账人员记账等等。上述业务均不得一人兼办。实行内部牵制制度主要是为了加强会计人员之间相互制约、相互监督、相互核对，提高会计核算工作质量，防止会计事务处理中发生失误和差错以及营私舞弊等行为。

(3) 设置会计工作岗位要有利于建立岗位责任制。为了不断提高会计人员的业务素质，尽可能培养熟悉各方面业务工作的多面手，会计人员的工作岗位应当有计划地进行轮换、交流。但每个会计工作岗位的职责要分明，做到分工协作，分工的目的是为了更进一步搞好会计工作。因此，会计工作岗位的设置一般不应出现职责交叉的现象，否则，不利于建立职责明确的岗位责任制。

3. 主要会计工作岗位的设置

各单位一般可设置会计机构负责人和会计主管人员岗位、出纳员岗位、财产物资核算岗位、工资核算岗位、成本费用核算岗位、资金核算岗位、债权债务核算岗位、总账与报表岗位、稽核岗位和档案管理岗位等。这些岗位可以一人一岗，也可以一人多岗和多人一岗，会计负责人应根据各岗位工作量与工作要求，根据会计人员的配备情况，合理调配、安排，使整个会计工作井然有序、忙而不乱。

三、会计记录与报告的技术性规范

(一) 会计凭证的填制规范

1. 原始凭证的基本要求

(1) 原始凭证的内容必须具备：凭证的名称；填制凭证的日期；填制凭证单位名称或者填制人姓名；经办人员的签名或者盖章；接受凭证单位名称；经济业务内容；数量、单价和金额。

(2) 从外单位取得的原始凭证，必须盖有填制单位的公章；从个人取得的原始凭证，必须有填制人员的签名或者盖章。自制原始凭证必须有经办单位领导人或者其指定的人员签名或者盖章。对外开出的原始凭证，必须加盖本单位公章。

（3）凡填有大写和小写金额的原始凭证，大写与小写金额必须相符。购买实物的原始凭证，必须有验收证明。支付款项的原始凭证。必须有收款单位和收款人的收款证明。

（4）一式几联的原始凭证应当注明各联的用途，只能以一联作为报销凭证。一式几联的发票和收据，必须用双面复写纸（发票和收据本身具备复写纸功能的除外）套写，并连续编号。作废时应当加盖“作废”戳记，连同存根一起保存，不得撕毁。

（5）发生销货退回的，除填制退货发票外，还必须有退货验收证明；退款时，必须取得对方的收款收据或者汇款银行的凭证，不得以退货发票代替收据。

（6）职工公出借款凭据，必须附在记账凭证之后。收回借款时，应当另开收据或者退还借据副本，不得退还原借款收据。

（7）经上级有关部门批准的经济业务，应当将批准文件作为原始凭证附件。如果批准文件需要单独归档的，应当在凭证上注明批准机关名称、日期和文件字号。

原始凭证不得涂改、挖补。发现原始凭证有错误的，应当由开出单位重开或者更正，更正处应当加盖开出单位的公章。

会计机构、会计人员要根据审核无误的原始凭证填制记账凭证。记账凭证可以分为收款凭证、付款凭证和转账凭证，也可以使用通用记账凭证。

2. 记账凭证的基本要求

（1）记账凭证的内容必须具备：填制凭证的日期；凭证编号；经济业务摘要；会计科目；金额；所附原始凭证张数；填制凭证人员、稽核人员、记账人员、会计机构负责人、会计主管人员签名或者盖章。收款和付款记账凭证还应当由出纳人员签名或者盖章。以自制的原始凭证或者原始凭证汇总表代替记账凭证的，也必须具备记账凭证应有的项目。

（2）填制记账凭证时，应当对记账凭证进行连续编号。一笔经济业务需要填制两张以上记账凭证的，可以采用分数编号法编号。

（3）记账凭证可以根据每一张原始凭证填制，或者根据若干张同类原始凭证汇总填制，也可以根据原始凭证汇总表填制。但不得将不同内容和类别的原始凭证汇总填制在一张记账凭证上。

（4）除结账和更正错误的记账凭证可以不附原始凭证外，其他记账凭证必须附有原始凭证。如果一张原始凭证涉及几张记账凭证，可以把原始凭证附在一张主要的记账凭证后面，并在其他记账凭证上注明附有该原始凭证的记账凭证的编号或者附原始凭证复印机。一张复始凭证所列支出需要几个单位共同负担的，应当将其他单位负担的部分，开给对方原始凭证分割单，进行结算。原始凭证分割单必须具备原始凭证的基本内容：凭证名称、填制凭证日期、填制凭证单位名称或者填制人姓名、经办人的签名或者盖章、接受凭证单位名称、经济业务内容、数量、单价、金额和费用分摊情况等。

（5）如果在填制记账凭证时发生错误，应当重新填制。已经登记入账的记账凭证，在当年内发现填写错误时，可以用红字填写一张与原内容相同的记账凭证，在“摘要”栏内注明“注销某月某日某号凭证”字样，同时再用蓝字重新填制一张正确的记账凭证，注明“订正某月某日某号凭证”字样。如果会计科目没有错误，只是金额错误，也可以将正确数字与错误数字之间的差额，另编一张调整的记账凭证，调增金额用蓝字，调减金额用红字。发现以前年度记账凭证有错误的，应当用蓝字填制一张更正的记账凭证。

（6）记账凭证填制完经济业务事项后，如有空行，应当自金额栏最后一笔金额数字下的空行处至合计数上的空行处划线注销。

3. 填制会计凭证，字迹必须清晰、工整，并符合下列要求

(1) 阿拉伯数字应当一个一个地写，不得连笔写。阿拉伯金额数字前面应当书写货币币种符号或者货币名称简写和币种符号。币种符号与阿拉伯金额数字之间不得留有空白。凡阿拉伯数字前写有币种符号的，数字后面不再写货币单位。

(2) 所有以元为单位(其他货币种类为货币基本单位，下同)的阿拉伯数字，除表示单价等情况外，一律填写到角分；无角分的，角位和分位可写"00"或者用符号"—"代替；有角无分的，分位应当写"0"，不得用符号"—"代替。

(3) 汉字大写数字金额如零、壹、贰、叁、肆、伍、陆、柒、捌、玖、拾、佰、仟、万、亿等，一律用正楷或者行书体书写，不得用0、一、二、三、四、五、六、七、八、九、十等简化字代替，不得任意自造简化字。大写金额数字到元或者角为止的，在"元"或者"角"字之后应当写"整"或者"正"字；大写金额数字有分的，分字后面不写"整"或者"正"字。

(4) 大写金额数字前未印有货币名称的，应当加填货币名称，货币名称与金额数字之间不得留有空白。

(5) 阿拉伯金额数字中间有"0"时，汉字大写金额要写"零"字；阿拉伯数字金额中间连续有几个"0"时，汉字大写金额中可以只写一个"零"字；阿拉伯金额数字元位是"0"，或者数字中间连续有几个"0"且元位也是"0"但角位不是"0"时，汉字大写金额可以只写一个"零"字，也可以不写"零"字。

实行会计电算化的单位，对于机制记账凭证，要认真审核，做到会计科目使用正确，数字准确无误。打印出的机制记账凭证要加盖制单人员、审核人员、记账人员及会计机构负责人、会计主管人员印章或者签字。

(二) 会计账簿的登记规范

各单位应当按照国家统一会计制度的规定和会计业务的需要设置会计账簿。会计账簿包括总账、明细账、日记账和其他辅助性账簿。现金日记账和银行存款日记账必须采用订本式账簿。不得用银行对账单或者其他方法代替日记账。实行会计电算化的单位，用计算机打印的会计账簿必须连续编号，经审核无误后装订成册，并由记账人员和会计机构负责人、会计主管人员签字或者盖章。启用会计账簿时，应当在账簿封面上写明单位名称和账簿名称。在账簿扉页上应当附启用表，内容包括：启用日期、账簿页数、记账人员和会计机构负责人、会计主管人员姓名，并加盖名章和单位公章。记账人员或者会计机构负责人、会计主管人员调动工作时，应当注明交接日期、接办人员或者监交人员姓名，并由交、接双方人员签名或者盖章。启用订本式账簿，应当从第一页到最后一页顺序编定页数，不得跳页、缺号。使用活页式账页，应当按账户顺序编号，并须定期装订成册。装订后再接实际使用的账页顺序编定页码，另加目录，记明每个账户的名称和页次。

(1) 会计人员应当根据审核无误的会计凭证登记会计账簿。登记账簿的基本要求如下：

① 登记会计账簿时，应当将会计凭证日期、编号、业务内容摘要、金额和其他有关资料逐项记入账内；做到数字准确、摘要清楚、登记及时、字迹工整。

② 登记完毕后，要在记账凭证上签名或者盖章，并注明已经登账的符号，表示已经记账。

③ 账簿中书写的文字和数字上面要留有适当空格，不要写满格；一般应占格距的1/2。

④ 登记账簿要用蓝黑墨水或者碳素墨水书写，不得使用圆珠笔(银行的复写账簿除外)或

者铅笔书写。

⑤ 下列情况，可以用红色墨水记账：按照红字冲账的记账凭证，冲销错误记录；在不设借贷等栏的多栏式账页中，登记减少数；在三栏式账户的余额栏前，如未印明余额方面的，在余额栏内登记负数余额；根据国家统一会计制度的规定可以用红字登记的其他会计记录。

⑥ 各种账簿按页次顺序连续登记，不得跳行、隔页。如果发生跳行、隔页，应当将空行、空页划线注销，或者注明“此行空白”、“此页空白”字样，并由记账人员签名或者盖章。

⑦ 凡需要结出余额的账户，结出余额后。应当在“借或贷”栏内写明“借”或者“贷”等字样。没有余额的账户，应当在“借或贷”等栏内写“平”字，并在“余额”栏内用“Q”表示。现金日记账和银行存款日记账必须逐日结出余额。

⑧ 每一账页登记完毕结转下页时，应当结出本页合计数及余额，写在本页最后一行和下页第一行有关栏内，并在“摘要”栏内注明“过次页”和“承前页”字样；也可以将本页合计数及金额只写在下页第一行有关栏内，并在“摘要”栏内注明“承前页”字样。对需要结计本月发生额的账户，结计“过次页”的本页合计数应当为自本月初起至本页末止的发生额合计数；对需要结计本年累计发生额的账户，结计“过次页”的本页合计数应当为自年初起至本页末止的累计数；对既不需要结计本月发生额也不需要结计本年累计发生额的账户，可以只将每页末的余额结转至次页。

(2) 实行会计电算化的单位，总账和明细账应当定期打印。发生收款和付款业务的，在输入收款凭证和付款凭证的当天必须打印出现金日记账和银行存款日记账，并与库存现金核对无误。

(3) 账簿记录发生错误，不准涂改、挖补、刮擦或者用药水消除字迹，不准重新抄写，必须按照下列方法进行更正：

① 登记账簿时发生错误，应当将错误的文字或者数字划红线注销，但必须使原有字迹仍可辨认；然后在划线上方填写正确的文字或者数字，并由记账人员在更正处盖章。对于错误的数字，应当全部划红线更正。不得只更正其中的错误数字。对于文字错误，可只划去错误的部分。

② 由于记账凭证错误而使账簿记录发生错误，应当按更正的记账凭证登记账簿。

(4) 账务核对。各单位应当定期对会计账簿记录的有关数字与库存实物、货币资金、有价证券、往来单位或者个人等进行相互核对，保证账证相符、账账相符、账实相符。对账工作每年至少进行一次。

① 账证核对。核对会计账簿记录与原始凭证、记账凭证的时间、凭证字号、内容、金额是否一致，记账方向是否相符。

② 账账核对。核对不同会计账簿之间的账簿记录是否相符，包括总账有关账户的余额核对，总账与明细账核对，总账与日记账核对，会计部门的财产物资明细账与财产物资保管和使用部门的有关明细账核对等。

③ 账实核对。核对会计账簿记录与财产等实有数额是否相符，包括现金日记账账面余额与现金实际库存数相核对；银行存款日记账账面余额定期与银行对账单相核对；各种财物明细账账面余额与财物实存数额相核对；各种应收、应付款明细账账面余额与有关债务、债权单位或者个人核对等。

(5) 结账。各单位应当按照规定定期结账。

① 结账前，必须将本期内所发生的各项经济业务全部登记入账。

② 结账时，应当结出每个账户的期末余额。需要结出当月发生额的，应当在“摘要”栏内注明“本月合计”字样，并在下面通栏划单红线。需要结出本年累计发生额的，应当在“摘要”栏内注明“本年累计”字样，并在下面通栏划单红线；12 月月末的“本年累计”就是全年累计发生额。全年累计发生额下面应当通栏划双红线。年度终了结账时，所有总账账户都应当结出全年发生额和年末余额。

③ 年度终了，要把各账户的余额结转到下一会计年度，并在“摘要”栏内注明“结转下年”字样；在下一会计年度新建有关会计账簿的第一行“余额”栏内填写上年结转的余额，并在“摘要”栏内注明“上年结转”字样。

(三) 会计报表的编制规范

(1) 必须按照国家统一会计制度的规定，定期编制财务报告。财务报告包括会计报表及其说明。会计报表包括会计报表主表、会计报表附表、会计报表附注。

(2) 对外报送的财务报告应当根据国家统一会计制度规定的格式和要求编制。单位内部使用的财务报告，其格式和要求由各单位自行规定。

(3) 会计报表应当根据登记完整、核对无误的会计账簿记录和其他有关资料编制，做到数字真实、计算准确、内容完整、说明清楚。任何人不得篡改或者授意、指使、强令他人篡改会计报表的有关数字。

(4) 会计报表之间、会计报表各项目之间，凡有对应关系的数字应当相互一致。本期会计报表与上期会计报表之间有关的数字应当相互衔接。如果不同会计年度会计报表中各项目的内容和核算方法有变更的，应当在年度会计报表中加以说明。

(5) 应当按照国家统一会计制度的规定认真编写会计报表附注及其说明，做到项目齐全、内容完整。

(6) 应当按照国家规定的期限对外报送财务报告。对外报送的财务报告应当依次编定页码，加具封面，装订成册，加盖公章。封面上应当注明：单位名称，单位地址，财务报告所属年度、季度、月度，送出日期，并由单位领导人、总会计师、会计机构负责人、会计主管人员签名或者盖章。单位领导人对财务报告的合法性、真实性负法律责任。

(7) 根据法律和国家有关规定应当对财务报告进行审计的，则务报告编制单位应当先行委托注册会计师进行审计，并将注册会计师出具的审计报告随同财务报告按照规定的期限报送有关部门。

(8) 如果发现对外报送的财务报告有错误，应当及时办理更正手续。除更正本单位留存的财务报告外，并应同时通知接受财务报告的单位更正。错误较多的，应当重新编报。

复习思考题

1. 我国会计规范体系是如何构成的？
2. 会计人员的职责和权限分别是什么？
3. 会计人员应具备哪些职业道德？
4.《会计法》规定的基本内容有哪些？
5. 我国企业会计准则体系是如何构成的？

附录　会计循环的运用举例

（以记账凭证核算程序为例）

资料：假设光华责任有限公司20××年12月份总分类各账户期初余额如表1所示。

表1　总分类各账户期初余额

元

账户名称	借　方	贷　方
库存现金	3 000	
银行存款	250 000	
原材料	54 000	
应收账款	8 900	
库存商品	110 000	
固定资产	320 000	
短期借款		60 000
应付职工薪酬		4 000
应交税费		3 500
累计折旧		46 500
实收资本		594 900
盈余公积		37 000
合　计	745 900	745 900

第一步，根据原始凭证编制记账凭证（以会计分录代替记账凭证）。假设该企业12月份发生下列经济业务，如表2所示。

表2　会计分录簿

元

20××年		凭证号数	摘　要	总分类科目	明细科目	借方金额	贷方金额
月	日						
12	1	现付1	购买办公用品	管理费用 库存现金	办公用品	800	 800
	1	银付1	购入机器设备	固定资产 应交税费 银行存款	 应交增值税	30 200 5134	 35334
	2	银付2	购入A材料	材料采购 应交税费 银行存款	A材料 应交增值税	10 500 1 700	 12 200

（续表）

20××年		凭证号数	摘要	总分类项目	明细科目	借方金额	贷方金额
月	日						
	3	银收 1	收包装物押金	银行存款 其他应付款		200	 200
	4	银收 2	向银行借款	银行存款 短期借款		100 000	 100 000
	4	转 1	赊购B材料	在途物资 应交税费 应付账款	B材料 应交增值税 北方厂	3 000 510	 3 510
	4	转 2	B材料入库	原材料 在途物资	B材料 B材料	3 000	 3 000
	5	银付 3	购买专利技术	无形资产 银行存款		40 000	 40 000
	6	银付 4	支付上月税金	应交税费 银行存款	已交税金	3 500	 3 500
	6	转 3	A材料验收入库	原材料 在途物资	A材料 A材料	10 500	 10 500
	7	银付 5	付4日材料款项	应付账款 银行存款	北方厂	3 510	 3 510
	7	转 4	领用材料	生产成本 生产成本 制造费用 管理费用 原材料	甲产品 乙产品 材料费 材料费 A材料 B材料	4 500 7 200 2 800 1 000	 11 500 4 000
	8	现付 2	王力出差借款	其他应收款 库存现金	王力	1 400	 1 400
	8	现付 3	职工报销交通费	管理费用 库存现金	交通费	23	 23
	9	银付 6	预订报纸杂志	管理费用 银行存款		900	 900
	10	转 5	分配工资	生产成本 生产成本 制造费用 管理费用 应付职工薪酬	甲产品 乙产品 工资费 工资费 工资	5 600 4 400 2 100 900	 13 000
	10	银付 7	提现	库存现金 银行存款		13 000	 13 000

(续表)

20××年		凭证号数	摘　　要	总分类项目	明细科目	借方金额	贷方金额
月	日						
	10	现付 4	发放工资	应付职工薪酬 库存现金		13 000	 13 000
	10	转 6	提取社会保险费	生产成本 生产成本 制造费用 管理费用 应付职工薪酬	甲产品 乙产品 社会保险费 社会保险费	784 616 294 126	 1 820
	11	银收 3	收前欠款	银行存款 应收账款	 北方厂	600	 600
	12	银付 8	支付子弟学校经费	营业外支出 银行存款		1 000	 1 000
	13	银付 9	支付电费	生产成本 生产成本 制造费用 管理费用 银行存款	甲产品 乙产品 电费 电费	1 200 1 000 200 100	 2 500
	15	现付 5	王力报销差旅费	管理费用 其他应收款 库存现金	差旅费	1 500	 1 400 100
	16	转 7	计提折旧	制造费用 管理费用 累计折旧	折旧费 折旧费	3 000 2 000	 5 000
	19	转 8	计算当期借款利息	财务费用 应付利息	利息费 350	350	 350
	20	转 9	没收包装物押金	其他应付款 营业外收入		200	 200
	21	现付 6	张强报销医药费	应付职工薪酬 库存现金		57	 57
	22	转 10	结转制造费用	生产成本 生产成本 制造费用	甲产品 乙产品	4 700.64 3 693.36	 8 394
	22	转 11	结转完工产品成本	库存商品 库存商品 生产成本 生产成本	甲产品 乙产品 甲产品 乙产品	16 784.64 16 909.36	 16 784.64 16 909.36
	23	现付 7	捐赠支出	营业外支出 库存现金		100	 100

（续表）

20××年		凭证号数	摘　要	总分类项目	明细科目	借方金额	贷方金额
月	日						
	24	银收 4	销售产品	银行存款		45 630	
				主营业务收入			39 000
				应交税费	应交增值税		6 630
	25	银付 10	支付广告费	销售费用	广告费	300	
				银行存款			300
	27	转 12	赊销产品	应收账款	南方厂	32 760	
				主营业务收入			28 000
				应交税费	应交增值税		4 760
	28	银收 5	收投资利润	银行存款		6 000	
				投资收益			6 000
	29	现收 1	收包装物租金	库存现金		45	
				其他业务收入			45
	30	转 13	结转已销产品成本	主营业务成本	甲产品	24 000	
				主营业务成本	乙产品	14 400	
				库存商品	甲产品		24 000
				库存商品	乙产品		14 400
	30	转 14	计算应交税费	税金及附加		335	
				应交税费			335
	30	转 15	本月收入转入“本年利润”账户	主营业务收入		67 000	
				其他业务收入		45	
				投资收益		6 000	
				营业外收入		200	
				本年利润			73 245
	30	转 16	本月费用转入“本年利润”账户	本年利润		47 834	
				销售费用			300
				主营业务成本			38 400
				税金及附加			335
				管理费用			7 349
				财务费用			350
				营业外支出			1 100
	30	转 17	计提本月所得税	所得税费用			6 352. 75
				应交税费	应交所得税	6 352. 75	
	30	转 18	结转所得税费用	本年利润		6 352. 75	
				所得税费用			6 352. 75
	30	转 19	结转可分配利润	本年利润			19 058. 25
				利润分配	未分配利润	19 058. 25	
	30	转 20	提取盈余公积	利润分配	提盈余公积	1 905. 83	
				盈余公积			1 905. 83
	30	转 21	计算应付利润	利润分配	应付利润	7 623. 3	
				应付利润			7 623. 3

第二步,根据收款凭证、付款凭证登记库存现金日记账和银行存款日记账,如表3、表4所示。

表3　库存现金日记账

20××年		凭证号数		摘　要	对方账户	收　入	支　出	余　额
月	日	字	号					
12	1			期初余额				3 000
	1	现付	1	购买办公用品	管理费用		800	2 200
	8	现付	2	职工出差借款	其他应收款		1 400	800
	8	现付	3	报销交通费	管理费用		23	777
	10	银付	7	提现	银行存款	13 000		137 77
	10	现付	4	支付工资	应付职工薪酬		13 000	777
	15	现付	5	报销差旅费	其他应收款		100	677
	21	现付	6	报销医药费	应付职工薪酬		57	620
	23	现付	7	捐赠支出	营业外支出		100	520
	29	现收	1	收包装物租金	其他业务收入	45		565
	30			本期发生额及期末余额		13 045	15 480	565

表4　银行存款日记账

20××年		凭证号数		摘　要	对方账户	收　入	支　出	余　额
月	日	字	号					
12	1			期初余额				250 000
	1	银付	1	购入机器设备	固定资产		35 334	214 666
	2	银付	2	购买材料	材料采购		12 200	202 466
	3	银收	1	收取押金	其他应付款	200		202 666
	4	银收	2	向银行借款	短期借款	100 000		302 666
	5	银付	3	购专利技术	无形资产		40 000	262 666
	6	银付	4	支付上月税金	应交税费		3 500	259 166
	7	银付	5	支付材料款	应付账款		3 510	255 656
	9	银付	6	预订报纸杂志	管理费用		900	254 756
	10	银付	7	提现	库存现金		13 000	241 756
	11	银收	3	收前欠货款	应收账款	600		242 356
	12	银付	8	子弟学校经费	营业外支出		1 000	241 356
	15	银付	9	支付电费	生产成本		2 500	238 856
	24	银收	4	销售产品	主营业务收入 应交税费	45 630		284 486
	25	银付	10	支付广告费	销售费用		300	284 186
	29	银收	5	收到投资收益	投资收益	6 000		290 186
	30			本期发生额及期末余额		152 430	112 244	290 186

第三步，根据记账凭证及其所附的原始凭证登记明细分类账（只登记原材料、库存商品、应收账款、应付账款明细账，其他从略），如表5至表11所示。

表5 原材料明细账

类别：A材料

20××年		凭证		摘要	收入			发出			结存		
月	日	字	号		数量	单价	金额	数量	单价	金额	数量	单价	金额
12	1			期初余额							3 400	10	34 000
	6	转	3	购入	1 050	10	10 500				4 450	10	44 500
	7	转	4	领用				1 150	10	11 500	3 300	10	33 000
	30			本期发生额及期末余额	1 050	10	10 500	1 150	10	11 500	3 300	10	33 000

表6 原材料明细账

类别：B材料

20××年		凭证		摘要	收入			发出			结存		
月	日	字	号		数量	单价	金额	数量	单价	金额	数量	单价	金额
12	1			期初余额							4 000	5	20 000
	4	转	2	购入	600	5	3 000				4 600	5	23 000
	7	转	4	发出				800	5	4 000	3 800	5	19 000
	30			本期发生额及期末余额	600	5	3 000	800	5	4 000	3 800	5	19 000

表7 库存商品明细账

类别：甲产品

20××年		凭证		摘要	收入			发出			结存		
月	日	字	号		数量	单价	金额	数量	单价	金额	数量	单价	金额
12	1			期初余额							925	80	74 000
	22	转	13	入库	210	79.94	16 784.64				1135	79.99	90 784.64
	30	转	15	销售				300	80	24 000	835	79.99	66 784.64
	30			本期发生额及余额	210	79.94	16 784.64	300	80	24 000	835	79.99	66 784.64

表 8　库存商品明细账

类别:乙产品

20××年		凭证		摘　要	收　入			发　出			结　存		
月	日	字	号		数量	单价	金额	数量	单价	金额	数量	单价	金额
12	1			期初余额							1 000	36	36 000.00
	22	转	13	入库	470	35.98	16 909.36				1 470	35.99	52 909.36
	30	转	15	销售				400	36	14 400	1 070	35.99	38 509.36
	30			本期发生额及余额	470	35.98	16 909.36	400	36	14 400	1 070	35.99	38 509.36

表 9　应收账款明细账

明细科目:北方厂

20××年		凭证		摘　要	借　方	贷　方	借或货	余　额
月	日	字	号					
12	1			期初余额			借	600
	11	银收	3	收到货款		600	平	
	30			本期发生额及期末余额		600	平	

表 10　应收账款明细账

明细科目:南方厂

20××年		凭证		摘　要	借　方	贷　方	借或货	余　额
月	日	字	号					
12	1			期初余额			借	8 300
	27	转	12	未收到货款	32 760		借	41 060
	30			本期发生额及期末余额	32 760		借	41 060

表 11　应付账款明细账

明细科目:北方厂

20××年		凭证号数	摘　要	借　方	贷　方	借或货	余　额
月	日						
12	4	转 1	采购材料款未付		3 510	贷	3 510
	7	银付 5	支付货款	3 510		平	
	30		本期发生额及期末余额	3 510	3 510	平	

第四步，根据收款凭证、付款凭证和转账凭证登记总分类账，如表12至表46所示。

表12　库存现金总账

20××年		凭证号数	摘　要	借　方	贷　方	借或贷	余　额
月	日						
12	1		期初余额				3 000
	1	现付1	购买办公用品	管理费用		800	2 200
	8	现付2	职工出差借款	其他应收款		1 400	800
	8	现付3	报销交通费	管理费用		23	777
	10	银付7	提现	银行存款	13 000		137 777
	10	现付4	支付工资	应付职工薪酬		13 000	777
	15	现付5	报销差旅费	其他应收款		100	677
	21	现付6	报销医药费	应付职工薪酬		57	620
	23	现付7	捐赠支出	营业外支出		100	520
	29	现收1	收包装物租金	其他业务收入	45		565
	30		本期发生额及期末余额		13 045	15 480	565

表13　银行存款总账

20××年		凭证号数	摘　要	收　入	支　出	余　额
月	日					
12	1		期初余额			250 000
	1	银付1	购买固定资产		35 334	214 666
	2	银付2	购买材料		12 200	202 466
	3	银收1	收取押金	200		202 666
	4	银收2	向银行借款	100 000		302 666
	5	银付3	购买无形资产		40 000	262 666
	6	银付4	支付上月税金		3 500	259 166
	7	银付5	支付材料款		3 510	255 656
	9	银付6	预订报纸杂志		900	254 756
	10	银付7	提库存现金		13 000	241 756
	11	银收3	收前欠货款	600		242 356
	12	银付8	支付子弟学校经费		1 000	241 356
	15	银付9	支付电费		2 500	238 856
	24	银收4	销售产品	45 630		284 486
	25	银付10	支付广告费		300	284 186
	29	银收5	收到投资收益	6 000		290 186
	30		本期发生额及期末余额	152 430	112 244	290 186

表 14　应收账款总账

20××年		凭证号数	摘　　要	借　方	贷　方	借或贷	余　额
月	日						
12	1		期初余额			借	8 900
	11	银收 3	收到货款		600	借	8 300
	27	转 12	销售产品	32 760		借	41 060
	30		本期发生额及期末余额	32 760	600		41 060

表 15　其他应收款总账

20××年		凭证号数	摘　　要	借　方	贷　方	借或贷	余　额
月	日						
12	8	现付 2	预付差旅费	1 400		借	1 400
	15	现付 5	王力报差旅费		1 400	平	
	30		本期发生额及期末余额	1 400	1 400	平	

表 16　在途物资总账

20××年		凭证号数	摘　　要	借　方	贷　方	借或贷	余　额
月	日						
12	2	银付 2	采购材料付款	10 500		借	10 500
	4	转 1	采购材料未付款	3 000		借	13 500
	4	转 2	4 日购料验收入库		3 000	借	10 500
	6	转 3	2 日购料验收入库		105 000	平	
	30		本期发生额及期末余额	13 500	13 500	平	

表 17　原材料总账

20××年		凭证号数	摘　　要	借　方	贷　方	借或贷	余　额
月	日						
12	1		期初余额			借	54 000
	4	转 2	结转乙采购成本	3 000		借	57 000
	6	转 3	材料验收入库	10 500		借	67 500
	7	转 4	生产产品领料		15 500	借	52 000
	30		本期发生额及期末余额	13 500	15 500	借	52 000

表 18　库存商品总账

20××年		凭证号数	摘　要	借　方	贷　方	借或贷	余　额
月	日						
12	1		期初余额			借	110 000
	22	转 11	结转完工产品成本	33 694		借	143 694
	30	转 13	结转已销产品成本		38 400	借	105 294
	30		本期发生额及期末余额	33 694	38 400	借	105 294

表 19　累计折旧总账

20××年		凭证号数	摘　要	借　方	贷　方	借或贷	余　额
月	日						
12	1		期初余额			贷	46 500
	16	转 7	计提本月折旧		5 000	贷	51 500
	30		本期发生额及期末余额		5 000	贷	51 500

表 20　固定资产总账

20××年		凭证号数	摘　要	借　方	贷　方	借或贷	余　额
月	日						
12	11		期初余额			借	320 000
	1	银付 1	购买机器设备	30 200		借	350 200
	30		本期发生额及期末余额	30 200		借	350 200

表 21　短期借款总账

20××年		凭证号数	摘　要	借　方	贷　方	借或贷	余　额
月	日						
12	1		期初余额			贷	60 000
	4	银收 2	向银行借款		100 000	贷	160 000
	30		本期发生额及期末余额		100 000	贷	160 000

表 22　应付账款总账

20××年		凭证号数	摘　要	借　方	贷　方	借或贷	余　额
月	日						
12	4	转 1	采购材料款未付		3 510	贷	3 510
		银付 5	归还货款	3 510		平	
	30		本期发生额及期末余额	3 510	3 510	平	

表 23　其他应付款总账

20××年		凭证号数	摘　　要	借　方	贷　方	借或贷	余　额
月	日						
12	3	银收 1	包装物押金		200	贷	200
	20	转 9	没收包装物押金	200		平	
	30		本期发生额及期末余额	200	200	平	

表 24　应付职工薪酬总账

20××年		凭证号数	摘　　要	借　方	贷　方	借或贷	余　额
月	日						
12	1		期初余额				4 000
	10	转 5	分配工资		13 000	贷	17 000
	10	现付 4	发放工资	13 000		贷	4 000
	10	转 6	提取职工福利费		1 820	贷	5 820
	21	现付 6	报销职工医疗费	57		贷	5 763
	30		本期发生额及期末余额	13 057	14 820	贷	5 763

表 25　应交税费总账

20××年		凭证号数	摘　　要	借　方	贷　方	借或贷	余　额
月	日						
12	1		期初余额			贷	3 500.00
	1	银付 1	购入机器设备	5 134		借	1 634.00
	2	银付 2	采购材料付款	1 700		借	3 334.00
	4	转 1	采购材料款未付	510		借	3 844.00
	6	银付 4	付上月税金	3 500		借	7 344.00
	24	银收 4	销售产品		6 630.00	借	714.00
	27	转 12	销售产品		4 760.00	贷	4 046.00
	27	转 14	计算本月应交税费		335.00	贷	4 381.00
	30	转 17	计算所得税费用		6 352.75	贷	10 733.75
	30		本期发生额及期末余额	10 844	18 077.75	贷	10 733.75

表 26　应付利息总账

20××年		凭证号数	摘　　要	借　方	贷　方	借或贷	余　额
月	日						
12	19	转 8	计算当期借款利息		350	贷	350
	30		本期发生额及期末余额		350	贷	350

表 27　利润分配总账

20××年		凭证号数	摘　　要	借　方	贷　方	借或贷	余　额
月	日						
12	30	转 19	转入可分配利润		19 058.25	贷	19 058.25
	30	转 20	提取盈余公积	1 905.83		贷	17 152.42
	30	转 21	应付利润	7 623.30		贷	9 529.12
	30		本期发生额及期末余额	9 529.13	19 058.25	贷	9 529.12

表 28　本年利润总账

20××年		凭证号数	摘　　要	借　方	贷　方	借或贷	余　额
月	日						
1	30	转 15	本月收入转入“本年利润”账户		73 245.00	贷	73 245.00
	30	转 16	本月费用转入“本年利润”账户	47 834.00		贷	25 411.00
	30	转 18	所得税转入“本年利润”账户	6 352.75		贷	19 058.25
	30	转 19	转入利润分配	19 058.25		平	
	30		本期发生额及期末余额	73 245.00	73 245.00	平	

表 29　生产成本总账

20××年		凭证号数	摘　　要	借　方	贷　方	借或贷	余　额
月	日						
12	7	转 4	生产产品领料	11 700		借	11 700
	10	转 5	分配工资	10 000		借	21 700
	10	转 6	提取职工福利费	1 400		借	23 100
	13	银付 9	支付电费	2 200		借	25 300
	22	转 10	结转本月制造费用	8 394		借	33 694
	30	转 11	结转完工产品成本		33 694	平	
	30		本期发生额及期末余额	33 694	33 694	平	

表 30 制造费用总账

20××年		凭证号数	摘要	借方	贷方	借或贷	余额
月	日						
12	7	转 4	生产产品领料	2 800		借	2 800
	10	转 5	分配工资	2 100		借	4 900
	10	转 6	提取职工福利费	294		借	5 194
	13	银付 9	支付水电费	200		借	5 394
	16	转 7	计提固定资产折旧	3 000		借	8 394
	22	转 10	结转本月制造费用		8 394	平	
	30		本期发生额及期末余额	8 394	8 394	平	

表 31 主营业务收入总账

20××年		凭证号数	摘要	借方	贷方	借或贷	余额
月	日						
12	24	银收 4	销售产品		39 000	贷	39 000
	27	转 12	销售产品		28 000	贷	67 000
	30	转 15	本月收入转入“本年利润”账户	67 000		平	
	30		本期发生额及期末余额	67 000	67 000	平	

表 32 主营业务成本总账

20××年		凭证号数	摘要	借方	贷方	借或贷	余额
月	日						
12	30	转 13	结转已销售产品成本	38 400		借	38 400
	30	转 16	转入“本年利润”账户		38 400	平	
	31		本期发生额及期末余额	38 400	38 400	平	

表 33 销售费用总账

20××年		凭证号数	摘要	借方	贷方	借或贷	余额
月	日						
12	25	银付 10	支付广告费	300		借	300
	30	转 16	转入“本年利润”账户		300	平	
	30		本期发生额及期末余额	300	300	平	

表 34 税金及附加总账

20××年		凭证号数	摘要	借方	贷方	借或贷	余额
月	日						
12	30	转 14	结转本月应交税费	335		借	335
	30	转 16	转入"本年利润"账户		335	平	
	30		本期发生额及期末余额	335	335	平	

表 35 管理费用总账

20××年		凭证号数	摘要	借方	贷方	借或贷	余额
月	日						
12	1	现付 1	购买办公用品	800		借	800
	7	转 4	生产产品领料	1 000		借	1 800
	8	现付 3	交通费	23		借	1 823
	9	银付 6	预订报纸杂志	900		借	2 723
	10	转 5	分配工资	900		借	3 623
	10	转 6	提取职工福利费	126		借	3 749
	13	银付 9	电费	100		借	3 849
	15	现付 5	差旅费	1 500			5 349
	16	转 7	计提固定资产折旧	2 000			7 349
	30	转 16	管理费用转入"本年利润"账户		7 349	平	
	30		本期发生额及期末余额	7 349	7 349	平	

表 36 财务费用总账

20××年		凭证号数	摘要	借方	贷方	借或贷	余额
月	日						
12	19	转 8	计算当期借款利息	350		借	350
	30	转 16	转入"本年利润"账户		350	平	
	30		本期发生额及期末余额	350	350	平	

表 37 投资收益总账

20××年		凭证号数	摘要	借方	贷方	借或贷	余额
月	日						
12	28	银收 5	收到投资收益		6 000	贷	6 000
	30	转 15	转入"本年利润"账户	6 000		平	
	30		本期发生额及期末余额	6 000	6 000	平	

表 38　营业外收入总账

20××年		凭证号数	摘　　要	借　方	贷　方	借或贷	余　额
月	日						
12	20	转 9	没收包装物押金		200	贷	200
	30	转 15	转入“本年利润”账户	200		平	
	30		本期发生额及期末余额	200	200	平	

表 39　所得税费用总账

20××年		凭证号数	摘　　要	借　方	贷　方	借或贷	余　额
月	日						
12	30	转 17	预提应交所得税	6 352.75		借	6 352.75
	30	转 18	结转“本年利润”账户		6 352.75	平	
	30		本期发生额及期末余额	6 352.75	6 352.75	平	

表 40　无形资产总账

20××年		凭证号数	摘　　要	借　方	贷　方	借或贷	余　额
月	日						
12	5	银付 3	购买专利技术	40 000		借	40 000
	30		本期发生额及期末余额	40 000		借	40 000

表 41　实收资本总账

20××年		凭证号数	摘　　要	借　方	贷　方	借或贷	余　额
月	日						
12	1		期初余额		594 900	贷	594 900
	30		本期发生额及期末余额			贷	594 900

表 42　盈余公积总账

20××年		凭证号数	摘　　要	借　方	贷　方	借或贷	余　额
月	日						
12	1		期初余额			贷	37 000.00
	30	转 20	提取盈余公积		1 905.83	贷	38 905.83
	30		本期发生额及期末余额		1 905.83	贷	38 905.83

表 43　营业外支出总账

20××年		凭证号数	摘　要	借　方	贷　方	借或贷	余　额
月	日						
12	12	银付 8	支付学校经费	1 000		借	1 000
	23	现付 7	捐赠支出	100		借	1 100
	30	转 16	结转"本年利润"账户		1 100	平	
	30		本期发生额及期末余额	1 100	1 100	平	

表 44　其他业务收入总账

20××年		凭证号数	摘　要	借　方	贷　方	借或贷	余　额
月	日						
12	29	现收 1	收包装物租金		45	贷	45
	30	转 15	结转"本年利润"账户	45		平	
	30		本期发生额及期末余额	45	45	平	

表 45　应付利润总账

20××年		凭证号数	摘　要	借　方	贷　方	借或贷	余　额
月	日						
12	30	转 21	预提应付利润		7 623.3	贷	7 623.3
	30		本期发生额及期末余额		7 623.3	贷	7 623.3

表 46　应付利息总账

20××年		凭证号数	摘　要	借　方	贷　方	借或贷	余　额
月	日						
12	19	转 8	预提利息		350	贷	350
	30		本期发生额及期末余额		350	贷	350

第五步，根据总账资料，编制"总分类账本期发生额及余额对照表"(见表 47)。

表 47　总分类账户本期发生额及余额对照表　　元

账户名称	期初余额		本期发生额		期末余额	
	借方	贷方	借方	贷方	借方	贷方
库存现金	3 000		13 045	15 480	565	
银行存款	250 000		152 430	112 244	290 186	
应收账款	8 900		32 760	600	41 060	
其他应收款	0		1 400	1 400		

(续表)

账户名称	期初余额		本期发生额		期末余额	
	借方	贷方	借方	贷方	借方	贷方
在途物资			13 500	13 500		
原材料	54 000		13 500	15 500	52 000	
库存商品	110 000		33 694	38 400	105 294	
累计折旧		46 500		5 000		51 500
短期借款		60 000		100 000		160 000
盈余公积		37 000		1 905.83		38 905.83
应付账款			3 510	3 510		
其他应付款			200	200		
应付职工薪酬		4 000	13 057	14 820		5 763
应交税费		3 500	10 844	18 077.75		10 733.75
固定资产	320 000		30 200		350 200	
本年利润			73 245	73 245		
生产成本			33 694	33 694		
制造费用			8 394	8 394		
主营业务收入			67 000	67 000		
主营业务成本			38 400	38 400		
销售费用			300	300		
税金及附加			335	335		
管理费用			7 349	7 349		
财务费用			350	350		
投资收益			6 000	6 000		
营业外收入			200	200		
所得税费用			6 352.75	6 352.75		
实收资本		594 900				594 900
无形资产			40 000		40 000	
营业外支出			1 100	1 100		
其他业务收入			45	45		
利润分配			9 529.13	19 058.25		9 529.12
应付利润				7 623.3		7 623.3
应付利息				350		350
合　计	745 900	745 900	605 299.88	605 299.88	884 439	884 439

第六步，根据原材料、库存商品、应付账款和应收账款总账有关资料，编制“原材料明细账本期发生额和余额对照表”(见表 48)、“库存商品明细账本期发生额和余额对照表”(见表 49)、“应收账款明细账本期发生额和余额对照表”(见表 50)和“应付账款明细账本期发生额和余额对照表”(见表 51)。

表 48　原材料明细账本期发生额和余额对照表

元

明细账户	计量单位	单价	期初余额		本期发生额				期末余额	
					收入		发出			
			数量	金额	数量	金额	数量	金额	数量	金额
甲材料	千克	10	3 400	34 000	1 050	10 500	1 150	11 500	3 300	33 000
乙材料	千克	5	4 000	20 000	600	3 000	800	4 000	3 600	18 000
合　计				54 000		13 500		15 500		52 000

表 49　库存商品明细账本期发生额和余额对照表

元

明细账户	计量单位	单价	期初余额		本期发生额				期末余额	
					收入		发出			
			数量	金额	数量	金额	数量	金额	数量	金额
A 产品	件	80	925	74 000	210	16 784. 64	300	24 000	835	66 784. 64
B 产品	件	36	1 000	36 000	470	16 909. 36	400	14 400	1 070	38 509. 36
合　计				110 00		33 694. 00		38 400		105 294. 00

表 50　应收账款明细账本期发生额和余额对照表

元

明细账户	期初余额		本期发生额		期末余额	
	借　方	贷　方	借　方	贷　方	借　方	贷　方
北方厂	600			600		
南方厂	8 300		32 760		41 060	
合　计	8 900		32 760	600	41 060	

表 51　应付账款明细账本期发生额和余额对照表

元

明细账户	期初余额		本期发生额		期末余额	
	借　方	贷　方	借　方	贷　方	借　方	贷　方
北方厂			3 510	3 510		
合　计			3 510	3 510		

第七步，根据“总分类账户本期发生额及余额对照表”编制简易资产负债表和利润表，见表 52、表 53。

表 52　资产负债表

编制单位:光华有限责任公司　　　　20××年 12 月 31 日　　　　元

资　产	期末余额	年初余额	负债及所有者权益	期末余额	年初余额
流动资产			流动负债		
货币资金	290 751	253 000	短期借款	160 000	60 000
交易性金融资产			交易性金融负债		
应收票据			应付票据		
应收账款	41 060	8 900	应付账款		
预付账款			预收账款		
应收利息			应付职工薪酬	5 763	4 000
应收股利			应交税费	10 733.75	3 500
其他应收款			应付利息	350	
存货	157 294	164 000	应付股利	7 623.3	
一年内到期的非流动资产			其他应付款		
其他流动资产			一年内到期的非流动负债		
流动资产合计			其他流动负债		
非流动资产			流动负债合计		
可供出售金融资产			非流动负债		
持有至到期投资			长期借款		
长期应收款			应付债券		
长期股权投资			长期应付款		
投资性房地产			专项应付款		
固定资产	298 700	273 500	预计负债		
在建工程			递延所得税负债		
工程物资			其他非流动负债		
固定资产清理			非流动负债合计		
生产性生物资产			负债合计		
油气资产			所有者权益（或股东权益）		
无形资产	40 000		实收资本（或股本）	594 900	594 900
开发支出			资本公积		
商誉			减:库存股		

(续表)

资　产	期末余额	年初余额	负债及所有者权益	期末余额	年初余额
长期待摊费用			盈余公积	38 905.83	37 000
递延所得税资产			未分配利润	9 529.12	
其他非流动资产			所有者权益（或股东权益）合计		
非流动资产合计					
资产总计	827 805	699 400	负债及所有者权益总计	827 805	699 400

利　润　表

编制单位：光华有限责任公司　　　20××年 12 月 31 日　　　元

项　目	本期金额	上期金额
一、营业收入	67 045	
减：营业成本	38 400	
税金及附加	335	
销售费用	300	
管理费用	7 349	
财务费用	350	
资产减值损失		
加：公允价值变动收益（损失以"－"号填列）		
投资收益（损失以"－"号填列）	6 000	
其中：对联营企业和合营企业的投资收益		
二、营业利润（损失以"－"号填列）	26 311	
加：营业外收入	200	
减：营业外支出	1 100	
其中：非流动资产处置损失		
三、利润总额（损失以"－"号填列）	25 411	
减：所得税费用	6 352.75	
四、净利润（损失以"－"号填列）	19 058.25	

主要参考书目

[1] 财政部会计司编写组. 企业会计准则讲解. 北京：人民出版社，2007.

[2] 刘尚林，杨明海. 基础会计学[M]. 北京：中国市场出版社，2011.

[3] 唐国平. 会计学原理[M]. 北京：中国财经出版社，2007.

[4] 李宗民. 会计学原理[M]. 北京：中国电力出版社，2009.

[5] 许家林. 会计学原理[M]. 北京：科学出版社，2010.

[6] 罗绍德，毛铮. 会计学原理[M]. 广州：暨南大学出版社，2009.

[7] 陈国辉，迟旭升. 基础会计[M]. 大连：东北财经大学出版社，2009.

[8] 袁树民，丁小云. 基础会计[M]. 上海：上海财经大学出版社，2009.

[9] 方正生. 会计学基础[M]. 北京：中国市场出版社，2009.

[10] 王俊生. 基础会计学[M]. 北京：中国财经出版社，2004.

[11] 刘峰，潘琰，林斌. 会计学基础[M]. 北京：高等教育出版社，2009.

[12] 刘尚林，杨明海. 基础会计学[M]. 北京：对外经济贸易大学出版社，2008.

[13] 张天西，薛许军，董丽. 中级财务会计[M]. 上海：复旦大学出版社，2007.

[14] 李慧，吴云飞. 基础会计[M]. 大连：东北财经大学出版社，2009.

[15] 李相志. 基础会计学[M]. 北京：中国财政经济出版社. 2009.

[16] 湖北省会计学会. 财经法规与会计职业道德[M]. 武汉：湖北人民出版社. 2009.

[17] 余恕莲，史玉光. 企业财务会计[M]. 北京：北京大学出版社，2010.

[18] 杨明海，郭德松. 基础会计[M]. 武汉：华中科技大学出版社. 2009.

[19] 杨明海，杨进. 基础会计学[M]. 北京：中国商业出版社，2006.

[20] 单昭祥. 新编基础会计学[M]. 大连：东北财经大学出版社，2009.

[21] 徐泓. 基础会计学[M]. 北京：机械工业出版社，2009.

[22] 全国专业技术资格考试参考用书编审委员会. 初级会计实务[M]. 北京：中国财政经济出版社，2007.

主要参考书目

1. [illegible]会计[illegible]企业会计准则[illegible]. [illegible]出版社, 2007.
2. 刘[illegible]泽, 陈立军. 中级财务会计[M]. [illegible], 2010.
3. [illegible]. 会计[illegible]. [illegible]: 中国财政经济出版社, 20[illegible].
4. [illegible]. 会计学原理[M]. [illegible]: 中国[illegible]出版社, 2009.
5. [illegible]. 会计[illegible][M]. 北京: [illegible], 2010.
6. [illegible]. 会计学原理[M]. [illegible]: [illegible]大学出版社, 2009.
7. 陈国辉[illegible]. 基础会计[M]. [illegible]: 东北财经大学出版社, 20[illegible].
8. [illegible]. 基础会计[M]. [illegible]大学出版社, 2009.
9. [illegible]
10. [illegible]
11. [illegible]
12. [illegible]. 会计[illegible][M]. 北京: [illegible]出版社, 200[illegible].
13. [illegible]. 基础会计[M]. [illegible]出版社, 200[illegible].
14. [illegible]
15. [illegible]. 基础会计[M]. [illegible]: 中国[illegible]出版社, 200[illegible].
16. [illegible]会计[illegible][M]. [illegible]出版社, 2009.
17. [illegible]. 基础会计[M]. 北京: [illegible]出版社, 2010.
18. [illegible]
19. [illegible]. 基础会计[M]. 北京: 中国[illegible]出版社, 2009.
20. [illegible]. 基础会计学[M]. 大连: 东北财经大学出版社, 2009.
21. [illegible]. 基础会计[M]. 北京: [illegible]出版社, 2009.
22. [illegible]会计[illegible]. [illegible]出版社, 2009.

图书在版编目(CIP)数据

基础会计学 / 杨明海，夏喆主编. — 2版. — 南京：南京大学出版社，2017. 1(2019. 8重印)
高等院校"十三五"应用型规划教材. 财会专业系列
ISBN 978-7-305-18077-4

Ⅰ. ①基… Ⅱ. ①杨… ②夏… Ⅲ. ①会计学—高等学校—教材 Ⅳ. ①F230

中国版本图书馆CIP数据核字(2016)第312711号

出版发行 南京大学出版社
社　　址 南京市汉口路22号　　邮　编 210093
出 版 人 金鑫荣

丛 书 名 高等院校"十三五"应用型规划教材·财会专业系列
书　　名 基础会计学(第二版)
主　　编 杨明海　夏　喆
责任编辑 陈家霞　唐甜甜　　编辑热线 025-83592123

照　　排 南京南琳图文制作有限公司
印　　刷 盐城市华光印刷厂
开　　本 787×1092　1/16　印张 16　字数 399千
版　　次 2017年1月第2版　2019年8月第6次印刷
ISBN 978-7-305-18077-4
定　　价 38.00元

网址：http://www.njupco.com
官方微博：http://weibo.com/njupco
官方微信号：njupress
销售咨询热线：(025) 83594756

---

* 版权所有，侵权必究
* 凡购买南大版图书，如有印装质量问题，请与所购图书销售部门联系调换